世界金融危機後の金融リスクと危機管理

小川英治［編］

東京大学出版会

Financial Risk and Crisis Management after the Global Financial Crisis
Eiji Ogawa, Editor
University of Tokyo Press, 2017
ISBN978-4-13-040281-1

はしがき

日本経済研究所・元会長である下村治博士の誕生100年を記念した特別研究事業である，一般財団法人日本経済研究所の下村プロジェクトの特別研究『社会の未来を考える』シリーズとして第5回目の研究会が企画された．編者がかかわったものとしては第1回目の特別研究シリーズ（テーマ：「グローバル・インバランスと国際通貨体制」）および第3回目の特別研究シリーズ（テーマ：「ユーロ圏危機とその影響と対応」）に続くものであり，今回は「世界金融危機後の金融リスク・危機管理」をメインテーマとした．このメインテーマの下に，8人の研究者が集まって，世界金融危機およびその後に続いたユーロ圏危機に直面して，金融機関や企業によって採られた金融リスク管理および通貨当局や国際機関によって採られていた金融危機管理を分析した．さらに，これらの危機の経験を踏まえて，金融リスク管理と金融危機管理の今後のあり方について考察した．その研究成果が2015年10月から2016年6月にかけて『日経研月報』に掲載され，それらに基づいて，さらに加筆され，執筆された原稿をまとめあげたのが本書である．

本書において焦点が当てられる「世界金融危機」は，2008年9月のリーマン・ブラザーズの経営破綻，いわゆるリーマン・ショックによってその危機のピークに達した．その世界金融危機の生成のプロセスにおいて，米国のサブプライム問題およびその証券化商品の不良債権化の影響が米国一国にとどまらず，欧州にまで波及して，文字通り世界に金融危機が伝播し始めたのは，2007年夏であった．2007年夏以降，米国国内のみならず欧州においても，サブプライム・ローンの証券化商品を保有する金融機関同士がカウンターパーティ・リスクに直面したことから，流動性，とりわけ米ドル流動性の不足が深刻化し始めた．リーマン・ショック後の2008年末までには，FRBの量的緩和（QE）金融政策やFRBによる主要国中央銀行との通貨スワップ協定の両方を通じて米ドル流動性の積極的供給が始まることになった．しかし，これらの危機管理対策が始まるまでその米ドル流動性不足が続いていた．

その2007年夏に注目すれば，今年2017年で10年を経過したことになる．そして，来年2018年はリーマン・ショックが発生してから10年の年月が経とうとしている．世界金融危機から10周年を迎えようとしているタイミングにおいて，この10年間において世界金融危機およびそれに続いて発生したユーロ圏危機を振り返り，世界金融危機時における金融機関や企業による金融リスク管理とFRBによるQEを通じた金融危機管理およびその他主要中央銀行とのFRBによる通貨スワップ協定を通じた国際協調，そしてユーロ圏危機時における欧州委員会（EC）と欧州中央銀行（ECB）と国際通貨基金（IMF）から構成されるトロイカ体制による金融危機管理について考察することは，今後の金融リスク管理および金融危機管理に関して，さらには地域金融協力に関して政策インプリケーションを導き出すうえで，意義があろう．

本書の特徴として，これらの金融リスク管理と金融危機管理の諸問題に対して，ミクロ的視点とマクロ的視点の両方からアプローチしている．ミクロ的視点からは，世界金融危機時における金融機関や企業の個別経済主体の金融リスク管理に焦点を当てて，世界金融危機時におけるこれらの金融リスク管理およびその後の金融リスク管理やそれに影響を受けた金融市場について考察して，それらの特性を明らかにする．一方，マクロ的視点からは，個別経済主体の金融活動が，マクロとしての国民経済あるいはグローバル経済に総体として世界金融危機やユーロ圏危機をどのようにもたらしたかを考察したうえで，これらに対してFRBなどの中央銀行やIMFやトロイカ体制がどのように危機管理を行ったかを考察する．

最後に，日本経済研究所・下村プロジェクトの特別研究シリーズとして研究成果を発表させていただく貴重な機会を与えていただいた，一般財団法人日本経済研究所の荒木幹夫理事長，久保田和雅氏，大西達也氏に心よりお礼を申し上げたい．また，東京大学出版会の大矢宗樹氏には本書を出版する際にしてご尽力をいただき，感謝申し上げたい．

2017年5月

小川英治

目　次

第Ⅱ部
金融リスクに対する金融規制

第Ⅲ部
グローバル経済の金融危機管理

第Ⅰ部

個別機関における金融リスク管理

第 1 章

金融危機後の金融リスク分析の新しい流れ
――モラルハザードの価値評価――

中村　恒

1. はじめに

過去四半世紀以上に亘り，金融市場においてデリバティブ商品開発や証券化を含め金融技術が著しく成長した結果，2000年代半ばには，個々のビジネスリスクを裁断・細分化し，巨大な資本市場のなかに分散・吸収させることによって，金融市場や実物経済は，リスクに対して強靭なシステムを構築することに成功したかのように考えられてきた．しかし2007年以降，サブプライム危機やリーマン・ショックが生じると，分散化され市場に吸収されたと考えられたリスクが互いに相関して顕現化し，未曽有の損失が金融市場や実物経済に引き起こされた．

このような世界金融危機の経験を踏まえて，これまでの金融リスク分析の主流であった無裁定価格アプローチの資産価値評価（資産価格）モデルが，現実には証券価格や金利の動向を充分に説明できないことが認識されるようになった．とくに，無裁定価格アプローチでは原則として完備市場を仮定する一方で，金融危機のもとでは情報問題（モラルハザード，逆選択，モニタリング），取引費用，デフォルト，心理要因，ネットワーク効果など様々な金融摩擦要因が市場を不完備にしていることから，資産の価格付けの分析を困難にしていることが再認識された[1)]．そこで，金融実務上でも学術上でも，これらの金融摩擦要因の金融リスクへの影響を適切に分析できる新しい資産価値評価（資産価格）モデルの構築が，喫緊の課題となっている．

本章の目的は，まず資産価格理論の理論的枠組みの基礎を復習し，次に金融危機後の資産価格理論および金融リスク分析の新しい流れ・今後の研究の方向性を示すことである．しかし様々な金融摩擦要因が存在するときに，不完備市場における普遍的な資産価格モデルを構築するのは難しい．そこで，ここではモラルハザードという特定の金融摩擦要因に注目して，その新しい流れの一例として，文科省科研費基盤研究（B）（一般）「グローバル金融危機後の新しい金利・為替評価手法の構築」（代表：小川英治，課題番号25285098）の研究成果である小川（2016）のなかから，中村（2016）に基づいてモラルハザードが金融市場価格を歪める効果の研究を簡潔に解説する．

本章の残りの構成は以下の通りである．次節では資産価格分析や金融リスク分析の枠組みの基礎を復習しながら，最近の資産価格分析や金融リスク分析の新しい流れを示す．3節ではその新しい流れの一例としてモラルハザードの資産価格への影響の分析を紹介する．最終節では結論を述べる．

2.　資産価格分析の枠組み
――無裁定価格アプローチと均衡アプローチ

ここではDuffie（2001）とCochrane（2005）の2つの教科書に基づいて，資産価格分析の枠組みを簡潔に復習する．とくに，無裁定価格アプローチ・均衡アプローチの両アプローチとそれらの関係を解説し，最近の資産価格分析や金融リスク分析の新しい流れ・今後の方向性を示す．

2.1　基本設定

1期間2時点（$t \in \{0, 1\}$）の経済モデルを考える[2]．この経済は不確実性に晒され，有限の状態（シナリオ）$\{1, \cdots, S\}$が起こり得る．0時点にはどの

1）市場が不完備のときに，オプション資産が余剰な資産ではなく，原資産の価格付けにも影響することは古くから分析されている（Ross（1976）など）．

2）なお，本章で省略する数学的詳細についてはDuffie（2001），Cochrane（2005）を参照していただきたい．

状態が実現するか不明であるが，1時点には判明する．それぞれの状態が生じる確率は$p_s (s \in \{1, \cdots, S\})$で表わされ，全ての$s \in \{1, \cdots, S\}$に対して$p_s > 0$であり，$\sum_{s=1}^{S} p_s = 1$である．また，この経済には金融市場があり$N$個の証券が存在し，証券構造は$N \times S$行列$D = \{D_{is}\} (i \in \{1, \cdots, N\}, \ s \in \{1, \cdots, S\})$によって表わされる．すなわち，$D_{is}$は証券$i$の1時点での状態$s$でのペイオフである．割引率は1である．0時点での証券価格を$q \in \mathbf{R}^N$で表わし，0時点で購入する証券のポートフォリオを$\theta \in \mathbf{R}^N$で表わす．証券のポートフォリオθについて市場価格は$q \cdot \theta$，ペイオフは$D^\top \theta \in \mathbf{R}^S$となる．すなわち，経済主体は0時点で証券のポートフォリオθを価格$q \cdot \theta$で購入し，1時点では状態に応じて$D^\top \theta$を受け取る．ここで，2つの仮定を置く．

仮定1：ペイオフ空間Xについて$X := \mathrm{span}(D) := \{D^\top \theta : \theta \in \mathbf{R}^N\}$と定義され，すなわち$i_1, i_2 \in \{1, \cdots, N\}$に対して，

$$D_{i1}, D_{i2} \in X \Rightarrow aD_{i1} + bD_{i2} \in X \quad (a, b \in \mathbf{R})$$

である．

この仮定は市場取引機会に関する仮定であり，経済主体が0時点で自由に証券を売買してポートフォリオを形成できることを意味する．次に，

仮定2：ペイオフ$x \in X$に対してその価格をq_xと表わすと，$q_x = \pi(x)$を満たすような価格汎関数$\pi : X \to \mathbf{R}$が存在し，このとき，$x_1, x_2 \in X$，$a, b \in \mathbf{R}$に対して，

$$\pi(ax_1 + bx_2) = a\pi(x_1) + b\pi(x_2)$$

が成立する．

この仮定は一物一価の法則と呼ばれ，価格の線形性を意味し，ペイオフを組み直しても儲けられないことを保証する．

資産価格論では，証券構造Dと証券価格qが市場で観察されたときに，π

がどのような特性を持つのかを検証する．とくに，π の特性を特徴付けする際には，状態価格の概念を利用すると便利である．状態価格とは，ある状態でペイオフ１単位を支払い，それ以外の状態ではペイオフを支払わないような証券（アロー・ドブリュー証券という）の価格の行ベクトル $\psi=(\psi_1,\cdots,\psi_s,\cdots,\psi_S)^\top\in\mathbf{R}^S_{++}$ で定義される．なお，$\psi_s=\pi(\mathbf{1}_s)$ である．ただし，$\mathbf{1}_s\in\mathbf{R}^S$ は第 s 要素だけ１でほかの要素がゼロのペイオフであり，状態 s のアロー・ドブリュー証券のペイオフを表わす．仮定1，仮定２のもとで $q=D\psi$ と表記できる．また，$\pi(x)=\sum_{s=1}^S\psi_s x_s:=\mathbb{E}(m\cdot x)=\sum_{s=1}^S p_s m_s x_s$，$x\in X$ を満たすような m を定義し，これを価格カーネル（あるいは確率割引ファクター）という．

2.2　無裁定機会と完備市場

しかし想像に難くないように，決してあらゆる証券構造・市場取引機会のもとで，π,ψ,m を使って，資産価格や金融リスクの動向を解析的・数値解析的に特徴付けられるわけではない．実際には証券構造や市場取引環境について，金融実務の観点からみてもっともらしい制約を課して資産価格分析することが多い．典型的な制約の一つは，無裁定機会である．裁定機会とは，ポートフォリオ $\theta\in\mathbf{R}^N$ について，「$q\cdot\theta\leq0$ かつ $D^\top\theta>0$」あるいは「$q\cdot\theta<0$ かつ $D^\top\theta\geq0$」と定義される．ラフに言うと，ポートフォリオ $\theta\in\mathbf{R}^N$ を保有することにより「ただで儲ける機会」のことを意味する．すなわち，裁定機会がない（無裁定機会）ということは，「ただで儲ける機会がない」ことをラフに意味する．ここで，

定理 2.1：裁定機会がない場合，その場合のみ，ある正の状態価格が存在する．

ただし，この状況では少なくとも１つは正の状態価格が存在するものの，唯一の状態価格とは限らない．

また，もう一つ典型的な制約は，市場完備性である．完備市場とは，$X=\mathbf{R}^S$ で定義される．これはいかなるペイオフのパターンも，市場のなかで複

製できることを意味する．とくに状態の数が有限であるときは，市場資産の数が状態の数と一致していれば市場は完備である．ここで，

定理 2.2：市場が完備であるときは，裁定機会がない場合，その場合のみ，正の状態価格ベクトルが唯一存在する．

この状況では正の状態価格ベクトルが唯一存在するので，金融市場の資産価格分析には便利である．しかし，完備市場の制約は金融実務上は強い仮定である．例えば，取引費用，情報の非対称性，デフォルトなどがあれば市場が完備でなくなる可能性がある．

現実の資産価格分析や金融リスク分析では，これら様々な制約のもとで状態価格の特性を分析する．具体的な分析アプローチは大きく無裁定価格アプローチ，均衡アプローチという2つのアプローチに分類できる．以下ではこの2つのアプローチを簡略に紹介して，その相互関係を示す．

2.3　無裁定価格アプローチ

表記上の便宜のために，$\psi_0 := \sum_{s=1}^{S} \psi_s$，$\widehat{\psi}_s := \frac{\psi_s}{\psi_0}$ を定義する．ψ_0 は，全ての状態に1単位のペイオフを支払う無リスク債券の価格を表わす．このとき $i \in \{1, \cdots, N\}$ に対して，

$$
\begin{aligned}
\frac{\boldsymbol{q}_i}{\psi_0} = \mathbb{E}\left(\frac{m}{\psi_0} \cdot \boldsymbol{D}_i\right) &= \sum_{s=1}^{S} p_s \frac{m_s}{\psi_0} \boldsymbol{D}_{is} \\
&= \sum_{s=1}^{S} \frac{\psi_s}{\psi_0} \boldsymbol{D}_{is} = \sum_{s=1}^{S} \widehat{\psi}_s \boldsymbol{D}_{is} \\
&= \widehat{\mathbb{E}}(\boldsymbol{D}_i)
\end{aligned}
$$

である．ここで，$\widehat{\psi}$ はリスク中立確率と呼ばれる．一方で，実際の確率 p は，実確率（physical probability）と呼ばれる．無裁定価格アプローチでは，原則として完備市場において裁定機会がないことを仮定して，リスク中立確率のもとで証券の価格を他の資産の複製として導出する．つまり唯一の正の π, ψ, m を前提にしてリスク中立化し，現存する証券構造・価格に基づく複製によって証券の価格付けを行う．無裁定価格アプローチの特徴は，完備市

場ではリスク中立・複製を通じて証券を価値評価できる利便性がある一方で，不完備市場では価格カーネルが複数存在し複製が成立するとは限らないので，このアプローチの応用可能性に制約があることである．

例 2.1　例えば，無裁定価格アプローチのよく知られた典型例として，ブラック・ショールズのオプション価値評価式を復習する．なおここでは上述の基本設定とは異なり，連続状態・連続時間のモデルに拡張されている．無裁定価格アプローチのアイデアは，離散モデルと連続モデルの間で基本的には共通であるが，連続モデルの数学的詳細についてはDuffie（2001）等を参照していただきたい．ここでは2種類の株式と債券があって市場が完備であり，ヨーロピアン型の株式コールオプションを株式と債券によって複製できる．株式と債券の価格をそれぞれS, βで表わすと，

$$
\begin{aligned}
\mathrm{d}S(t) &= \mu S(t)\,\mathrm{d}t + \sigma S(t)\,\mathrm{d}B(t) \\
\mathrm{d}\beta(t) &= r\beta(t)\,\mathrm{d}t
\end{aligned}
$$

であり，μ, σ, rは定数で，$\sigma > 0$である．自己金融による投資戦略（a, b）は，

$$
\begin{aligned}
& a(t)S(t) + b(t)\beta(t) \\
& = a(0)S(0) + b(0)\beta(0) + \int_0^t a(\tau)\,\mathrm{d}S(\tau) + \int_0^t b(\tau)\,\mathrm{d}\beta(\tau)
\end{aligned}
$$

というように株にaを，債券にbを投資することを意味する．いまヨーロピアン型の株式コールオプションを考える．すなわち，所与の満期Tにおいて所与の権利行使価格Kで株を買う権利（なお，義務ではない）に対して，同証券のT時点でのペイオフ$Y(T)$は$Y(T) = (S(T) - K)^+ := \max(S(T) - K,\ 0)$である．このとき$Y(t) = C(S(t), t)$がこのオプションの価格過程を表わすとする．ここで完備市場のもとで唯一の正の状態価格密度が存在し，自己金融による投資戦略（a, b）によって複製できる：

$$
Y(t) = a(t)S(t) + b(t)\beta(t), \quad t \in [0, T].
$$

無裁定価格アプローチに従って複製する（a, b）を求め，株式と債券の価格に基づいてオプションを価格付けする．具体的には伊藤の公式によって，

$$\begin{aligned}
\mathrm{d}Y(t) &= \begin{pmatrix} C_s(S(t),t)\mu S(t) + C_t(S(t),t) \\ +\frac{1}{2}C_{ss}(S(t),t)\sigma^2 S(t)^2 \end{pmatrix}\mathrm{d}t + C_s(S(t),t)\sigma S(t)\mathrm{d}B(t) \\
&= a(t)\mathrm{d}S(t) + b(t)\mathrm{d}\beta(t) \\
&= (a(t)\mu S(t) + b(t)\beta(t)r)\mathrm{d}t + a(t)\sigma S(t)\mathrm{d}B(t).
\end{aligned}$$

完備市場のもとで両式を比較すれば $a(t)=C_s(S(t),t)$，$b(t)=\frac{1}{\beta(t)}(C(S(t),t)-C_s(S(t),t)S(t))$ であるから，これらを確率微分方程式に代入して $\mathrm{d}t$ 項を一致させると，$t<T$ に対して，

$$-rC(S(t),t)+C_t(S(t),t)+rS(t)C_s(S(t),t)+\frac{1}{2}\sigma^2 S(t)^2 C_{ss}(S(t),t) = 0$$

が得られる．つまりオプション価格 C は，以下の偏微分方程式の解である：

$$\begin{aligned}
&-rC(s,t)+C_t(s,t)+rsC_s(s,t)+\frac{1}{2}\sigma^2 s^2 C_{ss}(s,t) = 0, \\
&(s,t)\in(0,\infty)\times[0,T).
\end{aligned}$$

ただし，境界条件は $C(s,T)=(s-K)^+$，$s\in(0,\infty)$ である．このオプション価格 $C(s,t)$ の解は，ファインマン・カッツの公式等の様々な手法で解ける．なお，解であるブラック・ショールズのオプション価格式は，ここでは省略する．

2.4　均衡アプローチ

企業倒産，情報問題（モラルハザード，逆選択，モニタリング），取引費用などの金融摩擦要因が存在し市場が完備ではなくなると，無裁定価格アプローチの直接的な利用には困難が生じ得る[3)]．ここでもう一つの分析アプローチとして，均衡アプローチを挙げることができる．

均衡アプローチを簡略に解説するために基本設定に話を戻す．ここで代表的経済主体が存在し，狭義単純増加（strictly increasing）かつ連続微分可能な効用関数 $U:\mathbf{R}_+^S\to\mathbf{R}$ と生産 $e=(e_1,\cdots,e_S)^\top\in\mathbf{R}_+^S$ を有し，(D,q) によ

3)　もちろん無裁定価格アプローチを不完備市場に応用する実務的・学術的な工夫は多数存在するが，無裁定条件以上の様々な数学的制約を課すことが多い．

って特徴付けられる証券市場にアクセスできるとき，効用を最大化するように資産の最適配分を行い最適消費を決定する．この最適配分を実現し，経済が市場均衡するような価格汎関数π（あるいはm, ψ）を求めるのが均衡アプローチである．なお，無裁定価格アプローチにおいても何らかの意味での均衡を眺めることもあるが，均衡アプローチにおける均衡とは，(1) 経済主体が予算制約のもとで消費・投資・資産配分を制御して所与の評価基準を最大化しかつ，(2) 財・サービス，金融資産の市場が全て清算されている状況を意味している．

例えば，代表的経済主体が予算制約$X(q, e) = \{e + D^{\top}\theta \in \mathbf{R}_{+}^{S} : \theta \in \mathbf{R}^{N}, q \cdot \theta \leq 0\}$のもとで以下のように消費（同時にポートフォリオ$\theta$）を決定して，期待効用を最大化すると仮定する：

$$\sup_{c \in X(q, e)} U(c).$$

この最適化問題をある条件のもとで解くと，最適消費c^*について，ある正定数λに対して，

$$\psi = \lambda \partial U(c^*)$$

が成立する．つまり，状態価格は限界効用に比例する．モデル構造を適切に構築すれば，状態価格を解析的あるいは数値解析的に導出でき，証券価格を経済構造の汎関数として表わすことが可能になる．さらに，市場が完備でなくとも資産の価格付けは可能である．この基本設定を発展させて企業倒産，情報問題（モラルハザード，逆選択，モニタリング），取引費用などの金融摩擦要因を導入することによって，均衡アプローチを用いて状態価格を求め，金融摩擦要因の資産価格への影響を構造的に分析し得る利点がある．なお，市場が不完備であるとき均衡アプローチによって適切な正の状態価格が見つかれば，その状態価格は複数存在する状態価格のなかで適切な性質を有する状態価格が一つ導出されたことを意味する．均衡アプローチの特徴は，完備市場を仮定する必要がない一方で，状態価格がモデル構造に依存して特徴付けられるのでモデルリスクに晒されやすいことである．

総じてみると，無裁定価格アプローチと均衡アプローチはそれぞれ現実へ

の応用可能性に利点と欠点がある．したがって，状況に応じてそれぞれのアプローチを補完的に使用するのが望ましいと考えられる．とくに金融危機後の金融リスク分析では，不完備市場を想定することが不可避であるので，明示的に金融摩擦要因をモデルに導入して均衡アプローチを利用することは有用である．均衡アプローチは，確かに特定のモデル構造に依存したアネクドータルな分析になる懸念はあるものの，今後の研究の重要な方向性になると考えられる．

3. 金融危機後の資産価格・金融リスクの均衡アプローチによる分析――モラルハザードが金融市場価格を歪める効果

この節では，金融摩擦要因の制約下での資産価格や金融リスクの動向に関する均衡アプローチの最近の研究の一つである中村（2016）に基づいて，モラルハザードが金融市場価格を歪める効果の研究を紹介する[4)]．

3.1 問題意識

ここでは，モラルハザードが存在するときの均衡資産価値評価を定式化する．モラルハザードは金融問題のなかで深刻な問題の一つと考えられ，最近の金融危機では投資銀行のモラルハザードが金融危機の原因の一つとして改めて注目された．従来コーポレートファイナンスの分野ではモラルハザードについて数多くの研究が存在する（例えば Tirole（2006）Section 3.2）．モラルハザードとは，投資家が投資先企業の経営者の経営努力を観察できないとき，企業経営者が自身の私的利得を優先させ企業全体の価値最大化の経営努力を怠り，投資家の利得が損なわれ得ることを指す．投資家は，このモラルハザードによる損失を軽減するため，企業経営者に努力する動機を与えるような契約に融資・投資する．この結果，モラルハザードは最適なリスクシェアリングや最適配分を歪めることが知られている．

4)　なお，この研究は文科省科研費基盤研究（B）（一般）「グローバル金融危機後の新しい金利・為替評価手法の構築」（代表：小川英治，課題番号 25285098）の成果であり，小川（2016）として発刊されている．

しかし金融の世界では，このような企業・投資家のミクロレベルの歪みがモラルハザードの引き起こす歪みの全てではない．リスクシェアリングや配分が変化して市場全体で累積すれば，投資家の限界効用（すなわち状態価格（密度））が変化し，この結果，企業価値のみならず全ての金融資産の価格付けにマクロ的に影響を及ぼし得る．現実に最近の金融危機では，例えば投資銀行が証券化によってローンを売って審査するインセンティブを低下させ，また，ヘッジファンドの利己的な投資行動が戦略的倒産を誘発するなど，企業・金融機関の様々な形でのモラルハザードのミクロ的な歪みが累積し，マクロ的に金融の不安定化を促したことが注目されている．

そこで，最近になってモラルハザードによるマクロ市場の不安定化を分析する研究が急速に成長している．しかし，依然としてモラルハザードの資産価値評価式は，資産価格論や金融工学の分野において十分に確立されていない．例えば，ヘッジファンドのモラルハザードによる利己的な投資行動が投資収益を歪め得るときに，投資家はどれほどの収益率を要求し，しかも，それが累積して市場全体の投資収益をどれほど歪めるのであろうか．このような疑問に対する解答は，これまで学術上も金融実務上も明確ではなかった．

ファイナンスの分野では，企業金融論においてモラルハザードの資源配分への影響が数多くミクロ分析されてきた一方で，資産価格への影響に関するマクロ分析はあまりされてこなかった．また，経済学ではモラルハザードの分析が当初より中古車市場，保険市場，労働市場などの価格動向について数多く分析されてきた一方で，驚くことにファイナンスでは，モラルハザードの資産価格への影響はあまり分析されてこなかった．本研究は，それらのギャップを埋める貢献がある．

3.2　先行研究との関係

本研究は，モラルハザードに関して，(1) 資産価格論をはじめとするマクロ分析と，(2) 連続時間の最適契約論という２つの分野に関連する．以下ではそれぞれの分野の先行研究と本研究との関連を解説する．

(1) モラルハザードのマクロ分析の先行研究との関係

モラルハザードのマクロ分析の研究は，最近の金融危機の経験を踏まえて急速に成長し始めている．モラルハザードは金融実務において様々な形態を取り得るなかで，最近の先行研究のモデルのなかで想定されるモラルハザードの種類を，大きく3つに分類することができる．

第1に，He and Krishnamurthy (2012, 2013) は，金融機関が資産運用を管理する努力を怠りながら私的便益のために収益を横領（diversion）するというモラルハザードを想定した．そのときにモラルハザードを軽減するために自己資本保有に関して制約を加える状況に注目して，資産価格がいかに歪むかを研究した．Brunnermeier and Sannikov (2014) も同様の状況で，金融機関の金融ポジションの資産価格への影響について，特に Kocherlakota (2000) によって指摘されたボラティリティ・パラドクスを分析した．これらの研究は，Biais *et al.* (2007)，DeMarzo and Fishman (2007)，DeMarzo and Sannikov (2006) のモラルハザード下の連続時間の最適契約モデルを資産価格モデルに発展させたものである．

第2に，Myerson (2012) は，企業・金融機関の投資プロジェクトの成功確率が経営者の努力水準に影響され，その努力には経営者にコストがかかり，しかも投資家はその努力を観察できない状況を想定し，モラルハザードのマクロ経済への影響を分析した．このタイプのモラルハザードは，コーポレートファイナンスや最適契約論などのミクロ分析では，モラルハザードの典型モデルとして教科書レベルから研究文献レベルまで幅広く分析されてきた（例えば Tirole (2006) Section 3.2 参照）．最近では Biais *et al.* (2010) が，企業は下方のジャンプ確率を引き下げるようにコストをかけて努力できるが投資家はその努力水準を観察できない状況における，モラルハザード下の最適契約を分析した．株主有限責任制度や倒産法のもとでは，企業の資産価値を超えるような大きな下方ジャンプリスクに関して，企業経営者がジャンプ確率を低下させる動機を失うので，最適契約としては，業績が悪いときに報酬を引き下げるという脅しが効くことを示した．さらに，もし業績が過度に低く報酬引き下げの脅しの余地が小さい場合には，業績悪化に対して投資規模を削減するという脅しが最適契約として機能することも示した．

Myerson (2012) は，このタイプのモラルハザードをマクロ分析に応用した．そこでは，長期の金融資産が存在せず定常的で非確率的な単純モデルであっても，長期の雇用インセンティブを与えることによってモラルハザードを軽減し得ることを示した．とくに，異なる企業年齢の金融機関は，これまで経験してきた景気動向に応じて異なる信頼を蓄積しているので，それらの異質な金融機関が複数共存する状況では，景気動向に応じて世代ごとに雇用形態が変動する．この結果マクロ経済全体での総和として，複雑に循環的な景気変動が引き起こされることを示した．

第3に，Ou-Yang (2005) は，企業の生産活動において期待瞬間生産増加（ドリフト項）の努力が企業にコスト負担を強いるが，投資家はその努力水準を直接観察できない状況を想定する．モラルハザードは，ドリフト項の変化によって特徴付けられる．この文献は Holmström and Milgrom (1987), Schättler and Sung (1993) の連続時間契約モデルを資産価格モデルに応用したものである．本章のモラルハザードは，この種のモラルハザードの範疇に属する[5)]．

先行研究に比べて本章モデルは，Ou-Yang (2005) を発展させている．Ou-Yang (2005) は，指数型効用関数と外生的な固定無リスク金利を仮定して，モラルハザード下の均衡資産価値評価式を導出した．しかし，指数型効用関数は，数学的な利便性は高いものの，関数の定義域（例えば消費空間）が負の値を取りマイナス無限大まで取り得るなど，現実への応用には困難を伴う．Ou-Yang 自身が指摘するように，ベキ乗型効用関数のようなもっと一般的な効用関数を導入することが重要である（Ou-Yang 2005, p. 1283)．また，Ou-Yang (2005) のモデルでは，投資家の効用は終末時点 T のペイ

5) 中村 (2016) の関連論文 Misumi *et al.* (2015) は，企業経営者がブラウン運動に基づく正規分布を変更するだけではなく下方のジャンプ確率も含め確率測度全体を変更できる状況を想定し，成功確率が下方に長い裾野を持つ分布によって表わされるときのモラルハザードに注目した．これは上記の第2の範疇に分類される．そこで，投資家が金融市場に参加でき，また企業のモラルハザード問題を最小化させるような最適契約をデザインするときの金融市場の資産価格動向を分析し，モラルハザード下の資産価値評価式を閉形式で厳密解として導出した．なお，ジャンプリスクをモデル化しているものの，Biais *et al.* (2010) とは異なり，株主有限責任制度や企業倒産は最適契約のなかで生じない．

オフからのみ得られることもあって，無リスク金利が時間を通じて固定的であるため，金融実務への応用は限定的になっている．

本章の目的は，Ou-Yang (2005) とは対照的に，ベキ乗型効用関数と内生的に変動する無リスク金利を仮定しながら，モラルハザードが存在するときの資産価値評価式を明示的に示すことである．しかしOu-Yang (2005) のモデルを必ずしも一般化したわけではなく，むしろ補完的な関係にある．そもそも数学的に見れば，両論文とも投資家の確率制御問題は2つの状態制約に従う．すなわち，企業の参加制約とモラルハザードに起因するインセンティブ制約である．Yong and Zhou (1999) p. 155が指摘するように，状態制約下の確率制御問題を解くことは一般には困難を伴うことが知られている．そこで，解析解や数値解を得るためにモデルを経済学的に適切な根拠に基づいて簡略化することが，学術的にも実務的にも一般的である．とくに，本章のモデルはOu-Yang (2005) に比べて効用関数をベキ乗型に一般化し無リスク金利も内生化して複雑化しているので，解析的にはもちろん数値解析的にも解を得ることは一層難しくなっている．この困難さを克服するために，本章ではOu-Yang (2005) のモデルに比べ，投資家がデザインする契約の型を制約する．具体的には，契約は線形（すなわち，企業の分け前は生産結果に比例）であり，しかもその比例比率は定常的（すなわち，時間に関して独立で一定）であると仮定する．この契約型を定常線形契約型と呼ぶこととする．

この契約の定常線形性の仮定は制約が強いように見えるが，この仮定のもとで得られた本章の解析解は意義深い．第1に，線形性の仮定については，本モデルの方程式体系が全て線形であることから，最適解を見つける際には制約的ではないと思われる．しかしながら，第2に，契約の定常性の仮定については，本章の有限時間モデルでは最適契約は一般には時間依存型にあることが予想されるので，契約型に定常性を仮定することは制約的である．なお，契約型の制約を緩めて契約の非定常性の影響を追加的に分析するために，定常線形契約の仮定のもとで得られた最適解を，時間に関してテイラー展開で摂動させることができる[6)]．つまり，これらの契約型の制約のために最適解を解析的に厳密解として得て，モラルハザードの資産価格への影響を構造的に分析することが可能となり，しかも，定常線形契約型のもとで得られた厳密解は，モデルの仮定を緩めて一層一般的なモデルを数値分析するためのベンチマークとしても役立つ．

(2) モラルハザードの連続時間の最適契約論の先行研究との関係

モラルハザードの連続時間の最適契約論との関連では，本章はドリフト項制御の問題として Cvitanić *et al.* (2009)，Cvitanić and Zhang (2007)，Nakamura and Takaoka (2014) に最も深く関係している[7)]．それらの論文は，本章と同様に，指数型効用関数ではなく一般的な効用関数を仮定し，プリンシパルとエージェントの間のモラルハザード問題下の最適契約を分析する[8)]．本章はそれらのプリンシパル＝エージェントモデルに比べて，最適契約論の観点から幾つかの点で異なっている．例えば，それらのモデルでは終末時点 T でのみペイオフが発生する一方で，本章モデルでは時間を通じて連続にペイオフが発生する．この構造のため本章では動学的に，時間を通じて確率的に変動する均衡資産価格を分析できる．

また，最も本質的には確率制御問題の形式が異なる．Cvitanić *et al.* (2009)，Cvitanić and Zhang (2007)，Nakamura and Takaoka (2014) より前の関連研究では，慣習として，情報優位にあるエージェント（本章では企業）のドリフト項制御問題を弱形式で定式化し，情報劣位にあるプリンシパル（本章では投資家）の最適契約デザイン問題には，誘因両立条件を用いて強形式で定式化することが多い（例えば Holmström and Milgrom (1987)，Schättler and Sung (1993) 等を参照）．これはエージェントによるドリフ

---

6) Misumi *et al.* (2015) は，同様の数値解析を行った結果，契約の非定常性はリスクの市場価格に影響しないが，確定的にモラルハザードプレミアムに影響することを示した．

7) これらの文献のサーベイについては，Cvitanić and Zhang (2013) の書籍を参照．また，モラルハザードの形態の分類については，本章の上述の該当箇所も参照．

8) Cvitanić and Zhang (2007) はモラルハザードばかりではなく，逆選択も分析する．また，Nakamura and Takaoka (2014) は，モラルハザードに加え，投資家が生産過程を観察するためにモニタリング費用がかかる状況を分析する．

ト項制御として，モデル化されたモラルハザード行動をギルサノフ定理によって測度変換の問題に置き換え，確率解析の手法の利便性を利用し分析するためである．しかし，そのような慣習的な定式化においては，制御されるドリフト項の可測性（すなわちドリフト項がどの情報に基づいてコントロールされるのか）について2人の経済主体の間で齟齬が生じ得る．詳細は以下の通りである．

モラルハザード問題のもとでは，経済主体がどのような情報を観察してどのような情報を戦略的に顕示し，あるいは顕示しないのかは繊細な問題である．この繊細な情報問題を数学的に定式化するためには，細心の注意が必要である．連続時間のモラルハザードの文献で，プリンシパル＝エージェント問題の定式化を巡る繊細な情報問題について最初に議論したのはCvitanić *et al.* (2009) である．ここではCvitanić *et al.* (2009) を発射台にしてさらに議論を発展させ，確率制御問題の定式化の数学的側面について整理する[9]．

確率制御問題の強形式では，フィルタ付確率空間 $(\Omega, \mathcal{F}, \mathbb{F}, \mathbb{P})$（ただし，$\mathbb{F}=\{\mathcal{F}(t)\}_{0\leq t\leq T}$）とその空間上の n 次元 $\mathbb{F}$-標準ブラウン運動 B に対して，確率微分方程式 $\mathrm{d}M(t):=\theta(t)\,\mathrm{d}t+\mathrm{d}B(t)$，$M(0)=0$，$t\in[0,T]$（ただし T は有限の正の定数）について，ドリフト項 θ を B によって生成される情報系（フィルトレーション）$\mathbb{F}$ に適合させながら制御する．一方，弱形式では，θ を情報系 $\mathbb{F}$ に適合させながら，$(\Omega, \mathcal{F}, \mathbb{F}, \mathbb{P}, B(\cdot), \theta(\cdot))$ を制御する．すなわち，弱形式では θ のみならず，フィルタ付確率空間およびブラウン運動も制御される．このとき，注意しなくてはいけないのは，弱形式では必ずしも情報系 $\mathbb{F}$ が B によって生成された情報系の拡張ではないことである．

さらに，生産過程 X は確率測度 $\mathbb{P}$ のもとで確率微分方程式 $\dfrac{\mathrm{d}X(t)}{X(t)}=\mathrm{d}G(t)=\upsilon^G\mathrm{d}t+\sigma^G\mathrm{d}B(t)$，$X(0)=x>0$，$t\in[0,T]$ によって特徴付けられるとする．ここで $\upsilon^G:=\mu^G+\sum_{j=1}^{n}\sigma_j{}^G\theta_j$ と定義され，$\mu^G\in\mathbf{R}$ は定数であり，$\sigma^G=(\sigma_1{}^G,\cdots,\sigma_n{}^G)$ は n 次元行ベクトルで全ての $j\in\{1,\cdots,n\}$ に対して定数 $\sigma_j{}^G>0$ である．つまり，θ および υ^G が企業の経営努力を表わす．この確率微分方程式に対して，θ および υ^G を情報系 $\mathbb{F}$ に適合させながら制御して確率

9)　なお，確率微分方程式の強解・弱解，確率制御の強形式・弱形式の定義については，例えば Karatzas and Shreve (1991) や Yong and Zhou (1999) を参照．

制御問題を解く際に，ギルサノフの定理を用いて測度変換を適切に行える環境では，強形式を採ることも弱形式を採ることも技術的には可能である．

確率制御問題では一般に，強形式は現実世界から見て自然な定式化である一方，弱形式は最終的に強形式（すなわち現実世界）の問題を解くことを目的とする際の，補助的モデルとして利便性がある（Yong and Zhou 1999, p. 64）．例えば，通常の金融工学や数理ファイナンスの分野では，前節の無裁定価格アプローチのところで述べたように，測度変換を行い弱形式を用いながら，リスク中立測度のもとで，典型としては完備市場における金融商品の複製により，他の金融商品の価格付けを行うことが学術的にも実務的にも一般的である．一方で，本章では，弱形式を用いると企業の努力によって確率測度が実際に変換され，弱形式は単に強形式の補助的モデルとはならない．弱形式を選ぶか強形式を選ぶかは，単なる解法の利便性の問題に止まらず，経済モデルの違いを意味する．この意味で本章は，通常の金融工学・数理ファイナンスの設定と異なる．

また，上述のように弱形式と強形式の間では制御変数が適合する情報系が異なるので，弱形式で求めた最適制御解は必ずしも強形式の解と同じではない．ここで，企業の確率制御問題のみに注目すると，θ(および v^G)を適合させる情報系 $\mathbb{F}$ は，強形式では，B によって生成される情報系（ここでは $\mathbb{F}^B$ と表記）である一方，弱形式では，変換された確率測度のもとで制御される情報系（ここでは $\mathbb{F}^M$ と表記）である．なお，変換後の確率測度を $\mathbb{Q}$ と表わすと，$\mathbb{Q}$ はラドン＝ニコディム微分 $\frac{d\mathbb{Q}}{d\mathbb{P}} = \Pi_{j=1}^{n} \exp\{-\int_0^t \theta_j(s)\,dB_j(s) - \frac{1}{2}\int_0^t (\theta_j(s))^2 ds\}$ によって特徴付けられる．このとき前出の確率微分方程式 $dM(t) = \theta(t)\,dt + dB(t)$，$M(0) = 0$，$t \in [0, T]$ によって特徴付けられる M は，$\mathbb{Q}$ のもとで標準ブラウン運動である．弱形式では，企業は変換した確率測度 $\mathbb{Q}$ のもとでの情報系 $\mathbb{F}^M$ に適合して θ（および v^G）を制御するので，θdt（および $v^G dt$）とショック $dB(t)$ の和である $dM(t)$ に基づいて制御の意思決定を行うこととなる．換言すれば，企業は努力 θ（および v^G）を制御するときに，B が見えているにもかかわらず，直接的には，過去にどのようなショック B を受けてきたかの情報ではなく，結果である M（したがって X）から得られる情報を使って努力水準 θ（および v^G）を決めることを意味している．さらに，$\mathrm{d}M(t)=\theta(t)\mathrm{d}t+\mathrm{d}B(t)$ の形状からわかるように，M を観察できているときに B の情報を直接利用しないことは，同時に直接的には θ の情報も使っていないことを意味する．企業の確率制御問題を弱形式で分析することは，直接的には，企業が自身の過去にどのようなショック B を受けてどのような努力 θ（および v^G）をしてきたかという情報を忘れ続けながら，M の歴史から得られる情報に基づいて，連続的に努力水準を決定する可能性を意味している．もちろんモデル次第では，弱形式で直接的には M からの情報に基づいて確率制御しても，最適化の結果として均衡では B の情報も θ の情報も使うことと同値になる可能性は残されており，$\mathbb{F}^M$ の情報が $\mathbb{F}^B$ の情報と一致するかもしれない．しかし，それはモデル毎に証明されるべき結果であり，事前に θ（および v^G）を $\mathbb{F}^M$ に適合すると仮定することは経済学・金融論上は制約的と考えられる[10]．一方で，強形式では企業は B によって生成される情報系 $\mathbb{F}^B$ に基づいて，努力水準 θ（および v^G）を制御する．すなわち，企業はショック B を観察しながらこれまでの努力水準 θ（および v^G）も記憶し続けて，努力水準 θ（および v^G）を意思決定する．このように弱形式と強形式の間では，θ（および v^G）の適合する情報系が異なる限り，最適制御解が等しいとは言えない．つまり，ドリフト項を制御することと確率測度を変換することは，数学上はもちろん経済学・金融理論上も異なり得る．

さらに，Holmström and Milgrom (1987) や Schättler and Sung (1993) などの先行研究では，慣習として，2つの経済主体のそれぞれの確率制御問題を弱形式と強形式で異なって設定し，両経済主体の間での情報系が異なるものとしてモデル設定する．とくに，制御される θ（および v^G）の可測性に注目すると，企業は弱形式で θ（および v^G）を $\mathbb{F}^M$ に適合して制御する一方，投資家は，確率微分方程式 $\mathrm{d}W(t):=\mathrm{d}B(t)-\theta\mathrm{d}t$ によって特徴付けられるような変換測度のもとでの標準ブラウン運動 W に直面する．すなわち投資家は，誘因両立条件のもとで標準ブラウン運動 W によって生成される $\mathbb{F}^W$ に適合して θ（および v^G）のターゲットを決め，確率制御を行う．しかし，

10）例えば，企業が B を観察できず，さらに自身のドリフト項の制御結果も完全には観察できないと仮定すれば，弱形式は経済モデルとして正当化される．

$\mathrm{d}W(t)=\mathrm{d}B(t)-\theta\mathrm{d}t$ の構造からわかるように，$\mathbb{F}^W$ は $\mathbb{F}^M$ よりも小さい可能性がある．したがって，企業が弱形式において $\mathbb{F}^M$ に適合して制御した θ（および v^G）が，投資家が強形式において $\mathbb{F}^W$ に適合しながらターゲットにする θ（および v^G）の集合のなかに入っていない可能性がある．つまり，2つの確率制御問題の間で可測性に齟齬が生じ得る．換言すれば，弱形式のなかで企業によって選択される最適な θ（および v^G）は，強形式での投資家の最適契約デザインによってターゲットにすることができず，誘因両立条件を満たす契約によって遂行（implement）されない可能性がある．

この問題を回避するためには，一般には2人の経済主体の確率制御問題を，同じ形式で解くことが適切である．実際に Cvitanić *et al.* (2009) では，1次元標準ブラウン運動のもとでエージェントがドリフト項を制御するとき，モラルハザード問題下での2人の経済主体の2つの確率制御問題を，ともに弱形式で解いている．しかし上述したように，2人の経済主体のドリフト項制御に関する確率制御問題をともに弱形式で分析することは，企業が自分が過去にどのようなショック B を受けてどのような努力 θ（および v^G）をしてきたかという情報を忘れ続けながら，M（したがって X）の歴史から得られる情報に基づいて努力水準を決定し続ける可能性を意味している．これは一般に想定される経済環境ではない[11]．

そこで本章では，モラルハザードについて2人の経済主体の2つの確率制御問題をともに強形式で解く．この定式化は，プリンシパル＝エージェント間の最適契約問題としては，既に Nakamura and Takaoka (2014) のなかで，1次元標準ブラウン運動と終末時点でのみのペイオフの設定のもとで研究されている．それに対して本章は，モデルを n 次元標準ブラウン運動と連続ペイオフの設定に拡張している．投資家が企業の努力水準 θ（および v^G）を直接的に観察できないときに，強形式で投資家の確率制御問題を解くことについては，情報問題の解法の定跡として本章も誘因両立条件を課すので，ナッシュ均衡を分析する限り困難は生じない．したがって，本章の定

11）なお，Misumi *et al.* (2014) は，Cvitanić *et al.* (2009) と同様に両経済主体の確率制御問題を弱形式で解くが，ドリフト項でなく確率測度を直接的に制御する形でモラルハザード問題を構築している．

式化は情報問題に関する自然な定式化と思われ，現実への応用可能性が高いと考えられる．

3.3　モデルの概要

本モデルでは，ベキ乗型効用関数と内生的に変動する無リスク金利を仮定しながら，モラルハザードが存在するときの資産価値評価式を明示的に示す．具体的には，連続時間の交換経済の一般均衡モデル（消費ベースの資本資産価格モデル（C-CAPM））[12]にモラルハザードを導入する．ただし，現実の金融実務で問題になるモラルハザードの形態は様々である．ここでは，企業の投資プロジェクトの期待生産性が企業の経営努力に依存するが，投資家はその努力水準を直接観察できないことから企業の生産活動がモラルハザードに晒されている状況を考える．このとき金融市場における投資家の最適消費・投資問題を解き，均衡の状態価格密度を明示的に導出する[13]．均衡状態価格密度が導出されれば，長期・短期やペイオフの形状にかかわらず，いかなる種類の証券・ローンもモラルハザード下において価格付けできる．

モデルの概要は以下の通りである[14]．連続時間 $[0, T]$（有限 $T>0$）を通じて代表的投資家（以下では投資家と呼ぶ）と代表的企業（このモデルでは企業経営者と同一．以下では企業と呼ぶ）という2人のリスク回避的な経済主体が存在する[15]．各経済主体は共通の瞬間的時間選好係数を持ち時間分離可能な期待効用に基づいて各自の消費過程を評価する．投資家の瞬間的効用関数は相対リスク回避度一定（constant relative risk aversion：CRRA）型

12）例えばLucas（1978），Breeden（1979），Cox *et al.*（1985），Dana and Jeanblanc（2007）Ch. 7を参照．

13）状態価格は，ある状態が実現すると1単位の消費を支払い，それ以外の状態では何も支払わないことを約束する証券（アロー・ドブリュー証券）の価格として定義される．とくに連続状態モデルでは，状態価格密度がそれに対応する概念である．これは価格カーネル，確率割引ファクターとも呼ばれる．

14）なお，モデルの詳細は中村（2016）を参照のこと．

15）代表的企業を仮定するのではなく，異質な複数の企業群を仮定することも可能である．例えば，最もシンプルなケースでは，本章で以下に仮定する n 個の独立なブラウン運動のそれぞれが個々の企業の被るショックであると仮定すれば，本章のフレームワークで異質な複数企業モデルでのモラルハザード問題を分析できる．

であり，企業の瞬間的効用関数は対数型である．企業は投資されれば，時間を通じて1種類の非耐久的な消費財を生産し，投資家との間で毎瞬間その消費財をシェアする．企業の生産過程は賦与（endowment）モデルとして構築され，幾何ブラウン運動によって表わされる連続のリスクに晒されるが，企業経営者は努力コストをかけて瞬間的な期待生産性（ドリフト項）を引き上げることができると仮定する．瞬間的な期待生産性は，企業経営者の努力水準を表わす．生産の時間経路は投資家も企業経営者も観察できるが，努力水準は企業経営者の個人情報であり，投資家は直接観察できない．つまり企業は，自身の努力水準を知りながら現実のショックを観察して現実の生産レベルを観察できる一方で，投資家は生産レベルを観察できても現実のショックと企業の努力水準を直接観察できない．したがって，この生産過程はモラルハザードに晒される．

ここでのモラルハザードは，企業が企業自身の私的利益のために瞬間的期待生産性を決める行為として定義される．このような環境では，投資家は，事前（契約前）には企業のモラルハザードによる怠慢のインセンティブを軽減するように契約をデザインして投資し，一方で，事後（契約成立後）は契約に従いつつ金融市場にアクセスしながら消費や資産を最適化する．なお，ここでは暗黙に，投資家は企業に対しては事前的には銀行のように振る舞い融資契約をデザインして提示し，企業が受け入れれば融資が実行されると仮定する．そこで直接的には，投資家が契約をデザインする形でモデル化する．したがって，均衡は投資家と企業の間のナッシュ均衡であり，かつ市場均衡として定義される．つまり，モラルハザードと金融市場は均衡で相互に連関する．本章では，この連関によってモラルハザードがいかに金融市場において資産価格に影響するのかを解明する．

とくに，この資産価格モデルのもとで，状態価格密度過程（ここではΠと表わす）を導出する．モラルハザードの状態価格密度過程への影響は，厳密解として閉形式（closed form）でマルチンゲールによって特徴付けることができる．そもそも適正に市場価格が形成されるとき，状態価格密度過程Πは以下の確率微分方程式によって特徴付けられる：$\mathrm{d}\Pi(t)=\Pi(t)(-r(t)\mathrm{d}t-\eta(t)^{\top}\mathrm{d}B(t))$，$\Pi(0)=1$．ここで$B$は$n$次元標準ブラウン運動，$r$は無リスク金利，$\eta$はリスクの市場価格を表わす．本章では，均衡の無リスク金利rとリスクの市場価格ηがモラルハザードの影響を表わすマルチンゲールを通じていかに歪むのかについて，経済構造パラメータの関数として明確化する．

3.4　資産価格分析上の含意

分析の詳細は中村（2016）に譲るとして，ここではモラルハザードの資産価格への影響に関する含意をまとめる．第1に，モラルハザードはリスク資産に関してシャープ比を低下させる．これには2つの要因が作用している．第1の要因は，モラルハザードは努力水準を低下させることである．第2の要因は以下の通りである．投資家はモラルハザードを軽減させるべく，企業に対して経営努力のインセンティブを与えるような成功報酬型の契約を結んでいる．このインセンティブ契約のもとでは，ショックに連動して企業の経営努力が変動する．とくに正（負）のショックがあるときは，期待生産性は上がる（下がる）．一方で，投資家のリスク回避性（すなわち限界効用逓減性）によって，期待生産性と限界効用は逆方向に動く．したがって，正（負）のショックは期待生産性を向上（低下）させ，均衡状態価格密度は低く（高く）なり，均衡債券価格を引き下げる（引き上げる）．この結果，モラルハザードの存在（すなわち経営努力水準の変動）は価格の変動幅を縮小させ，リスクの市場価格を低下させる．これら2つの要因によってシャープ比は低下し，リスク資産への投資の魅力を下げる．ただし，第2の要因に関しては，リスクの市場価格の歪みの動向に並行して時間とともに減退し，終末時点Tに消滅する．

第2に，無リスク金利に加わるモラルハザードプレミアムは正である．上述のように，モラルハザードによってリスクの市場価格が低下するので，モラルハザードの存在が価格リスクをヘッジする方向に作用する．つまりボラティリティは抑制され，リスクプレミアムは減少する．この結果，モラルハザードが存在しない場合に比べれば，無リスク金利は上昇することとなる．この歪みは，リスクの市場価格の歪みの動向に並行して時間とともに減少し，終末時点Tに消滅する．

この結果は，Weil (1989) によって最初に指摘されたリスクフリーレート・パズルに新しい洞察を与える．モラルハザードによってリスクプレミアムが減少しているときに，リスク中立の場合の無リスク金利を出発点に考えて理論値を実測値まで引き下げるためには，一層大きなリスク回避度が必要となることを意味する．つまり，モラルハザードのもとでは，リスクフリーレート・パズルが悪化するとの含意が導かれる．

第3に，この研究はモラルハザードについて，価値評価への影響のみではなく，実物資源の最適配分への影響についても含意をもたらす．通常のコーポレートファイナンスでのモラルハザード分析では，投資家は金融市場にアクセスすることを想定しないため，全てのモラルハザードの影響が実物資源配分の歪みのみによって吸収されなければならない．一方，対照的に本章モデルでは，投資家が金融市場にアクセスできることから，モラルハザードによる歪みが金融市場と実物市場の２つのチャンネルに分割される．このため，通常のコーポレートファイナンス分析とは異なり，モラルハザードの影響の一部は金融市場にも吸収され，モラルハザードによる実物資源の最適配分の歪みが軽減され得る．

4. おわりに

金融危機の経験を踏まえて，従来の金融リスク分析に代わる新しい分析の流れを紹介し，その具体的な例としてモラルハザードの資産価格への影響の分析を紹介した．しかし，この分析は依然として理論モデルの域に止まっており，企業・金融機関の実際のリスク管理分析に応用することが望まれる．

参考文献

Biais, Bruno, Thomas Mariotti, Guillaume Plantin, and Jean-Charles Rochet (2007), "Dynamic Security Design: Convergence to Continuous Time and Asset Pricing Implications," *Review of Economic Studies*, Vol. 74(2), pp. 345-390.

Biais, Bruno, Thomas Mariotti, Jean-Charles Rochet, and Stéphane Villeneuve

(2010), "Large Risks, Limited Liability, and Dynamic Moral Hazard," *Econometrica*, Vol. 78(1), pp. 73-118.

Breeden, Douglas T. (1979), "An Intertemporal Asset Pricing Model with Stochastic Consumption and Investment Opportunities," *Journal of Financial Economics*, Vol. 7(3), pp. 265-296.

Brunnermeier, Markus K. and Yuliy Sannikov (2014), "A Macroeconomic Model with a Financial Sector," *American Economic Review*, Vol. 104(2), pp. 379-421.

Cochrane, John H. (2005), *Asset Pricing*, Revised edition, Princeton: Princeton University Press.

Cox, John C., Jonathan E. Ingersoll, Jr., and Stephen A. Ross (1985), "An Intertemporal General Equilibrium Model of Asset Prices," *Econometrica*, Vol. 53(2), pp. 363-384.

Cvitanić, Jakša and Jianfeng Zhang (2007), "Optimal Compensation with Adverse Selection and Dynamic Actions," *Mathematics and Financial Economics*, Vol. 1(1), pp. 21-55.

Cvitanić, Jakša and Jianfeng Zhang (2013), *Contract Theory in Continuous-Time Models*, Heidelberg: Springer.

Cvitanić, Jakša, Xuhu Wan, and Jianfeng Zhang (2009), "Optimal Compensation with Hidden Action and Lump-Sum Payment in a Continuous-Time Model," *Applied Mathematics and Optimization*, Vol. 59(1), pp. 99-146.

Dana, Rose-Anne and Monique Jeanblanc (2007), *Financial Markets in Continuous Time*, Berlin: Springer.

DeMarzo, Peter M. and Michael J. Fishman (2007), "Optimal Long-Term Financial Contracting," *Review of Financial Studies*, Vol. 20(6), pp. 2079-2128.

DeMarzo, Peter M. and Yuliy Sannikov (2006), "Optimal Security Design and Dynamic Capital Structure in a Continuous-Time Agency Model," *Journal of Finance*, Vol. 61(6), pp. 2681-2724.

Duffie, Darrell (2001), *Dynamic Asset Pricing Theory*, 3rd edition, Princeton: Princeton University Press.

He, Zhiguo and Arvind Krishnamurthy (2012), "A Model of Capital and Crises," *Review of Economic Studies*, Vol. 79(2), pp. 735-777.

He, Zhiguo and Arvind Krishnamurthy (2013), "Intermediary Asset Pricing," *American Economic Review*, Vol. 103(2), pp. 732-770.

Holmström, Bengt and Paul Milgrom (1987), "Aggregation and Linearity in the Provision of Intertemporal Incentives," *Econometrica*, Vol. 55(2), pp. 303-328.

Karatzas, Ioannis and Steven E. Shreve (1991), *Brownian Motion and Stochastic*

Calculus, 2nd edition, Berlin: Springer.

Kocherlakota, Narayana R. (2000), "Creating Business Cycles Through Credit Constraints," *Federal Reserve Bank of Minneapolis Quarterly Review*, No. 24, pp. 2–10.

Lucas, Robert E., Jr. (1978), "Asset Prices in an Exchange Economy," *Econometrica*, Vol. 46(6), pp. 1429–1445.

Misumi, Takashi, Hisashi Nakamura, and Koichiro Takaoka (2014), "Optimal Risk Sharing in the Presence of Moral Hazard under Market Risk and Jump Risk," *Japanese Journal of Monetary and Financial Economics*, Vol. 2(1), pp. 59–73.

Misumi, Takashi, Hisashi Nakamura, and Koichiro Takaoka (2015), "Moral Hazard Premium: Valuation of Moral Hazard under Diffusive and Jump Risks," mimeo.

Myerson, Roger B. (2012), "A Model of Moral-Hazard Credit Cycles," *Journal of Political Economy*, Vol. 120(5), pp. 847–878.

Nakamura, Hisashi and Koichiro Takaoka (2014), "A Continuous-Time Optimal Insurance Design with Costly Monitoring," *Asia-Pacific Financial Markets*, Vol. 21(3), pp. 237–261.

Ou-Yang, Hui (2005), "An Equilibrium Model of Asset Pricing and Moral Hazard," *Review of Financial Studies*, Vol. 18(4), pp. 1253–1303.

Ross, Stephen A. (1976), "Options and Efficiency," *Quarterly Journal of Economics*, Vol. 90(1), pp. 75–89.

Schättler, Heinz and Jaeyoung Sung (1993), "The First-Order Approach to the Continuous-Time Principal-Agent Problem with Exponential Utility," *Journal of Economic Theory*, Vol. 61(2), pp. 331–371.

Tirole, Jean (2006), *The Theory of Corporate Finance*, Princeton: Princeton University Press.

Weil, Philippe (1989), "The Equity Premium Puzzle and the Risk-Free Rate Puzzle," *Journal of Monetary Economics*, Vol. 24(3), pp. 401–422.

Yong, Jiongmin and Xun Yu Zhou (1999), *Stochastic Controls: Hamiltonian Systems and HJB Equations*, New York: Springer.

小川英治［編］(2016),『世界金融危機と金利・為替――通貨・金融への影響と評価手法の再構築』東京大学出版会.

中村恒 (2016),「モラルハザードの価値評価――強形式による定式化」小川英治［編］『世界金融危機と金利・為替――通貨・金融への影響と評価手法の再構築』東京大学出版会, 123–168 頁.

第 2 章

世界金融危機時における資金調達行動

――日本企業における社債市場の環境変化――

安田行宏

1. はじめに

本章では，いわゆる世界金融危機時における日本企業の資金調達行動について考察することを目的とする．米国の住宅バブルの崩壊とそれに伴うサブプライム・ローン問題の顕在化に端を発する金融危機が，米国に留まらず「世界」金融危機と言われるように，欧州をはじめとしてその存在の大きさ故に世界各国経済に甚大な影響をもたらした．日本に対しては輸出産業を中心に実体経済に対して悪影響を与えた一方で，日本の金融機関が証券化商品にほとんど手を出していなかったこともあって，日本の金融システムは健全であったという特徴がある．

そこで本章では，世界金融危機が日本企業に対してどのような影響を与え，また日本企業が資金調達においてどのような対応をしてきたのかについて考察を行う．具体的には，日本の上場企業に焦点を当てて社債市場における資金調達の観点から分析を行う．それは日本の金融面については，特に2008年9月のリーマン・ショック時に社債市場やCP市場が機能不全に陥り，これを受けて銀行貸出が急増したことが知られているからである（日本銀行2010）．一方で，日本企業が世界金融危機に対して具体的にどのように対応

＊本章の図表の作成にあたり顔菊馨氏（一橋大学大学院商学研究科博士後期課程）の協力を得た．ここに記して感謝する．

したのかについては，多角的な検証が今なお必要と思われる．というのも，後で考察するように，例えば，社債市場について集計データに基づく限りでは，世界金融危機の影響を明確に読み取ることはできず，企業属性によってその影響は大きく異なる様相が見て取れるからである．

先行研究としては，特に米国においては金融部門の機能不全が一般企業に対してどのような影響を与えるのかという観点から，資金調達行動をはじめとした多角的な検証が行われている．例えば，Almeida *et al.* (2012)，Ivashina and Scharfstein (2010)，Flannery *et al.* (2013) などは，米国における金融危機の影響に関する代表的な研究である．Almeida *et al.* (2012) は，2007年第3四半期以降に満期を迎える長期負債を多く抱える企業ほど，その他の点でほぼ類似の属性を持つ企業と比較して，設備投資を減少させることを実証的に示している．Ivashina and Scharfstein (2010) は，2008年の第4四半期において，銀行貸出が47％も減少したことを実証的に確認している．Flannery *et al.* (2013) は，世界金融危機の米国銀行部門への負のショックによって，貸出の減少とそれに伴う企業の投資の減少が生じていることを実証的に示している．

以上の分析は，しかしながら，米国発の世界金融危機であるために，いわゆる内生性の問題（例えば，因果関係の識別，係数の推計バイアスなど，検証結果の信憑性を低下させる問題）を潜在的に抱えたものとなっている．翻って世界金融危機は，日本の金融機関・一般企業にとっては当事者でない外生ショックと考えられるため，因果関係の識別を試みることが可能であると考えられる．この点に着目したUchino (2013) は，社債市場の機能不全に直面した企業は銀行借入を増加させることで対応しており，設備投資の減少などは生じてないことを実証的に示している．本章でもUchino (2013) の問題意識を踏襲しつつも，より中長期的な観点を踏まえて考察を加えていく．

本章の構成は以下の通りである．第2節では，日本企業の資金調達環境について中長期的な視点から概観し，その後，世界金融危機が日本の株式市場，企業部門に対してどのような影響を与えたのかを考察する．第3節では，世界金融危機の影響について日本の社債市場に焦点を絞って考察していく．第4節では，第3節までの考察を踏まえて，より詳しく個票データに基づく実証分析を行う．そして第5節では，本章のまとめを述べて結びとする．

2. 日本企業の中長期的な資金調達環境の推移

本節では少し大きな視点で，日本企業の資金調達環境の背景について考察していく．具体的には1990年代後半以降において，日本の企業部門はいわゆる資金余剰部門となっていること，一方で資金の代表的な貸し手としての銀行は不良債権問題を脱しており，総じて健全であったこと，さらに日本の金融危機以降，トレンドとして貸出金の伸び悩みが持続していることなどを概観し，こうした趨勢の中で世界金融危機が日本企業にどのように影響を与え，また日本企業がどのような資金調達の対応を行ったのかの背景を探ることにしたい．

2.1 中長期的な視点から

1990年代後半の日本の金融危機を経て，2000年代以降から今日に至るまで，日本の企業部門は大きな変革を余儀なくされていると言える．2000年代からガバナンス改革，会計ビッグバン，さらには会社法の制定，金融商品取引法の導入など制度改革については枚挙にいとまがない状況にあり，昨今のコーポレートガバナンス・コードの制定は大きな注目を浴びているのは周知の通りである．

前述の経済環境の変化やこれらの一連の制度改革を背景に，マクロ的に見ると図2-1にあるように，1998年頃から一貫して日本の企業部門は資金余剰部門となっている点は注目に値する．2000年代から総じて，日本企業はいわゆる金余りの状態が続いているのである．いざなみ景気時に余剰幅が大幅に減少しているが，世界金融危機時以降再び余剰が増加していることが分かる．本章のテーマからは逸れるものの，政府部門の赤字が企業部門の黒字と対照的な推移をしているのが印象的である．

日本経済において主要な資金の貸し手である銀行部門の観点から見ると，図2-2にあるように，預金残高は増加傾向にあるにもかかわらず，貸出残高の減少トレンドが見て取れる．具体的には，日本金融危機の最中にあった

図2-1　日本の主要経済主体別の資金過不足の推移

出所：日本銀行「資金循環統計」，内閣府「国民経済計算」に基づき筆者作成.

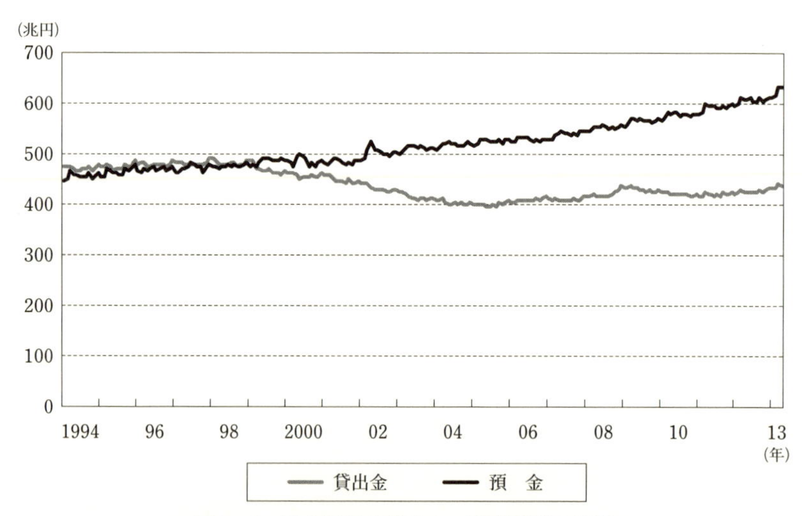

図2-2　国内銀行の貸出金・預金残高の推移

出所：日本銀行『金融経済統計月報』に基づき筆者作成.

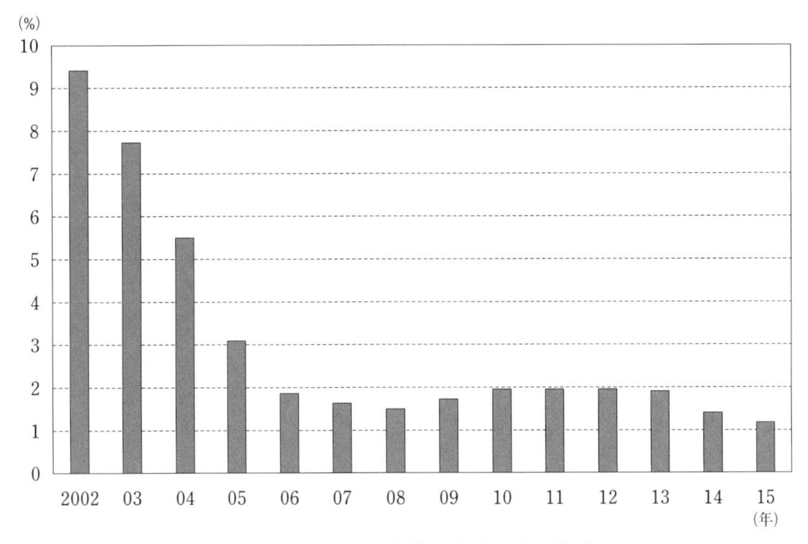

図2-3　銀行の不良債権残高比率の推移

出所：金融庁「金融再生法開示債権の状況等について」に基づき筆者作成.

1998年頃から預貸ギャップが次第に拡大しており，世界金融危機時に一時的な増加は見受けられるが預貸ギャップを縮小させるほどではなく，長期的トレンドであることが分かる．なお，このギャップの多くが国債運用に向けられていると考えられる．

図2-3は，銀行の不良債権残高比率（リスク管理債権の対貸出残高比率）の推移を表わすグラフである．まず，2000年代初頭は日本の金融危機が未だ解消されずにいたことが分かる．一方で，2006年頃からは不良債権比率は一貫して2%を下回り，この意味で金融システムは健全化していると考えられる．世界金融危機の頃を見ても，不良債権比率の大幅な上昇は見られない．また冒頭で述べたように，日本の金融機関は米国の金融危機の主因である証券化商品をほとんど保持していなかったことから，総じて日本の金融システムは健全であったと言える．

2.2　日本の株価と企業パフォーマンスの推移

このような状況を背景として，2007年頃から米国の金融危機が顕在化し，日本経済に波及してきたと言える．以下では主に，日本の株式市場への影響と実体面への影響の2つの観点から考察することにしたい．

まず，日経平均株価の推移を表わした図2-4を見ると，株式市場は2007年頃から急落していることが分かる．実際，後に考察するように，米国においては2007年度の中頃の社債スプレッドを見ると既に危機の様相を示しており，急速な円高の進行に呼応する形で日本の株式市場への伝播が始まっていると思われる．

円高を背景に株式市場においてはいち早くその下落トレンドが見られ，その後，実体経済への波及が生じており，特に2009年においては，製造業の輸出減を一つの要因として経済指標の大幅な下落が見受けられる．図2-5は全産業と製造業の売上高営業利益率のグラフであるが，2009年においていずれも急落の様相を呈しており，特に製造業においては−4%まで急落しており，世界金融危機の影響が明確に見て取れる．

3.　世界金融危機の日本企業の資金調達行動への影響

本節では，より具体的に日本の社債市場に焦点を絞って，世界金融危機が日本の上場企業にどのように影響を与えてきたのかを詳しく考察する[1)]．本節を通じて，世界金融危機の日本への影響は，特にリーマン・ショック後において一時的な機能不全を生じさせていること，ただし，その影響は企業の格付けによって二極化していることを論じていく．つまり，相対的に信用リスクの高い企業群に対しては調達難の影響（frozen effects）が大きく，一方で，相対的に信用リスクの低い企業群に対しては調達コスト安を通じた調達増加の影響（safe heaven effects）があり，二極化の現象が生じているこ

1）なお，世界金融危機について，日本企業が海外で発行している社債市場の規模は小さいことから，その起債ができなくなるという経路を通じての日本企業への影響はほとんどないと言ってよさそうである（例えば，Gozzi *et al.* (2015) を参照）．

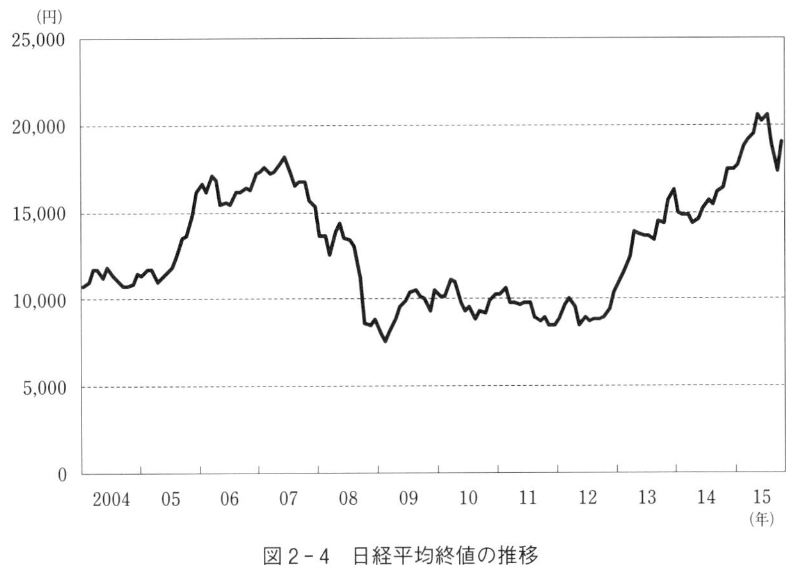

図2-4　日経平均終値の推移

出所：日経 NEEDSのデータに基づき筆者作成.

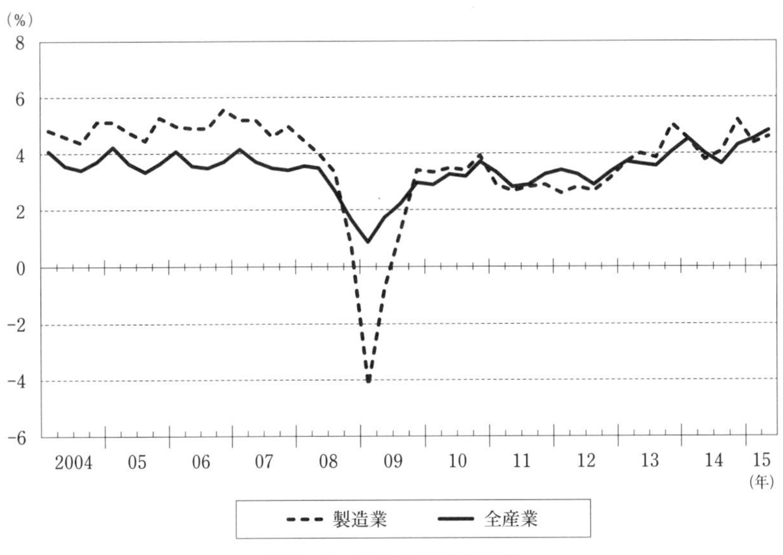

図2-5　売上高営業利益率

出所：財務省「法人企業統計」に基づき筆者作成.

とを論じる.

3.1　世界金融危機の社債市場への影響

前節で概観したように，日本企業への影響は実体面においては2009年度に特に製造業に対して顕著であるが，金融面においてはいつ頃からどのような影響があったのであろうか．以下では，日本の金融市場に対する影響として，社債市場に焦点を絞って考察をしていく．まず，図2-6は，公募による国内普通社債の発行額と件数（金融業を除く．以下同様）の推移を表わすグラフである．これを見る限り，2005年以降の増加基調は，リーマン・ショックが生じた2008年に発行額，発行件数とも減少に転じていることが見て取れる．発行額で約5000億円（対前年比約13%），発行件数で約50件（対前年比20%）の減少である．総じてリーマン・ショックを反映して，機能不全が生じている様子が窺える．

一方で興味深いのは，リーマン・ショックの翌年の2009年には，発行額の大幅な増加が生じている点である．このグラフを見る限り，その反動と相まって世界金融危機からの回復は急速であり，まさに「ショック」であったことが分かる．2009年では発行件数がリーマン・ショック前の2007年の発行件数までには回復していないものの，発行額は大幅増の6兆円に迫る規模（対前年比約60%増加）となっており，2000年以降においては過去最高額となっている．

図2-6のグラフを社債の格付けがついているか否かで分解して作ったものが，図2-7と図2-8である．図2-7に基づけば，格付けのある国内普通社債の発行額は，2004年から2009年まで一貫して増加傾向にあるように見える．つまり，リーマン・ショックの影響を発行額からだけで読み取るのは難しい．発行件数では，図2-6と同様に2008年に20件ほどの減少が見受けられる．ということは，2008年の1件あたりの発行額が多いことを含意している．2009年の件数は興味深いことに，図2-6とは異なり2007年のそれを大幅に上回っている．

続いて，格付けのない国内普通社債の発行額を表わす図2-8を見ると，2008年の発行額，発行件数ともに大幅に減少しており，明確にリーマン・

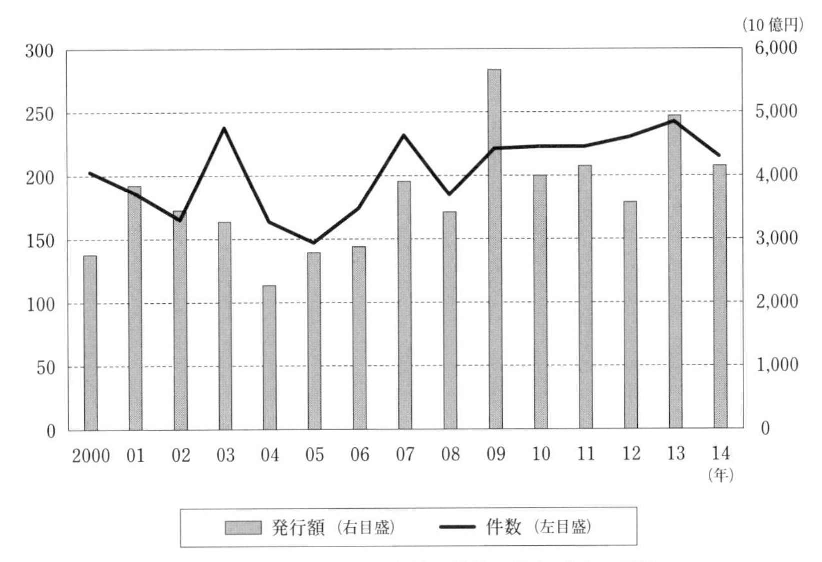

図2-6　公募による国内普通社債の発行残高の推移

出所：日経 NEEDS のデータに基づき筆者作成.

ショックによる影響が読み取れ，発行額については6000億円，件数については約40件の減少である．さらに，2009年においても，発行額でこそ2008年のそれよりは回復しているものの，発行件数でみると，2007年以降の減少トレンドが2010年まで続いているように見える．つまり，世界金融危機の社債市場への影響は，特に格付けのない相対的に信用リスクの高い企業に対して生じていることが読み取れる．

さらに，格付けのある国内普通社債を詳しくみるために，格付けがある社債を格付け別に月次レベルでみたものが図2-9である．これによると，シングルA以下の企業は，起債が大幅に減少していることが分かる．特にリーマン・ショック後の10，11月には，BBBの発行額がゼロとなっている．

以上のことをまとめると，世界金融危機の影響として，格付けのない企業，あるいは低格付けの相対的に信用リスクの高い企業に対して，社債市場の一時的な機能不全が生じていたことが分かる．言い換えると，社債による発行額の増加傾向の主因は高格付け企業であり，世界金融危機の影響は企業の信用リスクによって二極化していたことを示唆している．

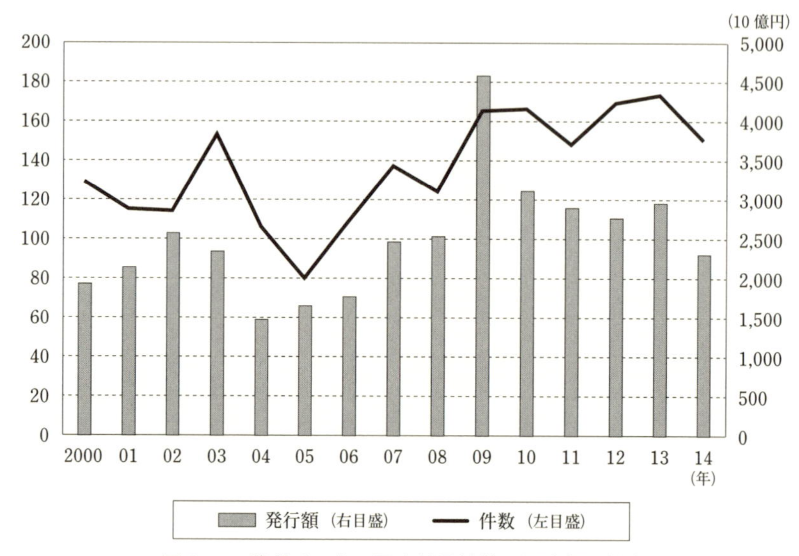

図 2－7　格付けのある国内普通社債の調達額の推移

出所：日経 NEEDS のデータに基づき筆者作成.

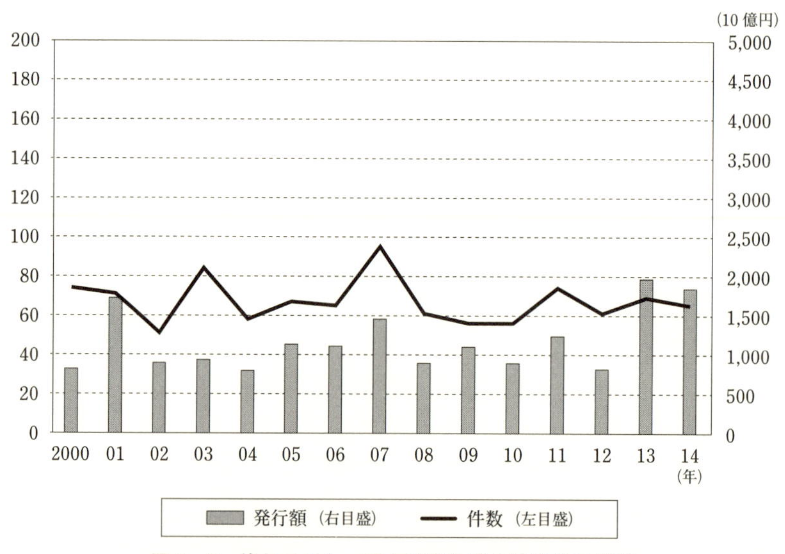

図 2－8　格付けのない国内普通社債の調達額の推移

出所：日経 NEEDS のデータに基づき筆者作成.

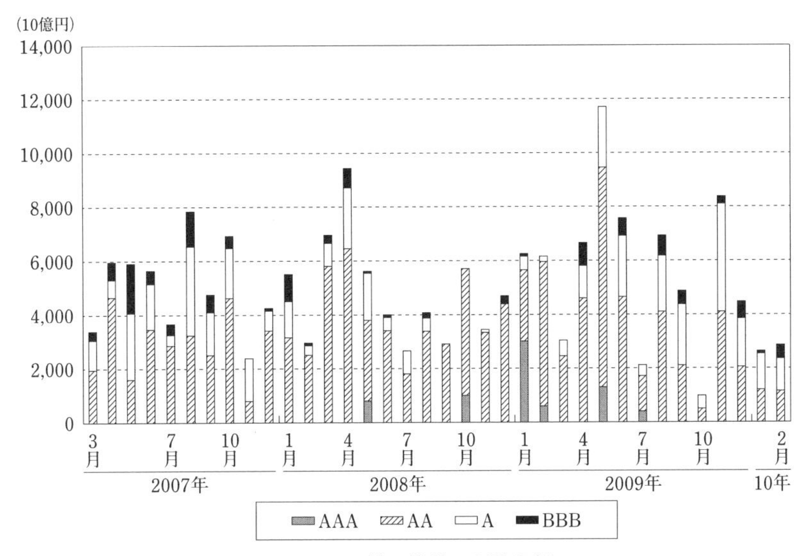

図2－9　社債の格付け別発行額

出所：日本証券業協会のデータに基づき筆者作成.

3.2　日本の社債スプレッドの特徴

ところで，なぜ高格付けの企業は社債発行を増やしているのであろうか．この点に関して興味深い現象を示唆するのが，図2-10と図2-11である．図2-10は，米国の社債の格付け別の対国債スプレッドである．世界金融危機の震源地である米国では，既に2007年中頃からスプレッドの急上場が格付けの違いによらず，一様に生じていることが分かる．それに輪をかけるように，リーマン・ショック以降にスプレッドの急上昇が生じており，トリプルAでも一時は5%超，トリプルBに至っては一時8%超となっている．

図2-11は，日本の社債の格付け別の対国債スプレッドの推移を表わすグラフである．これによると，米国のそれとは特徴がいくつかの点で異なることが見て取れる．まず，スプレッドの上昇が見受けられるが，その水準自体は米国のそれと比較して低位である．また，スプレッドの上昇時期は，米国とは異なり，日本においてはリーマン・ショック以降が顕著である．さらに，格付け別の上昇の仕方をみると，トリプルB，あるいはシングルAにおけ

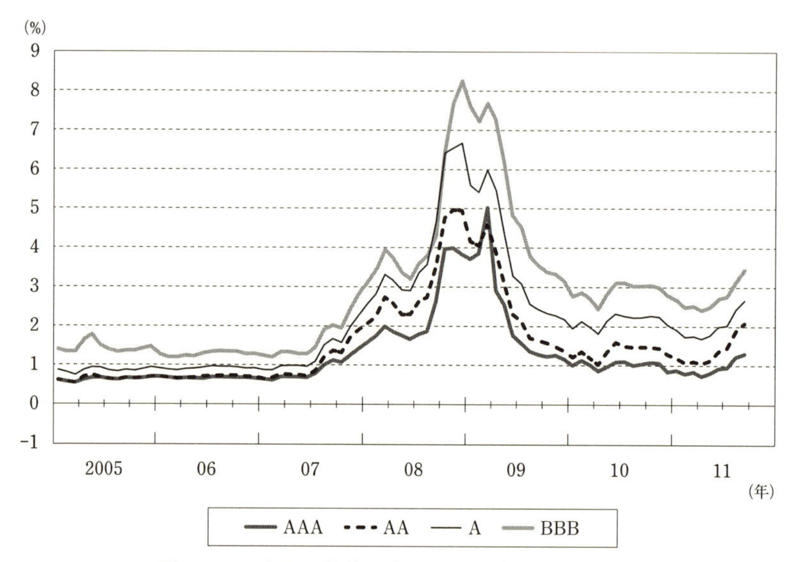

図2－10　米国の社債の格付け別スプレッドの推移

出所：BISのデータに基づき筆者作成.

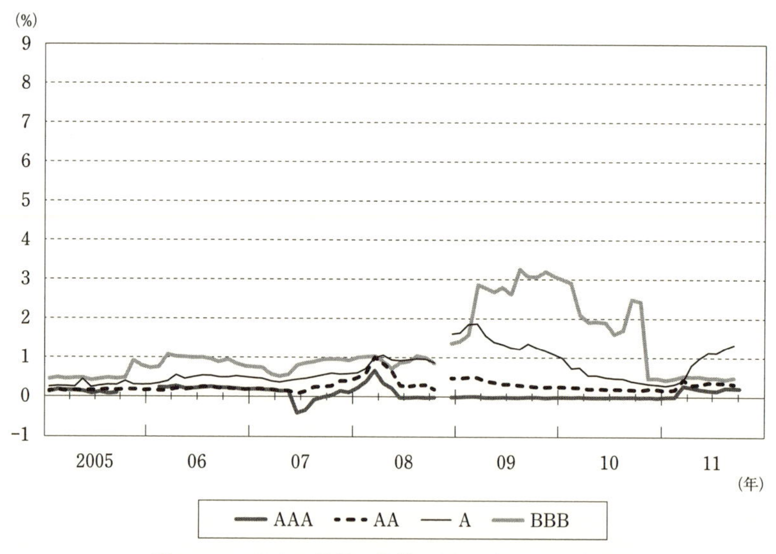

図2－11　日本の社債の格付け別スプレッドの推移

出所：BISのデータに基づき筆者作成.

るスプレッドの上昇が顕著であるのに対して，トリプルA，あるいはダブルAにおいては2008年以降にはむしろ減少しており，トリプルAに至ってはほぼゼロである．この格付け別の二極化の現象は，米国において格付けによらず，一様にスプレッドが上昇している点と比較して対照的である．

以上のことは，高格付けの信用リスクの低い企業にとっては，世界金融危機時において金利の低下を通じた好条件下での資金調達環境に置かれていることを意味しており，社債による資金調達を積極的に行っていることを示唆しているのである（safe heaven effects）．無論，高格付け企業においても流動性対策から資金調達の必要を迫られていることも容易に想像できるが，調達コスト減の効果があり，前述の意味での二極化は日本に生じた固有の現象であることが分かる．

以上から，一口にリーマン・ショックといっても，信用リスクなどの企業属性によって世界金融危機の影響が異なることが分かる．

3.3　社債市場の機能不全と銀行貸出の増加

前節で考察したように，リーマン・ショックによって社債市場が一時的に機能不全に陥り資金調達問題が生じた企業は，銀行借入へとシフトしたと言われている（日本銀行2010）．図2-2で確認したように，貸出額のトレンドは減少傾向にあるが，世界金融危機時に貸出の増加が生じていると考えられる．図2-12は図2-2について，貸出のより短期的な視点で図示したものである．この図から明らかなように，リーマン・ショック以降，特に銀行貸出が約420兆円から440兆円手前まで約20兆円弱ほど急増していることが分かる．これらの点は，学術的なより厳密な各企業レベルの検証においても確認されている（Uchino (2013)，Kim *et al*. (2015) など）．

以上の点を踏まえると，間接金融型の金融システムの良い面が世界金融危機時には機能したと，一定の評価ができると思われる．

3.4　企業の資金使途への影響

最後に，社債を発行して調達した資金使途として，何に使われているかを考察してみたい．図2-13は，社債使途の割合を示したものである．複数回

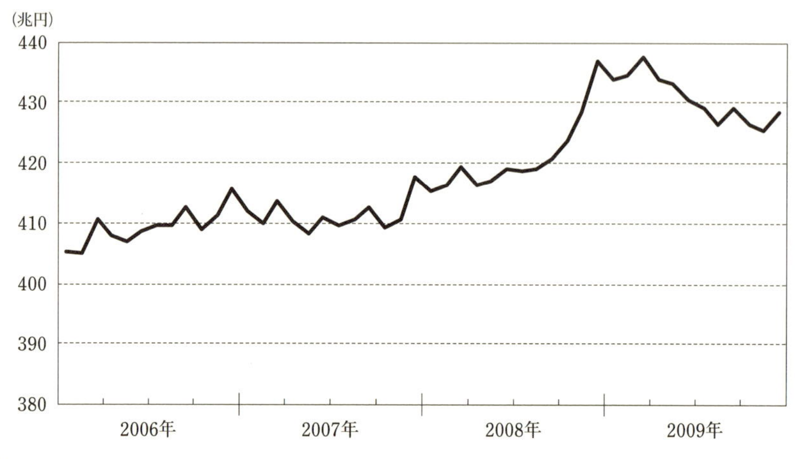

図 2－12　世界金融危機時の国内銀行の貸出金残高の推移

出所：日本銀行『金融経済統計月報』に基づき筆者作成.

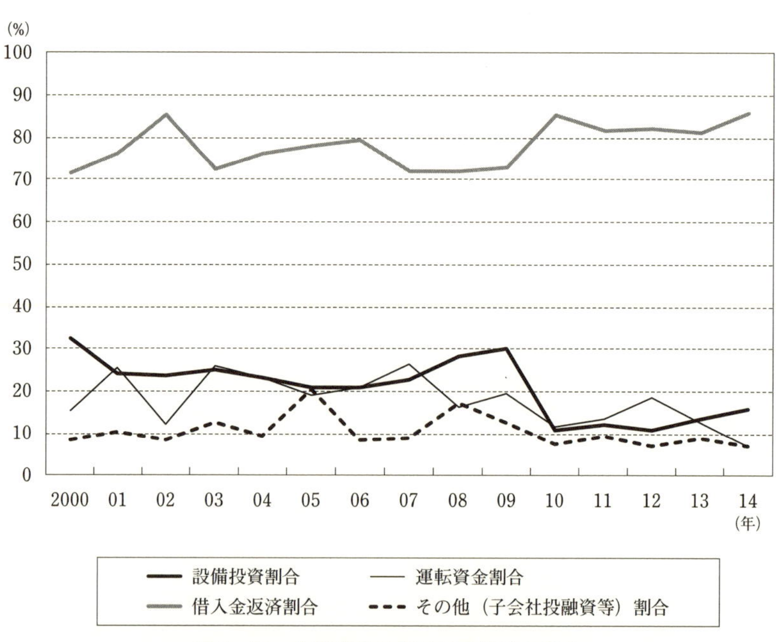

図 2－13　公募普通社債の資金使途の割合

出所：日経 NEEDS のデータに基づき筆者作成.

答もあるので合計が100%とならない点には注意が必要であるが，社債発行のおおよその資金使途を把握する上では有用であると思われる．一番比率で多いものは，借入金の返済である．多くのケースにおいて，社債の償還資金，あるいは銀行借入などの借入金一般の返済に用いられていることが分かる．設備投資については，リーマン・ショックにもかかわらず，2009年まで増加傾向が続いている点は興味深いと思われる．高格付け企業の社債発行や銀行借入へのシフトなどによって，設備投資の減少を免れていた様子が見て取れる．一方で，2010年以降は低位安定しており，世界金融危機の影響は後になって響いているのかもしれない．ところで興味深いのは，その他子会社投融資等が，リーマン・ショック時に上昇している点である．社債の発行を通じて子会社等を下支えしている可能性を示唆しており，さらなる検証に値すると思われる[2)]．

4. 実証分析

本節では，第3節までの考察を踏まえて，より詳細に分析するために，上場企業の個票データに基づく検証を行う．

4.1 先行研究と検証仮説

本節の分析は，世界金融危機，特にリーマン・ショックの日本の社債市場に対する外生的ショックの検証という観点においては，Uchino (2013) と問題意識を共有している．Uchino (2013) は，2008年度中に社債の満期を迎えた，潜在的に資金制約に直面している可能性のある企業でも，設備投資を減少させていないこと，一方で，それらの企業は銀行借入を増加させていることを，精緻な分析手法を用いて実証的に示している．

世界金融危機を分析対象とした米国の先行研究には，定式化や問題意識が本節に特に近いものとして Almeida *et al*. (2012)，Flannery *et al*. (2013)

2)　この点に関連して，筆者らの進行中の研究である Kim *et al*. (2016) では，上場企業の連結グループ内外での親会社・子会社間の貸出について検証を行い，いわゆる危機時には，親会社が子会社への貸出を増やしていることを実証的に示している．

があり，特に実体経済への影響に焦点をあてて分析したものとして，Ivashina and Scharfstein（2010），Duchin *et al.*（2010），Campello *et al.*（2011）などがある．

Almeida *et al.*（2012）は，2007年の第3四半期直後に社債の満期を迎えた企業は，類似のそうでない企業と比較して，設備投資を減少させていることを実証的に示している．Flannery *et al.*（2013）は，金融危機時の銀行の健全性と企業の投資行動の関係に焦点をあて，銀行部門が棄損することで企業の投資が減少することを実証的に明らかにしている．

Ivashina and Scharfstein（2010）は，金融危機のピーク時には事業会社への銀行貸出が半分ほどに減少したことを実証的に確認している．この貸出は短期債務に依存する銀行ほど減少幅が大きく，逆に預金に資金調達を依存する銀行ほどそれが小さいことを実証的に示している．Duchin *et al.*（2010）は，世界金融危機が企業の設備投資に対して与える影響を分析し，危機が投資の減少をもたらすことを実証的に示すとともに，その影響は企業の現金保有が少ないほど，あるいは短期負債が多く資金制約に直面している企業ほど大きいことを示している．Campello *et al.*（2011）は，特にクレジットラインに焦点をあてて，金融危機時における企業の流動性マネジメントについて分析しており，クレジットラインの利用が投資の減少などの危機の影響を緩和することを論じている．

以上の先行研究に対して，本節では，世界金融危機が日本の企業のファイナンス行動に対してどのような影響を与えたのかという観点から，実証的に分析を行う．特にUchino（2013）と同様の理由から，日本の社債市場に焦点をあて，世界金融危機時，特にリーマン・ショックが日本企業の社債発行，あるいは銀行借入に影響を与えたのか否か，また，その影響が第3節で考察したように企業の信用力（信用リスク）によって異なるのか否かに焦点をあてて分析を行う．第3節での考察に基づき，本節で検証する主な仮説は以下の2つである．

仮説1：世界金融危機は一時的に日本企業の社債発行にマイナスの影響を与えた．

仮説2：仮説1の影響は，相対的に規模の小さな信用力の低い企業に対してであり，相対的に規模の大きな信用力の高い企業はむしろ社債発行を行った．

ところで，日本においては各企業レベルにおいて，社債明細表を見ることによって1年以内に満期を迎える社債の償還金額のデータが入手可能である．この点に着目し，社債の満期の償還金額を各企業はどのようにファイナンスしているのかという観点から回帰分析を行う．社債の満期償還額や返済スケジュールは資金調達時から判明しているものの，リーマン・ショックが生じること自体は事前には予想されていなかったと考えることができる．とすれば，例えば，償還資金として新たに社債を発行することを予定していた場合には，リーマン・ショックによる想定外の社債市場の機能不全に対して，当初予定していた償還資金を別の手立てにより調達する必要が生じることになり，この点に注目しながら仮説の妥当性を検証する．

上記のアイデアに関連して，社債の満期償還の観点から分析したものが筆者らの一連の研究であり，例えば，安田（2014）と Kim *et al.*（2015）などがある．以下の分析は，基本的には安田（2014）のクロスセクションの分析をパネルデータに拡張したものであるが，社債の満期償還を迎える企業に限定して分析を行っている点などが異なる．一方，Kim *et al.*（2015）では，より精緻な分析として，平時の均衡状態をベースに，世界金融危機時にその均衡状態からどの程度かい離したのかを時系列アプローチによって検証している点に特徴がある．さらに，世界金融危機の影響について，ミクロ的な企業固有の要因とマクロ的な市場要因の識別を試みて分析を行っている．これに対して本節では，製造業と非製造業に分割した推計など，業種特性に目を向けた分析を行う．

4.2　データと実証方法

以下の分析は，3月期決算の全上場企業を対象とする．本節で取り扱う財務データについてはAstra Manager，各企業の借入先明細に関するデータはNEEDS Financial Quest，メインバンクや株式所有構造などのデータは

NEEDS-Cgesより各々収集した．以下の分析で用いるデータセットは，2006年3月期から2009年3月期までの3年間にわたる年度別データから構築されたパネルデータである．以下の推計式に必要なデータがない場合には，サンプルから除いて推計する．なお，金融業は除いて推計を行う．

本章では，上記で構築されたパネルデータを用いて，固定効果モデルで以下の式の推計を行う．

$$\begin{aligned} d\_change\_at_{it} = {} & \beta_0 + \beta_1 matbond\_at_{it} + \beta_2 matbond\_at_{it} \times crisis\_08 \\ & + \beta_3 crisis\_08 \times size_{it} + \beta_4 size_{it} + \beta_5 crisis\_08 \\ & + \beta_6 crisis\_07 + \beta_8 ops\_ncf\_at_{it} + \beta_9 simple\_q_{it} \\ & + \beta_{10} frgn\_ownership_{it} + \varepsilon_i \end{aligned} \quad (1)$$

被説明変数である *d_change_at* の変数には，*d_bond_at*，*bondissued_at*，*d_loans_at*，*d_mb_loans_at*，*d_nmb_loans_at*，*d_cash_at* の6つを用いる．

d_bond_at と *bondissued_at* は，世界金融危機が社債市場に対して与えた影響を検証するための変数であり，*d_bond_at* は，各企業の財務諸表の社債残高の変化額（例えば，2008年3月期から2009年3月期への変化額，以下同様）を総資産額で基準化した（除した）比率である．*bondissued_at* は各年度における社債発行額を総資産で基準化した比率である．

世界金融危機が銀行貸出（企業の銀行借入）に与えた影響を見るための変数が，*d_loans_at*，*d_mb_loans_at*，*dnmb_loans_at* である．*d_loans_at* は，民間金融機関からの貸出残高の変化額を，総資産額で基準化した比率である．*d_loans_at* をメインバンクと非メインバクに分割したものが，*d_mb_loans_at*，*d_nmb_loans_at* である．なお，メインバンクの定義については，NEEDS-Cgesのインタビュー調査に基づくメインバンク名をメインバンクとしている．メインバンクのデータがないもの，あるいはメインバンク名が年度をまたいで異なる場合には，サンプルから除外している．そして，世界金融危機が企業自身の現金保有行動に与えた影響を見るために，資産項目の現金・預金を総資産で除した *d_cash_at* を用いる．

続いて，説明変数については，*matbond_at*，*size*，*crisis08*，*crisis07* が，

本節の実証分析におけるメインの変数である．*matbond_at* は，各年度中に満期を迎える社債の金額を総資産額で基準化したものである．*size* は総資産の自然対数値であり，企業規模の代理変数である．*crisis08* と *crisis07* は，世界金融危機の影響をとらえるための年次ダミーであり，*crisis08* は2008年度，*crisis07* は2007年度の年次ダミーである．

matbond_at の償還額はあらかじめ決まっており，この償還額が社債残高や社債発行，あるいは銀行貸出に対してどのような影響を与えるのかを検証するのがベースとなる．より具体的には，1単位あたりの償還額に対して，社債の残高，銀行借入の残高がどのように変化するのかを分析する．例えば，償還額を当該年度中に新規の社債発行によって手当すると，*d_bond_at*，*bondissued_at* に変化はないので，*matbond_at* の係数は統計的に有意ではない（つまり，説明力がない）ことが予想される．逆に新規の社債発行が同当該年度中に一切ないならば，*matbond_at* の係数は−1で統計的に有意であることが期待される．両者の中間である場合には，符号は負で統計的に有意であると予想される．

社債の償還資金の一部を銀行借入で手当てするのが普通であれば，*d_loans_at* に対する *matbond_at* の係数は正で統計的に有意であることが期待される．また，具体的にメインバンクからどの程度借り入れたのか，非メインからはどれほどなのかについては，*d_mb_loans_at*，*d_nmb_loans_at* を被説明変数とするケースにおいて検証する．

既に述べたように，特にリーマン・ショックが日本企業の社債の償還資金のファイナンスに追加的な影響を与えたか否かを検証するために，*matbond_at* と *crisis08* の交差項を説明変数として加える．リーマン・ショック時に社債市場が一時的に麻痺・混乱していたのならば，*d_bond_at*，*bondissued_at* を被説明変数とする定式化において，この交差項の係数が負で統計的に有意であることが期待される．一方で，償還資金の手当てを追加的に銀行借入にシフトしたならば，*d_loans_at* などを被説明変数とする定式化において，*matbond_at* と *crisis08* の交差項の係数は正で統計的に有意であることが予想される．

ところで，第3節で論じたように，企業の信用力によって資金調達の二極化が実際に生じていたのか否かについては，企業規模の変数である *size* と *crisis_08* との交差項を加えることで検証する[3]．第3節での議論を踏まえ，企業規模が大きいほど優良で格付けが高いと仮定すると，いわゆる大企業ほどより積極的に社債発行を行うと考えられるので，*bondissued_at* を被説明変数とする定式化において，この交差項の符号は正で統計的に有意であることが期待される．

その他の変数はコントロール変数であり，*ops_ncf_at* は各企業の営業活動に関するキャッシュフローを総資産額で基準化したものある．各企業の事業パフォーマンスのコントロール変数として用いており，この値が高いほど資金は潤沢であると考えられ，社債発行，あるいは銀行借入に依存する程度は低いと予想されるので，期待される係数の符号は負である．ただし，事業活動が順調であることで，むしろ資金ニーズが高い場合には，正の符号も考えられる．*simple_q* はいわゆるシンプル Q であり，企業の事業内容の将来性を示す指標として用いる．*frgn_ownnership* は外国人持ち株比率であり，株式所有構造の特徴を表わす変数として用いている．

4.3　実証結果

表2-1は，本節の分析で用いるデータの記述統計量である．社債残高の変化を表わす *d_bond_at* は平均値では-0.9% でマイナスとなっている．一方で，社債発行を表わす *bondissued_at* は1.5% でプラスとなっている．企業の銀行借入を示す変数である *d_loans_at* は1% 程度で増えており，*d_mb_loans_at*，*d_nmb_loans_at* の平均値から，そのうちの3～4割程度がメインバンク，残りが非メインバンクであることが分かる．*d_cash_at* の平均は0であり，平均的には現金保有の変化は見られない．本節でのメインの説明変数である *matbond_at* は，平均的には1.9% 程度であることが分かる．

続いて，表2-2は（1）式の定式化の下での実証結果である．*matbond_*

---

3)　第3節での考察のように社債の格付けデータを使うことも考えられるが，データの制約もあり，本章では企業規模をもってその代理変数とする．格付けデータを用いた検証は，今後の課題としたい．

at の（1）列目の係数をみると負であり，1単位の社債の満期の償還に対して，約0.74単位の残高が減少することが分かる．言い換えると，0.26単位ほどの社債の新規発行があるものと推計される．ところで，*matbond_at* と *crisis08* の交差項から分かるように，リーマン・ショックがあった2008年度にはさらに社債の発行残高が減少することを含意しており，確かに仮説1にあるように，世界金融危機時の特に2008年度には社債の償還に対して，有意に社債残高が減少しており，社債の発行が一部滞ったことが読み取れる．

一方，（2）列目の係数を見ると，1単位の社債の満期に対して，むしろ0.14単位ほど社債発行が減少しており，（1）列目の結果の解釈と整合的でない．社債の満期償還の金額が大きいほど社債の新規発行額が小さいことを含意しており，この点の解釈は今後の課題である（後の製造業・非製造業に分割した結果を参照のこと）．*crisis08* と *matbond_at* との交差項は統計的に有意ではない一方で，*crisis_08* と *crisis_07* の符号は負で統計的に有意であり，係数の大きさから分かるように，2008年度において社債発行が全般的に減少していることを示唆する結果である．総じて，（1）列と（2）列の結果を踏まえると，世界金融危機時において，確かに社債の発行が滞った影響があったものと考えられる．

ところで，（2）列で興味深い結果は，*crisis_08* と *size* との交差項の係数が正で統計的に有意である点である．この結果は，規模の大きい（おそらく信用力の高い）企業ほど，リーマン・ショックのあった2008年度により社債を発行していることを示唆しており，仮説2を支持する結果である．これは第3節で論じた調達増加の影響（safe heaven effects）と整合的な結果である．

続いて，（3）列から（5）列に目を向けると，いずれも *matbond_at* の係数は正であり，平時において社債の満期償還の資金の一部は，銀行借入によって調達していると解釈してよさそうである．（3）列より，1単位の社債の満期償還に対して，約0.43単位については金融機関からの借入によって，さらに（4），（5）列より，その内訳として，メインバンクから0.19単位を，0.23単位は非メインバンクからファイナンスしていることが分かる．さらに（6）列を見ると，*matbond_at* の係数は負であり，平時において1単位

表2-1　記述統計

VARIABLES （変数名）	Obs （サンプル数）	Mean （平均値）
d_bond_at（社債残高の差額）	1,496	−0.009
bondissued_at（社債発行額）	1,496	0.015
d_loans_at（貸付金の差額）	1,496	0.010
d_mb_loans_at（メインバンクの貸付金の差額）	1,496	0.004
d_nmb_loans_at（非メインバンクの貸付金の差額）	1,496	0.007
d_cash__at（現金保有額の差額）	1,496	0.000
matbond_at（満期を迎える社債）	1,496	0.019
size（企業規模）	1,496	11.123
ops_ncf_at（営業キャッシュフロー比率）	1,496	0.044
simple_q（シンプルQ）	1,496	1.174
frgn_ownership（外国人持ち株比率）	1,496	0.096

表2-2　世界金融危機時の社債，銀行借入，メイ

VARIABLES （変数名）	(1) *d_bond_at* （社債残高の差額）	(2) *bondissued_at* （社債発行額）
matbond_at（満期を迎える社債）	−0.737***	−0.137**
	(−9.31)	(−2.08)
matbond_at×*crisis_08*（満期を迎える社債×2008年ダミー）	−0.200**	−0.015
	(−2.39)	(−0.17)
crisis_08×*size*（2008年ダミー）		0.002***
		(2.86)
size（企業規模）	−0.029***	−0.006
	(−3.12)	(−0.46)
crisis_08（2008年ダミー）	0.002	−0.036***
	(0.68)	(−3.44)
crisis_07（2007年ダミー）	−0.001	−0.004**
	(−0.82)	(−2.24)
ops_ncf_at（営業キャッシュフロー比率）	0.004	−0.049**
	(0.22)	(−2.13)
simple_q（シンプルQ）	0.001	−0.002
	(0.20)	(−0.24)
frgn_ownership（外国人持ち株比率）	0.002	−0.007
	(0.07)	(−0.21)
Constant（定数項）	0.327***	0.090
	(3.14)	(0.66)
Observations（サンプル数）	1,494	1,494
R-squared（決定係数）	0.171	0.059

注：t 値は企業レベルでクラスターロバスト．有意水準は*** $p<0.01$，** $p<0.05$，* $p<0.1$．

量

Std.Dev.（標準偏差）	Min（最小値）	Max（最大値）
0.035	−0.565	0.240
0.030	0.000	0.318
0.071	−0.394	0.745
0.030	−0.170	0.316
0.056	−0.370	0.725
0.047	−0.273	0.453
0.025	0.000	0.565
1.725	7.099	16.760
0.076	−0.828	0.543
0.460	0.572	6.291
0.107	0.000	0.654

ンバンク借入，現預金の決定要因

(3) *d_loans_at*（貸付金の差額）	(4) *d_mb_loans_at*（メインバンクの貸付金の差額）	(5) *d_nmb_loans_at*（非メインバンクの貸付金の差額）	(6) *d_cash__at*（現金保有額の差額）
0.428***	0.194***	0.234**	−0.244*
(3.14)	(2.71)	(2.07)	(−1.92)
0.156	0.171	−0.015	0.082
(0.63)	(1.40)	(−0.08)	(0.47)
−0.104***	−0.034*	−0.070***	−0.117***
(−3.64)	(−1.92)	(−3.16)	(−4.87)
0.010	0.004	0.006	0.001
(1.45)	(1.16)	(1.24)	(0.10)
0.007	0.005**	0.002	−0.010***
(1.38)	(2.20)	(0.47)	(−2.61)
−0.319***	−0.091**	−0.229***	0.146***
(−3.29)	(−2.06)	(−3.69)	(3.79)
−0.017	−0.004	−0.013	−0.026
(−1.00)	(−0.43)	(−1.26)	(−1.64)
0.171	0.047	0.124	0.031
(1.30)	(1.02)	(1.28)	(0.45)
1.169***	0.379*	0.790***	1.335***
(3.70)	(1.93)	(3.20)	(5.01)
1,494	1,494	1,494	1,492
0.171	0.088	0.134	0.150

表2-3　製造業における社債，銀行借入，メイン

VARIABLES （変数名）	(1) *d_bond_at* （社債残高の差額）	(2) *bondissued_at* （社債発行額）
matbond_at（満期を迎える社債）	-0.652^{***}	-0.188^{**}
	(−6.38)	(−2.35)
matbond_at×*crisis_08*（満期を迎える社債×2008年ダミー）	-0.405^{***}	0.195^{*}
	(−4.00)	(1.80)
crisis_08×*size*（2008年ダミー）		0.002^{*}
		(1.80)
size（企業規模）	-0.028^{*}	0.027^{*}
	(−1.78)	(1.69)
crisis_08（2008年ダミー）	0.007	-0.035^{***}
	(1.08)	(−2.75)
crisis_07（2007年ダミー）	0.002	-0.005^{**}
	(0.62)	(−2.23)
ops_ncf_at（営業キャッシュフロー比率）	-0.076^{**}	0.032
	(−2.36)	(1.19)
simple_q（シンプルQ）	0.014	−0.013
	(0.61)	(−1.02)
frgn_ownership（外国人持ち株比率）	−0.024	−0.003
	(−0.42)	(−0.08)
Constant（定数項）	0.312^{*}	−0.266
	(1.81)	(−1.53)
Observations（サンプル数）	772	772
R-squared（決定係数）	0.215	0.061

注：*t* 値は企業レベルでクラスターロバスト．有意水準は$^{***}p<0.01$，$^{**}p<0.05$，$^{*}p<0.1$.

表2-4　非製造業における社債，銀行借入，メイン

VARIABLES （変数名）	(1) *d_bond_at* （社債残高の差額）	(2) *bondissued_at* （社債発行額）
matbond_at（満期を迎える社債）	-0.814^{***}	−0.102
	(−8.38)	(−1.00)
matbond_at×*crisis_08*（満期を迎える社債×2008年ダミー）	−0.035	−0.211
	(−0.26)	(−1.49)
crisis_08×*size*（2008年ダミー）		0.002^{*}
		(1.67)
size（企業規模）	-0.036^{***}	−0.016
	(−2.77)	(−0.93)
crisis_08（2008年ダミー）	−0.002	-0.029^{*}
	(−0.71)	(−1.79)
crisis_07（2007年ダミー）	−0.003	-0.005^{*}
	(−1.12)	(−1.67)
ops_ncf_at（営業キャッシュフロー比率）	0.020	-0.061^{**}
	(1.09)	(−2.39)
simple_q（シンプルQ）	−0.005	0.003
	(−1.54)	(0.40)
frgn_ownership（外国人持ち株比率）	0.014	0.004
	(0.45)	(0.06)
Constant（定数項）	0.412^{***}	0.202
	(2.84)	(1.08)
Observations（サンプル数）	722	722
R-squared（決定係数）	0.166	0.117

注：*t* 値は企業レベルでクラスターロバスト．有意水準は$^{***}p<0.01$，$^{**}p<0.05$，$^{*}p<0.1$.

バンク借入，現預金の決定要因

(3) d_loans_at (貸付金の差額)	(4) d_mb_loans_at (メインバンクの貸付金の差額)	(5) d_nmb_loans_at (非メインバンクの貸付金の差額)	(6) d_cash__at (現金保有額の差額)
0.619***	0.265***	0.354***	−0.073
(4.62)	(3.47)	(2.93)	(−0.50)
0.412	0.337**	0.075	−0.100
(1.37)	(2.27)	(0.33)	(−0.47)
−0.061**	−0.015	−0.046*	−0.115***
(−2.07)	(−1.54)	(−1.77)	(−3.66)
0.011	0.004	0.007	0.011
(1.43)	(1.15)	(1.13)	(1.51)
0.009*	0.003	0.006*	−0.003
(1.79)	(1.13)	(1.72)	(−0.64)
−0.326***	−0.104**	−0.222***	0.192**
(−4.78)	(−2.47)	(−4.80)	(2.40)
−0.012	0.005	−0.017	−0.011
(−0.66)	(0.43)	(−1.35)	(−0.45)
−0.016	−0.008	−0.008	0.081
(−0.16)	(−0.20)	(−0.11)	(1.08)
0.708**	0.163	0.545*	1.297***
(2.14)	(1.45)	(1.87)	(3.68)
772	772	772	771
0.179	0.149	0.121	0.132

バンク借入，現預金の決定要因

(3) d_loans_at (貸付金の差額)	(4) d_mb_loans_at (メインバンクの貸付金の差額)	(5) d_nmb_loans_at (非メインバンクの貸付金の差額)	(6) d_cash__at (現金保有額の差額)
0.090	0.029	0.061	−0.443*
(0.36)	(0.23)	(0.29)	(−1.82)
−0.174	0.024	−0.198	0.311
(−0.59)	(0.15)	(−0.83)	(1.09)
−0.135***	−0.053**	−0.082***	−0.116***
(−3.27)	(−1.98)	(−2.66)	(−3.55)
0.012	0.005	0.007	−0.009
(1.15)	(0.95)	(0.92)	(−1.15)
0.006	0.009**	−0.003	−0.017***
(0.66)	(2.22)	(−0.49)	(−2.95)
−0.299**	−0.076	−0.222***	0.130***
(−2.56)	(−1.50)	(−2.88)	(3.10)
−0.020	−0.008	−0.012	−0.033*
(−0.89)	(−0.78)	(−0.82)	(−1.66)
0.386*	0.110	0.276*	−0.046
(1.93)	(1.54)	(1.85)	(−0.49)
1.493***	0.581**	0.912***	1.330***
(3.29)	(2.00)	(2.66)	(3.69)
722	722	722	721
0.196	0.089	0.162	0.183

の社債の満期償還に対して 0.24 単位ほどは，手持ち現金から手当している ものと解釈できる．まとめると，平均的に見て，1 単位の社債の満期償還に 対して，0.26 単位の社債の借換，0.43 単位の銀行借入による返済，0.24 単位は現金支払いという内訳である．

ところで，世界金融危機の影響を見るための交差項や年次ダミーを見ると，総じて有意ではなく，2007 年にメインバンク借入と現金の取り崩しがあった様子が見られるのみである（この結果は製造業に限定するとその限りではなく，以下で論じるその点には注意が必要である）．その他の点で興味深い結果として，*size* の係数が，(3) から (5) 列において負で統計的に有意であり，相対的に企業規模が小さいほど銀行借入が多いことを示唆している．

上記の結果の頑健性と，一部結果が不明な点を究明すべく，全サンプルを製造業と非製造業に分割して推計した結果が表 2-3 と表 2-4 である．全体として，表 2-3，2-4 と表 2-2 を比較すると，表 2-3 の製造業の結果が表 2-2 の結果とおおむね整合的である一方で，表 2-4 の非製造業の結果は大きく異なることが分かる．

表 2-3 の (1) 列目をみると，定性的には表 2-2 とおおむね一致しているが，*crisis08* と *matbond_at* との交差項の係数が示唆するように，世界金融危機時の負の影響がより大きく，係数のインパクトからすると，社債償還額分がそのまま減少しており，調達難の影響（frozen effects）がより顕著であるように見える．(2) 列目の結果を見ると，やはり *matbond_at* は負で統計的にも有意であるが，*matbond_at* と *crisis08* の交差項の係数は逆に正で統計的に有意であり，係数の大きさを踏まえると，少なくとも金融危機時には社債発行が純増となり，その効果は，*crisis_08* と *size* との交差項の係数を見ると，規模が大きい（信用力が高い）企業ほど大きいことを示唆する結果である．

表 2-3 の (3) 列から (5) 列の結果を見ると，*matbond_at* の係数がおおむね大きいことが特徴である．興味深いのは (4) 列を見ると，*matbond_at* と *crisis08* の交差項の係数が正で統計的に有意であり，この結果に基づく限り，少なくとも製造業においては社債の満期償還において銀行借入にシフトした様子が読み取れる．

最後に（6）列を見ると，*matbond_at* の係数は統計的に有意ではなく，社債の満期の償還資金の手当てにおいて，製造業に関しては現金の切り崩しよりは，より銀行借入に依存していたことを示唆する結果である．

表2-4の非製造業に目を向けると，ほとんどの *matbond_at* 関連の係数が統計的に有意ではなくなり，これまでの議論は製造業において成立する結果であることを示唆している．図2-5にもあるように，リーマン・ショックに象徴される世界金融危機は日本にとっては製造業に対して，特に輸出の減少を通じた影響が大きかったことが知られている．このことを踏まえると，製造業においての特徴を反映した結果であること，一方で，非製造業はその限りではなかったことが分かる．これらの結果も，世界金融危機が日本経済にもたらした影響が一様でなかったことを示唆するものと考えられる．

5. おわりに

本章では，まず，少し大きな視点で日本企業の資金調達環境の背景について考察し，①1990年代後半以降，日本の企業部門はいわゆる資金余剰部門となっていること，②資金の代表的な貸し手としての銀行は不良債権問題を脱して健全であったこと，一方で，③日本の金融危機以降トレンドとして貸出金の伸び悩みが持続していることなどを概観した．

その上で，日本の社債市場に焦点を絞って世界金融危機が日本の上場企業に対してどのように影響を与えてきたのかを詳しく考察し，世界金融危機の日本への影響は，④特にリーマン・ショック後において一時的な機能不全を生じさせており，相対的に信用リスクの高い企業群に対しては調達難の影響（frozen effects）が大きく，一方で，⑤相対的に信用リスクの低い企業群に対しては調達コスト安を通じた調達増加の影響（safe heaven effects）があり，二極化の現象が生じていることを論じた．さらに，⑥調達難の企業は銀行からの借入によってその資金をまかない，総じて設備投資などに対する影響は明確には見受けられないと考えられることを論じた．さらに本章では，企業別のデータに基づく実証分析を併せて行い，おおむね上記の議論と整合的な結果が得られることを確認した．

以上のことを踏まえると，社債市場と銀行の貸出市場とが補完的関係を果たしたことを示唆しており，直接金融か間接金融かといった対立軸ではなく，双方のルートがともに健全に機能することの有用性を含意しているものと思われる．

ところで前節で述べたように，社債発行時に積極的に資金調達を行った企業の資金使途である，子会社投融資等の実態解明は，興味深いテーマであるように思われる．というのも，会計ビッグバンを経て2000年代より連結グループ経営となっており，会社法の制定と相まって，グループ経営の在り方がM&Aなどと関連して重要な課題となっているからである．

参考文献

Almeida, Heitor, Murillo Campello, Bruno Laranjeira, and Scott Weisbenner (2012), "Corporate Debt Maturity and the Real Effects of the 2007 Credit Crisis," *Critical Finance Review*, Vol. 1(1), pp. 3-58.

Campello, Murillo, Erasmo Giambona, John R. Graham, and Campbell R. Harvey (2011), "Liquidity Management and Corporate Investment During a Financial Crisis," *Review of Financial Studies*, Vol. 24 (6), pp. 1944-1979.

Duchin, Ran, Oguzhan Ozbas, and Berk A. Sensoy (2010), "Costly External Finance, Corporate Investment, and the Subprime Mortgage Credit Crisis," *Journal of Financial Economics*, Vol. 97(3), pp. 418-435.

Flannery, Mark J., Emanuela Giacomini, and Xiaohong (Sara) Wang (2013), "The Effect of Bank Shocks on Corporate Financing and Investment: Evidence from 2007-2009 Financial Crisis," Working Paper. http://www.aidea2013.it/docs/146_aidea2013_banking-and-finance.pdf

Gozzi, Juan C., Ross Levine, Maria S. M. Peria, and Sergio L. Schmukler (2015), "How Firms Use Corporate Bond Markets under Financial Globalization," *Journal of Banking & Finance*, Vol. 58. pp. 532-551.

Ivashina, Victoria and David Scharfstein (2010), "Bank Lending during the Financial Crisis of 2008," *Journal of Financial Economics*, Vol. 97(3), pp. 319-338.

Kim, Hyonok, James A. Wilcox, and Yukihiro Yasuda (2015), "Shocks and Shock Absorbers in Japanese Bonds and Banks During the Global Financial Crisis 2015," Manuscript presented at 2016 Paris Financial Management Conference.

Kim, Hyonok, James A. Wilcox, and Yukihiro Yasuda (2016), "Internal and External Lending by Business and the Supply of Bank Credit," Manuscript presented at Darla Moore School of Business-Hitotsubashi University International Conference on Corporate Finance: New Perspectives on Corporate Governance.

Uchino, Taisuke (2013), "Bank Dependence and Financial Constraints on Investment: Evidence from the Corporate Bond Market Paralysis in Japan," *Journal of the Japanese and International Economies*, Vol. 29, pp. 74-97.

日本銀行（2010），『金融システムレポート』3月25日．https://www.boj.or.jp/research/brp/fsr/data/fsr10a.pdf

安田行宏（2011），「世界金融危機前後における日本の銀行行動に関する実証分析」『金融調査研究会報告書』第46巻，83-94頁.

安田行宏（2014），「リーマン・ショックによる社債市場の混乱と貸出市場の役割」『金融調査研究会報告書』第52巻，113-125頁.

第Ⅱ部

金融リスクに対する金融規制

第 3 章

世界金融危機の背景と金融規制の動向

――規制厳格化とその問題点――

花崎正晴

1. はじめに

米国を震源地として勃発した金融危機により，2008 年 9 月に大手投資銀行であるリーマン・ブラザーズが破綻に追い込まれるという未曽有の事態が現実のものとなった．もっとも，今次の金融危機は，リーマンの破綻という単一の事象に起因するものではない．ベアー・スターンズやメリルリンチといった有力投資銀行が経営困難に陥って大手商業銀行に買収され，危機に瀕した最大の保険会社である AIG が米国政府および FRB に救済され，さらに米国発の金融危機が欧州にも瞬く間に波及し，経営危機に陥った EU 域内の有力な金融機関に相次いで公的資金が注入されるといった各種の深刻な事態が，連鎖的に発生した．また，2008 年秋段階では，主に金融セクターの危機と捉えられていた現象が，急速に実物セクターに波及し，経済危機をも惹起した．

このような世界的な金融危機勃発を受けて，金融規制のあり方にも再検討が加えられ，グローバルな金融規制の抜本的な改革案が，バーゼル銀行監督委員会などを舞台に検討，提言され，それらが順次制度化されつつある．また，危機の震源地である米国においても，1970 年代から続いた金融規制緩和の潮流に終止符が打たれ，1933 年銀行法以来ともいえる大きな金融規制改革がなされている．

本章の前半では，今次のグローバルな金融危機の背景や特徴を明らかにする．すなわち，今次の金融危機をもたらした2000年代における金融的膨張期には，従来とは大きく異なる次のような特徴がみられた．第1は，証券化の拡大である．米国のローン・オリジネーターは，ローンを証券化して機関投資家に販売する目的でローンを組成する行動を，積極的に拡大させた．そのようなローンの一つが，低所得者向けの住宅ローンであるサブプライム・ローンである．このようなサブプライム・ローンを原資産の一部として含む証券化商品が，住宅バブルの破裂に伴い急増したサブプライム・ローンのデフォルトの影響で値崩れし，グローバルな金融資本市場を大混乱に陥れることとなった．

第2は，シャドーバンキングシステムの発展である．新たな金融仲介チャネルであるシャドーバンキングシステムの規模は，2000年代に大きく拡大し，その資産規模は，米国，英国そしてユーロ圏ではGDPを上回るまでに達している．このようなシャドーバンキングシステムを利用した過度なリスクテイキング行動の結果，金融資本市場のリスク性資産の総量は，許容範囲を超えて膨張した．

第3は，クレジット・デフォルト・スワップ（CDS）の膨張である．CDSは，店頭デリバティブ市場商品の一種で，信用リスクの移転を目的とするものである．CDSのプロテクションの買い手は，社債デフォルト等に伴う損失を回避できるという利点はあるものの，プロテクションの売り手が破綻するリスク（カウンターパーティ・リスク）には晒されるという重大な欠陥を抱えている．このようなカウンターパーティ・リスクを内在したCDSの膨張が，金融システムの安定性を棄損したことは否定しえない．

第4は，米国における金融規制緩和の進展である．伝統的には規制色が強かった米国の金融制度は，1980年代以降規制緩和へとシフトしていった．とりわけ，銀行業務と証券業務との垣根が事実上撤廃されたことが，金融機関主導による金融バブル膨張の要因の一つになったと解釈することができる．

リーマン・ショック後の金融規制に関しては，自己資本比率規制の強化，流動性規制の導入そして大規模金融機関に対する自己資本比率規制の上乗せなど，金融規制強化の流れが支配的であり，加えてマクロプルーデンス政策という新たな視点も重要性を増している．しかしながら，公共性の高い制度資本[1)]としての性格を色濃く有する金融システムをいかに有効に機能させるかという視点からみると，現下の改革の方向性が果たして適切なものといえるかどうかは，疑問なしとしないところである．本章の後半では，近年の金融規制改革の動向を整理するとともに，その問題点を明らかにする．

2.　世界金融危機の背景と特徴

米国を震源地としつつ，瞬く間にグローバルな規模で拡散した今次の金融危機は，偶発的に発生したものではなく，いくつかの要素が背景にあり，それらが相互作用した結果として顕在化したと理解することができる．それらの諸要素を抽出することによって，今次の危機の特徴を明らかにする．

2.1　証券市場の拡大

第1は，実体経済と遊離した金融資本市場での取引の膨張である．表3-1は，IMFの統計に基づき，2001年からリーマン・ショックが勃発した2008年に至るまでの期間における株式と負債性証券の残高の推移を表わしたものである．

世界全体でみると，2001年時点では，株式時価総額が29兆ドル，また負債性証券が42兆ドルという水準で，両者を合算した証券の合計価値額は71兆ドルとなり，その時点のGDP（31兆ドル）に比較して，2.3倍という水準であった．その後，主に株式と負債性証券のなかの民間証券の膨張により，証券の合計価値額は増加傾向を辿り，2007年には145兆ドルとピークに達した．なお，同年のGDP（55兆ドル）に対する比率は，2.7倍と同じくピークである．

一方，2007年夏には，米国においてサブプライム・ローン危機が顕在化

1)　制度資本とは，宇沢弘文教授によって体系化された社会的共通資本の構成要素の一つであり，教育，医療，金融，司法などの制度インフラが含まれる．堀内（1995）は，金融システムの重要な機能である「信用秩序」の問題に焦点を当てて，その制度資本としての性格を明らかにしている．

表 3－1　金融危機に至るまでの株式と負債性証券の膨張

（兆ドル）

	年	2001	2002	2003	2004	2005	2006	2007	2008	2001～2007 年平均成長率（%）
全世界	GDP	31.0	32.2	36.3	41.3	44.6	48.4	54.8	61.2	9.96
	株式時価総額	28.9	22.8	31.2	37.2	42.0	50.8	65.1	33.5	14.49
	負債性証券	41.8	43.6	51.3	57.8	59.7	69.2	80.2	83.3	11.47
	公共債	22.2	16.6	20.0	23.2	23.4	25.8	28.6	31.6	4.31
	民間証券	19.6	27.0	31.3	34.6	36.3	43.4	51.6	51.7	17.51
	証券合計	70.7	66.4	82.5	95.0	101.7	120.0	145.3	116.8	12.76
	同上対 GDP 比（%）	228.1	206.2	227.3	230.0	228.0	247.9	265.1	190.8	
米国	GDP	10.1	10.5	11.0	11.7	12.5	13.2	13.8	14.4	5.34
	株式時価総額	13.8	11.1	14.3	16.3	17.0	19.6	19.9	7.3	6.29
	負債性証券	18.5	19.0	20.7	22.3	24.1	27.0	30.3	29.1	8.57
	公共債	9.7	4.5	5.0	5.5	5.9	6.2	6.6	8.8	－6.22
	民間証券	8.8	14.5	15.7	16.8	18.2	20.8	23.7	20.3	17.95
	証券合計	32.3	30.1	35.0	38.6	41.1	46.6	50.2	36.4	7.63
	同上対 GDP 比（%）	319.8	286.7	318.2	329.9	328.8	353.0	363.8	252.8	
EU	GDP	7.9	8.7	10.5	12.3	12.9	13.7	15.7	14.4	12.13
	株式時価総額	6.8	5.7	7.8	9.3	9.6	13.1	14.7	11.7	13.71
	負債性証券	11.8	12.8	16.6	19.3	18.7	23.2	28.2	30.6	15.63
	公共債	4.9	4.9	6.2	7.3	6.7	7.7	8.8	7.9	10.25
	民間証券	6.9	7.9	10.4	12.0	12.0	15.5	19.4	22.7	18.80
	証券合計	18.6	18.5	24.4	28.6	28.3	36.3	42.9	42.3	14.95
	同上対 GDP 比（%）	235.4	212.6	232.4	232.5	219.4	265.0	273.2	293.8	
日本	GDP	4.2	4.0	4.3	4.6	4.6	4.4	4.4	4.9	0.78
	株式時価総額	2.3	2.1	4.9	5.8	7.5	4.8	4.7	3.2	12.65
	負債性証券	6.9	6.9	8.1	9.1	8.6	8.8	9.2	11.4	4.91
	公共債	5.3	4.8	5.8	6.8	6.6	6.8	7.1	9.1	4.99
	民間証券	1.6	2.1	2.3	2.3	2.0	2.0	2.1	2.3	4.64
	証券合計	9.2	9.0	13.0	14.9	16.1	13.6	13.9	14.6	7.12
	同上対 GDP 比（%）	219.0	225.0	302.3	323.9	350.0	309.1	315.9	298.0	

出所：IMF, *Global Financial Stability Report* 各年版.

し，2008年には1月に米国の金融保証会社であるモノラインの経営危機に始まり，3月のベアー・スターンズの経営危機，そして9月のリーマン・ブラザーズの破綻と，金融危機が深刻化していった．その結果，世界的に株価が急落し，2008年の証券の価値額は117兆ドルと前年から大きく落ち込み，対GDP比も1.9倍と2倍を割り込んだ．なお，2001年から金融バブルの頂点である2007年の間の年平均増加率を計算すると，民間の負債性証券が17.5%と極めて高率であり，株式時価総額も14.5%と高い伸びを示している．

危機の震源地である米国についてみると，株式と負債性証券の合算価値額のGDP比は，2002年[2]と2008年を除いて3倍を上回っており，金融資本市場での取引が，とりわけ活発であったことを物語っている．その倍率は，ピークの2007年には3.6倍にも達している．

このような証券関係資産の膨張を促した要因として，証券化（securitization）の急速な進展をあげることができる．2000年代に入り，資産担保証券（asset-backed security）[3]やモーゲージ担保証券（mortgage-backed security）[4]，そして債務担保証券（collateralized debt obligation）[5]などの証券化商品が，大量に発行されることとなった．米国の資本市場において，証券化そのものは1970年代以降活発化していたものの，その性格は2000年代に入って大きく変質していった．すなわち，1990年代までは，商業銀行が保有するローンの一部を証券化するという手法が一般的であったが，2000年代に入ると売却することを前提としてローンを組成するOTD（originate-to-distribute）モデルが急速に広まっていった．

つまり，ローン・オリジネーターは，ローンを証券化して機関投資家に販売する目的でローンを組成する行動を，積極的に拡大させた．証券化された

2）2002年に，米国をはじめとして全世界の株式時価総額が大幅に減少したのは，1990年代末から2000年代初めにかけて発生したITバブルがはじけたためである．

3）企業が保有する債権や不動産などの資産を企業から分離し，その資産から生じるキャッシュフローを原資として発行される証券．

4）住宅ローン債権や商業用不動産に対するローン債権を集めて，それらを裏付けに発行される証券．

5）資産担保証券のなかでも，国や企業に対するローン債権や公社債といった大口金銭債権を裏付資産として発行される証券．

金融商品は，グローバルな金融市場で活発に取引され，二次証券化商品を含めて，米国国内の投資家のみならず，多くの国々の投資家が保有するに至った．

証券化商品に頻繁に使われたローンの一つが，低所得者向けの住宅ローンであるサブプライム・ローンである．このようなサブプライム・ローンを原資産の一部として含む証券化商品が，住宅バブルの破裂に伴い急増したサブプライム・ローンのデフォルトの影響で，値崩れを余儀なくされ，グローバルな金融資本市場を大混乱に陥れることとなった．

次に，EU地域についてみると，株式と負債性証券の合計金額対GDP比率は，米国に比べて低いものの，全世界ベースと概ね同じ高さで推移している．2001年から2007年の期間における年平均増加率については，株式と負債性証券ともに2ケタの伸びを示しており，なかでも民間証券の伸び率は18.8%という高率に達している．このような状況からもわかる通り，今次の世界金融危機の震源地は米国であったものの，欧州においても証券市場におけるバブル現象は発生しており，金融危機が国際的に伝染する下地は十分に醸成されていたといえよう．

最後に，日本についてみると，株式と負債性証券対GDPの倍率は，2003年以降2007年まで3倍を上回り，全世界ベースやEUに比べて高水準であることがわかる．しかしながら，その内容は他地域の状況と大きく異なる．すなわち，日本の同倍率が高い要因の一つは，GDPがほぼ横這いで推移していることであり，加えて公共債がGDPや民間証券を大きく上回る高額に達していることがあげられる．これは言うまでもなく，中央政府および地方自治体の厳しい財政事情を反映するものである．逆に，民間証券の価値額は低位であり，2001年から2007年の年平均増加率も，4.6%と他地域に比べて極めて低い．

その背景として，日本では，オリジネーターがローン債権を満期まで保有するOTH（originate-to-hold）モデルが依然として主流であり，証券化は限られた範囲でしか進展せず，しかも米国で普及した上述のOTDモデルは，ほとんど広まらなかった．貸出債権の流動化実績の推移が示されている図3-1によると，2003年度には正常債権と不良債権を合わせた流動化の実績額

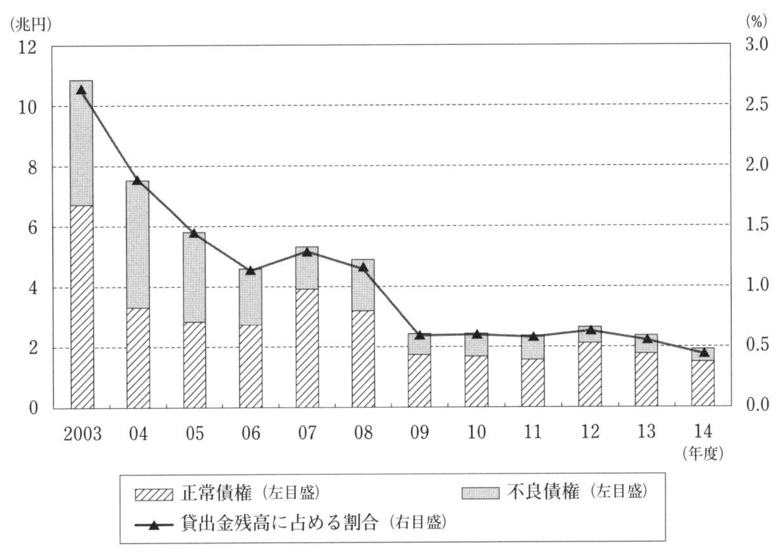

図３−１　日本における貸出債権の流動化実績の推移

注：棒グラフは，指名債権譲渡，信託方式およびローン・パーティシペーションの合計額．折れ線グラフの比率の分母は，国内銀行と外国銀行在日支店の貸出金残高．
出所：日本銀行調査統計局『日本銀行統計』，全国銀行協会資料に基づき筆者作成．

は10.8兆円，その貸出金残高に占める割合は2.65％と，比較的高い水準であった．しかし，その後流動化実績は大きく減少し，近年では実額で２兆円程度，また貸出金残高との比率では0.5％程度の低い水準にとどまっている(2014年度：同金額1.9兆円，同比率0.42％)．

2000年代初めまでの日本の銀行業は，多額の不良債権を抱え，厳しい経営環境にさらされていた[6)]．したがって，銀行は，不良債権を流動化することによって，その処理を積極的に進めるとともに，正常債権についても流動化を進めることによって，リスク負担を軽減しようと努めていた．これが，貸出債権の流動化が近年に比べて高水準であった背景である．

その後，実体経済の回復に伴い，新規の不良債権が減少するとともに，既存の不良債権処理が進み，銀行業の収益は改善傾向を辿っていった．これは，銀行のリスク負担能力の回復を意味し，不良債権を流動化する意義が薄れ，

6)　詳細は，花崎（2008）第３章参照．

債権流動化は大幅に減少することとなった．日本の場合は，米国やEUに比べて，債権の証券化は極めて限定的になされるのみであり，その結果世界金融危機が金融機関経営に及ぼした影響も，欧米に比べて限定的であったということができよう．

2.2　シャドーバンキングシステムの発達

金融安定理事会（FSB）の報告書（2011年）によると，シャドーバンキングシステムとは，「通常の銀行システムの外側でなされる主体を伴う信用仲介活動」と定義されている．銀行システムの外側であるため，預金者保護などの正式なセイフティネットの枠外となる．

また，IMF（2014）は，資金調達活動に着目した新しいシャドーバンキングの定義を提唱している．すなわち，非伝統的な債務に基づく銀行および非銀行金融機関の調達行動を，その主体の如何にかかわらずシャドーバンキングとするという定義である．この新しい定義に基づくと，証券化は，銀行のバランスシートから直接なされたとしても，また特別目的事業体（special purpose vehicle）を通じて間接的になされたとしても，資金調達活動の一種であることには変わりがないことから，シャドーバンキングに含まれると解釈される．

これらを含めて，シャドーバンキングには様々な定義がありえるが，広義のシャドーバンキングは，信用に対するアクセスを拡張するとともに，市場流動性，満期変換そしてリスクシェアリングの機能を支援することによって，伝統的な銀行業の機能を補完するものであると理解することができる．

IMF（2014）によると，広義のシャドーバンキングは，世界全体の金融仲介のおよそ4分の1を占めている．なかでも，米国，英国，ユーロ地域は，シャドーバンキングのプレゼンスが高いことで知られている．例えば，英国では，シャドーバンキングの資産規模は，2000年代中ごろにGDPの2倍を超え，2009年以降には3倍を上回っている．また，米国は，今世紀に入って以降唯一シャドーバンキングの資産規模が，銀行セクターの資産規模を上回っている国である．両者の比率は，ピークの2007年には2.2倍に達し，その後低下したものの，近年には1.8倍程度にまで回復している．

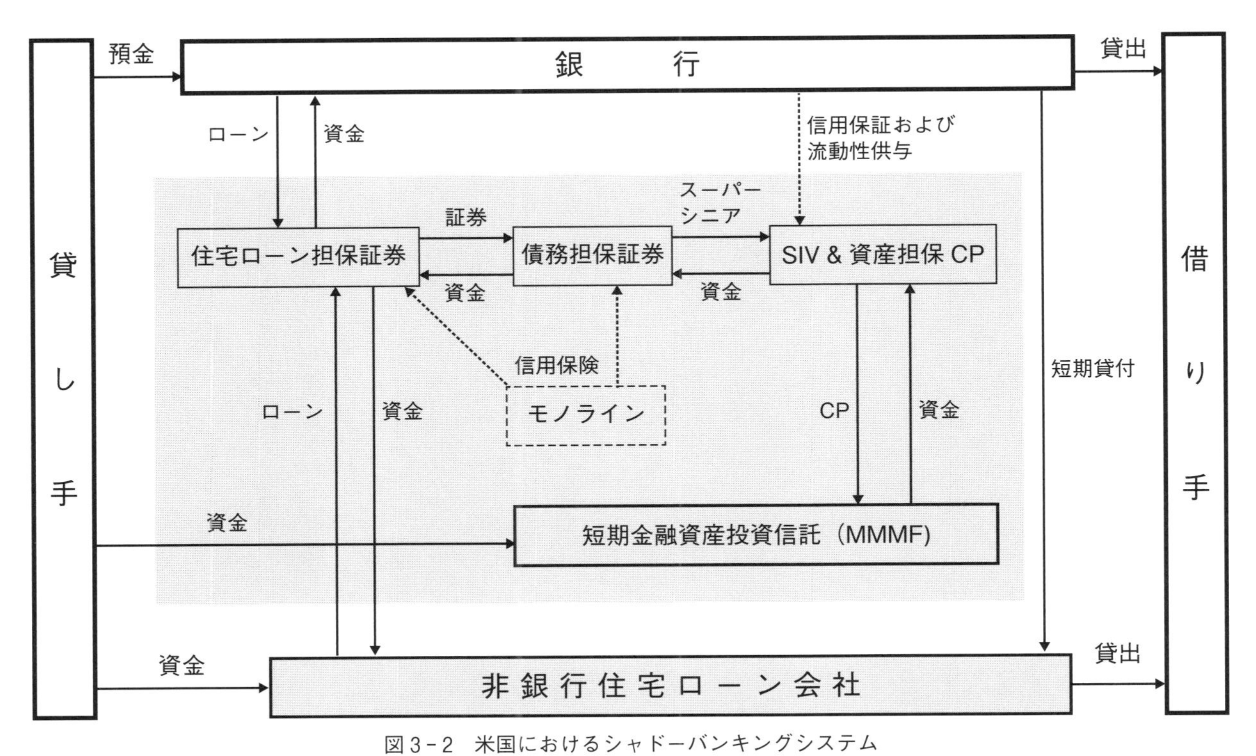

図 3－2　米国におけるシャドーバンキングシステム

出所：IMF, *Global Fincncial Stability Report*, October 2014.

米国のシャドーバンキングシステムの概要が，図 3-2 に示されている．同図で網掛けになっている部分が，シャドーバンキングである．2007 年までの期間における米国の金融システムは，各種の導管（conduits）を利用したレポ取引（repurchase agreements）[7]や証券化による資金調達に依存していた．また，短期金融資産投資信託（money market mutual funds）などの投資信託商品は，世界的な過剰流動性に伴う資金流入に支えられていた．

証券化に関しては，住宅ローン会社（mortgage originator）が，住宅バブルを背景にサブプライム・ローンを含む住宅ローンを積極的に貸し付け，それらが住宅ローン担保証券（residential mortgage-backed security）として証券化され，さらにそれらが債務担保証券として再証券化されていった．銀行は，SIV（structured investment vehicle）や導管の一つである資産担保 CP（asset-backed commercial paper）に対して信用保証や流動性を供与するとともに，住宅ローン会社には短期貸付を実施した．また，金融保証会社であるモノライン（monoline）[8]は，証券化商品を利用する資産担保 CP と SIV に発生する損失に対して信用保険を提供した．

最終的に，2007 年に顕在化したサブプライム・ローン市場のデフォルトの拡大により，住宅ローン担保証券，債務担保証券そして資産担保 CP の市場は，投資家がその保有継続を拒否したため，流動性危機に陥った．また，短期金融資産投資信託は，リーマン・ショックの直後に，取り付けを経験した．

池尾（2013）が指摘するように，シャドーバンキングシステムが発達した背景の一つは，規制回避（regulatory arbitrage）の動機からである．正規の銀行システムには，各種の規制や検査，監督が課されることから，こうした規制等を回避する目的で，銀行の別働隊的な性格を持つシャドーバンクスが，数多く作られていった．しかしながら，池尾（2013）は，シャドーバン

7）米国における債券（主として TB）の買い戻し条件付き売却を意味するが，あらかじめ価格および金利の条件が決められているため，実質的には当該債券を担保とする短期資金貸付である．

8）通常の保険会社は多種類の保険を扱うため，マルチラインと呼ばれるが，この金融保証保険会社は，金融債務に対する保証だけを取り扱うため，モノライン（単一事業体）と呼ばれている．

キングシステムには，そのような規制回避という側面以外に，短期安全資産の不足という問題を解決し，投資家のニーズに応えるという積極的な側面があったことを強調している．

池尾（2013）が指摘するように，シャドーバンキングシステムのマイナス面のみにいたずらに焦点を当てるのはバランスを欠いた議論であることは確かであるが，シャドーバンキングシステムをいかに管理すべきかという課題は，今後の金融システムを考えるうえで，重要である[9]．

2.3　クレジット・デフォルト・スワップの膨張

クレジット・デフォルト・スワップ（CDS）とは，店頭デリバティブ市場商品の一種で，信用リスクの移転を目的とするものである．その仕組みは，図3-3に示されている．CDSが存在しない取引では，社債の投資家は信用リスクを自ら負担するが，CDSを利用することによって，定期的な金銭の支払いと引き換えに，社債の元本額（想定元本額）に対する信用リスクのプロテクションを買うことができる．一方，プロテクションの売り手である金融機関は，ひとたび信用事由（クレジット・イベント）[10]が発生した場合には，当該社債をプロテクションの買い手から，現物決済か現金決済かのいずれかの方法で購入することとなる[11]．

このようにCDSは，社債を発行する企業の信用リスクを移転するための手段であるが，その利用対象は，企業にとどまらず国，政府関係機関そしてABSやMBSなどの証券化商品にも広がっていった．また，CDSは，信用リスクの移転機能に加えて，その価格が当該主体の信用事由発生確率を反映することから，当該主体の信用リスクの程度を，その時々の市場参加者がどのようにみているのかを表わすという価格顕示機能をも併せ持っていると理解することができる．

CDSは，信用保証と類似の機能を有すると理解することができるが，本

9）池尾（2013）は，シャドーバンキングシステムを有効に機能させるためには，マクロプルーデンス政策の整備と進化が必要であると指摘している．

10）信用事由とは，社債発行体の倒産，債務不履行そして債務の条件変更を指す．

11）現物決済とは，当該社債の額面金額に基づく購入であり，現金決済とは社債の引き渡しを伴わず，当該社債の価格低下部分の金銭による支払いを意味する．

【平時】

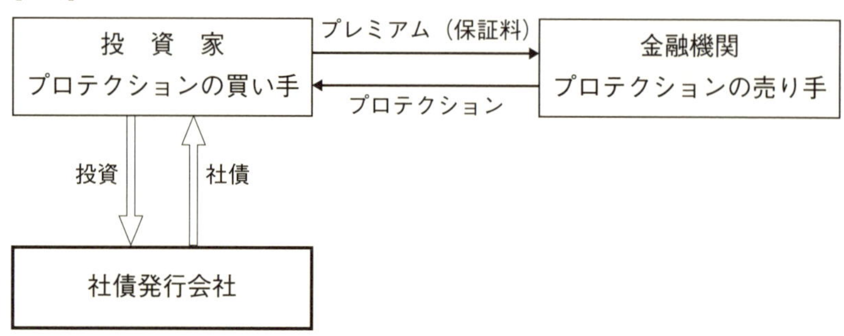

【信用事由発生時，現物決済のケース】

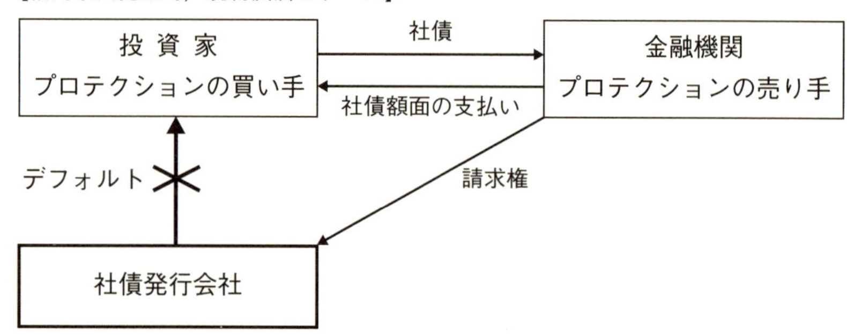

図 3－3　クレジット・デフォルト・スワップ（CDS）の基本的仕組み

質的な相違点も存在する．すなわち，保証契約では，基本的にはその対象となる債権債務関係が特定化され，保証を受ける主体は対象債権債務の債権者であり，対象債権が他の主体に譲渡された場合には，保証契約も同時に譲渡される．一方，CDS では，債権債務関係は特定化されておらず，CDS 市場を通じて企業や国などの経済主体や証券化商品の信用リスクそのものを取引できるように設計されている．これにより CDS では，図 3-3 で示されている社債を対象とした取引のみならず，社債などの原資産を保有せずに「プロテクションの買い」のみを行うことができ，逆にある経済主体や証券化商品に関する市場において「プロテクションの売り」を行うことも可能である．

このように，実需原則に制約されないという CDS の特性と信用リスクの定量的評価を可能とした金融技術の進歩とが相俟って，ヘッジファンドや金融機関などによる投機的動機に基づく CDS 取引は，2000 年代に入って大幅

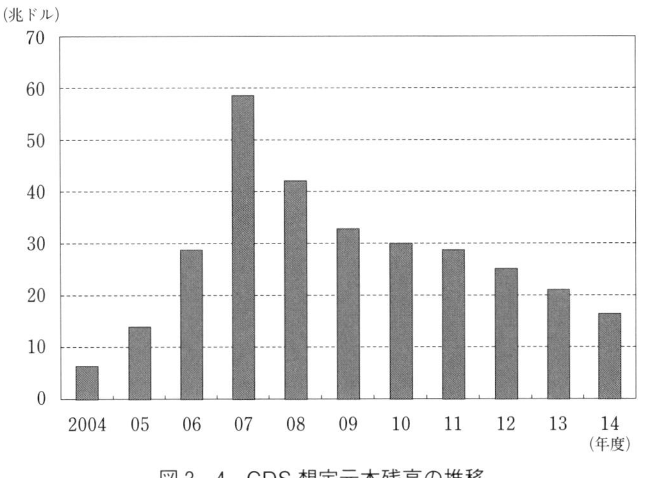

図3-4　CDS想定元本残高の推移

出所：BIS Quarterly Review.

に拡大した．その結果，BISの調査によると，全世界でのCDS想定元本残高は2000年代に急増し，ピークの2007年末時点には，58兆ドルにも達していた（図3-4参照）．同年の全世界のGDPがおよそ55兆ドルであったことから，その過度な膨張ぶりがうかがい知れる．

CDS契約を締結することにとって，「プロテクションの買い手」となった社債投資家は，信用リスクから解放されると期待されていたが，必ずしもそうではなかった．「プロテクションの売り手」が破綻して信用事由が発生しても契約が履行されないリスク（カウンターパーティ・リスク）があるからである．

事実，サブプライム・ローン危機が深刻化した2007年夏以降，それらを原資産とするRMBSやそれを組み込んだCDOなどの市場価格は大幅に下落し，「プロテクションの売り手」である金融機関やヘッジファンドなどは，大幅な損失を蒙った．また，2008年9月には，米国政府はリーマン・ブラザーズの破綻は放置したにもかかわらず，事実上の破綻に追い込まれた世界的な保険会社であるAIGには，救済の手を差し伸べた．その要因の一つとしては，AIGは当時CDSのプロテクションの最大の売り手であり，市場においてカウンターパーティ・リスクが強く意識され，各種の市場機構の機能が低下しつつある状況にあり，AIGがリーマン同様に破綻すると，CDS市場ひいては証券市場が崩壊するという強い危機感があったものと思われる．

図3-4に示されている通り，2007年をピークとして，CDSの想定元本額は減少傾向を辿り，2014年には16兆ドルと2007年のピーク時の3割を下回る水準にまで落ち込んでいる[12)]．

信用リスク移転の手段として開発されたCDSは，金融バブルの生成過程で投機対象として増殖し，結果としてバブル崩壊に伴う金融危機を一層深刻なものにしたといえよう．

2.4　米国における金融規制緩和の進展

上述の証券化やシャドーバンキング，そしてCDSの拡大が，とりわけ2000年代に顕著にみられた背景には，米国における金融規制改革の進展がある．次には，その動向を概観しよう．

米国の金融規制体系が確固たるものとして構築されたのは，1933年銀行法（グラス・スティーガル法）においてであった．同法は，1929年の大恐慌発生の要因の一つが銀行による過度の投機的行動にあったとの認識から，投機的行動を抑止しようとするものであった．すなわち，銀行が証券関連業務（証券の引受，売買等）を兼営することを禁止し，連邦預金保険制度を導入するとともに，FRB（連邦準備制度理事会）に銀行預金金利に対する上限規制権限を付与するなどの重要事項が，同法およびその関連諸法に盛り込まれた[13)]．

さらに，連邦金融規制は，銀行持株会社（bank holding company）[14)]にも

12）CDSのプロテクションに対して支払われるプレミアム（保証料）を，CDSスプレッドと呼ぶ．日本の主要50社を対象とした代表的インデックスであるMarkit iTraxx Japanの期間5年のスプレッドは，サブプライム・ローン危機が表面化した2007年夏以降概ね1%（100 bps）を上回る高い水準で推移し，2008年末から2009年初頭にかけての混乱期には，3%から5%という異常に高い水準となった．その後，徐々に低下し，2016年8月時点では，55 bps前後の水準で推移している．

13）グラス・スティーガル法の内容については花崎（1985），制定に至る背景については宇沢（2000）を，それぞれ参照．

14）米国の金融制度では，銀行の支店設置については総じて抑制的で，支店設置を全面的に禁止する単一銀行制度（unit banking system）を採用する州も多かった．銀行持

及び，1956年銀行持株会社法によって，銀行持株会社を利用した州際銀行業務および非銀行業務への進出等は原則として禁止され，1970年銀行持株会社法改正法により，単一銀行持株会社の営みうる非銀行業務の範囲もかなり限定されることとなった．

このような金融規制強化の流れが，規制緩和へと大きく転換したのが，1980年預金金融機関規制緩和・通貨管理法[15]である．同法以降の一連の制度改革については，表3-2に整理されている通りであるが，その歩みは必ずしも規制から規制緩和へという一方方向であったわけではない[16]．すなわち，米国では1982年以降，S＆L（貯蓄貸付組合）を中心に多くの金融機関が破綻する金融危機が発生しており，それに対応するためにS＆Lに対する自己資本比率規制が強化されたこともあった（1983年）．

また1984年には，当時米国第8位の巨大銀行であったコンチネンタル・イリノイ銀行が破綻するなどの深刻な事態が発生し，金融規制緩和の動きが停滞する時期もあったが，1992年頃にS＆L危機が峠を越えるとともに，再び規制緩和の機運が高まり，1999年にグラム・リーチ・ブライリー法が成立した．同法では，金融持株会社（financial holding company）の制度が創設され，銀行はその子会社として証券会社や保険会社を直接保有することが可能となった．この制度改革は，1933年銀行法によって規定された銀行業と証券業の垣根が，事実上撤廃されたことを意味する[17]．

上述の通り，米国の金融セクターや金融商品のバブル的拡張は，とりわけ2000年代に入って顕著にみられた．1980年代初頭から始まり，1999年のグラム・リーチ・ブライリー法成立により完了した金融規制緩和の動向が，そのような金融バブルの膨張を制度面から後押ししたことは，紛れもない事実であろう．

株会社制度は，そのような規制に対応するために，支店を設置したのと同様な効果をあげようとして発生したものである．

15）　同法は，自由で競争的な金融市場の実現を目指した改革の必要性を強調したハント委員会報告書（1971年），および預金金利規制の撤廃や貯蓄金融機関の業務拡大を提言した下院銀行委員会報告書（FINE Study 1975），などの基本的スタンスを踏襲したものである．花崎（1985）参照．

16）　花崎（2000）参照．

17）　なお，銀行本体で証券業務を行うことは，引き続き禁止されている．

表3－2　1980年以降のアメリカにおける金融規制緩和のクロノロジー

1980年 3月	預金金融機関規制緩和・通貨管理法成立.	同法により，預金金利の上限規制が段階的に撤廃されることとなるとともに，S＆L（貯蓄貸付組合）に対する業務範囲規制が緩和され，預金金融機関の業務面での同質化が進んだ.
1980年11月	S＆Lの自己資本比率規制などが緩和.	FHLBB（連邦住宅貸付銀行理事会）が，S＆Lの必要自己資本（net worth）を総預金の5%から4%へ引き下げ．また，S＆Lのブローカー預金に対する制限も撤廃.
1981年 8月	租税改革法成立.	同法により，個人が不動産投資をする際に，強力な節税誘因が生まれ，その後の不動産ブームの引き金となった.
1981年 9月	収益資本証書の発行認可.	FHLBBは，経営困難に陥ったS＆Lが自己資本増強策として収益資本証書（ICC）を発行することを認可.
1982年 1月	S＆Lの自己資本比率規制がさらに緩和.	FHLBBが，S＆Lの必要自己資本を総預金の4%から3%へ引き下げるなど，健全経営規制をさらに緩和.
1982年 4月	S＆Lの株主についての規制が撤廃.	FHLBBが，S＆Lの株主の必要最小数に関する制限（従来は400人以上で，うち少なくとも125人は地元民でなくてはならない）を撤廃．その結果，S＆Lの買収が容易になった.
1982年 7月	ペン・スクェア銀行破綻.	オクラホマ州のペン・スクェア銀行が，石油・ガス産業への過剰融資などが原因で経営破綻．最終的に，FDIC（連邦預金保険公社）が付保預金をペイオフし，2年間に限り同行の預金業務をFDICが引き受けた.
1982年12月	ガーン・セントジャーメイン預金金融機関法成立.	同法の制定により，例えば，商業モーゲージ貸付が総資産の40%，また消費者ローンが総資産の30%まで認められるなど，S＆Lの業務範囲は一層拡大した．また，預金保険加入金融機関が発行する資本金証書をFDICなどが買い取る形で資本援助を行う，正味資産証書プログラム（NWCP）が導入された.
1982年12月	州免許S＆Lの規制緩和.	州免許S＆Lが大量に連邦免許に移行する事態を受けて，カリフォルニア州などでは，州免許S＆Lがいかなる事業に対しても全額投資することが認可された.

1983年11月	S&Lの自己資本比率規制強化.	FHLBBが，新しく免許が付与されるS&Lの必要自己資本比率を7%に引き上げ．このころより，FHLBBのスタンスは，規制緩和から規制強化の方向に転換.
1984年　5月	コンチネンタル・イリノイ銀行破綻.	シカゴを本拠とするコンチネンタル・イリノイ銀行が，ペン・スクェア銀行からの不良債権買い取りやエネルギー関連の不良貸付などの要因により，経営破綻．資産総額は，336億ドルと当時としては史上最高額．FDICは，直接資金援助などにより，存続させたうえで救済する措置を講じた．同銀行の処理に関し，FDICが負担したコストは，11億ドル.
1985年	オハイオ州とメリーランド州でS&L危機発生.	オハイオ州とメリーランド州で，S&Lの経営危機が表面化．州運営の預金保険基金が底をつく事態に発展.
1987年	テキサス州でS&L危機発生.	テキサス州経済が大不況に陥り，S&Lの経営破綻が相次ぐ．損失額の大きい20のS&L破綻のうち，14機関がテキサス州に所在.
1987年　8月	競争条件均等化銀行法成立.	S&Lに関する保険を司るFSLIC（連邦貯蓄貸付保険公社）の資金不足に対応して，同法において108億ドルの新たな資本調達が認められた．ただし，破綻S&Lの巨額な整理費用にははるかに不足.
1988年	銀行破綻がピークに達する.	1980年代に入って増加傾向を辿ってきた銀行破綻数は，FDICが実質的に活動を始めた1934年以降で最多の279件に達した.
1988年　7月	ファースト・リパブリックバンク破綻.	テキサス州ダラスを本拠とするファースト・リパブリックバンクが，エネルギー，不動産および農業の不振により，経営破綻に陥る．FDICはブリッジバンク方式により処理を進めたものの，整理費用は39億ドルと史上最高額に達した.
1989年	S&L破綻がピークに達する.	S&L破綻数は326件とピークに達し，銀行とS&Lの破綻数の合計でみても，88年（464件）を上回り最多の533件を記録した.
1989年　8月	金融機関改革，再建および規制実施法成立.	同法は2月に発表されたブッシュ（父）政権のS&L処理策に沿ったもので，主な内容はFHLBBの廃止，FSLICが担当していた預金保険機能のFDICへの移管，S&Lに対する新たな規制監督機関であるOTS（貯蓄金融機関監督局）の設置などであった．また，新たにRTC（整理信託公社）が設立され，経営困難に陥った貯蓄金融機関の処理を担当することとなった.

1991年	大銀行の合併，リストラが続発.	ケミカル・バンキング（7月にケミカル・バンクとマニュファクチュラース・ハノバーが合併），ネーションズ・バンク（7月にNCNBとC＆Sソブランが合併），バンカメリカ（8月にバンカメとセキュリティ・パシフィックが合併）．シティコープのリストラなど.
1991年　2月	財務省が金融制度改革提案を発表.	金融危機に対処するために，金融制度全般の抜本的な改革を提案．主な内容は，リスクベースの預金保険料率の導入および預金保険の適用範囲縮小などの預金保険制度の改革，自己資本比率区分に基づく銀行監督，州際出店の自由化などの規制緩和.
1991年12月	連邦預金保険公社改善法成立.	財務省提案を受けて同法は制定されたものの，財務省提案に入っていた業務規制の緩和措置や預金保険の適用範囲縮小といった重要事項は除外された.
1992年	S＆L危機が峠を越える.	銀行とS＆Lの破綻件数は181件と，1989年のピーク時（533件）の1/3程度に減少するなど，S＆L危機は終息に向かった.
1995年12月	RTCが廃止.	1989年に破綻した貯蓄金融機関を処理するために設立されたRTCは，1995年末に役割を終え廃止．RTCが整理した機関数は747，またそれらの総資産規模は4206億ドルに達した.
1999年11月	グラム・リーチ・ブライリー法成立.	従来の銀行持株会社に加え，金融持株会社の制度が創設され，銀行，証券会社，保険会社の相互参入が可能となった．1933年銀行法（グラス・スティーガル法）によって規定された銀行と証券の垣根が事実上撤廃.

3. 金融規制の理論と実態

3.1　銀行業の特殊性と規制の論拠

銀行の主要な機能は，金融仲介である．すなわち，資金余剰（貯蓄超過）主体から預金という形態で資金を調達し，その資金を資金不足（投資超過）主体へ貸出という形態で供給するのが基本である．この場合，銀行にとって預金が債務であり，貸出が債権である.

一般の非金融事業会社も広範に債権債務関係を有しており，銀行はその限りにおいては特殊とはいえない．また，一般的に銀行の場合には債権は企業向けが主体であるが，非金融企業においても債権の多くが企業向けであることはことさら珍しいことではなく，この面でも本質的には大きな差異はない．銀行が非金融企業にくらべて特殊なのは，債務の相手先である．つまり，非金融企業の債務の相手先は，銀行などの金融機関，取引先そして関係会社などの企業が一般的であるのに対して，銀行業の債務は小口の個人預金が主体である．

本来銀行に対する債権者は，銀行経営をモニターし，不適切な経営がなされて債権者の権利が侵される場合には，経営に干渉する手段を講じることが望ましい．しかしながら小口の預金者は，銀行経営に関する情報を集め，銀行経営をモニターするインセンティブも能力も，十分には持ち合わせていない．このように小口の預金者は，収集できる情報や講じることができる手段などの面で制約に晒され弱者の立場にあることから，預金者に代わって銀行の経営状態をモニターし，業績が悪化した場合に，銀行経営に対して適切な干渉を施す主体として金融当局の存在が正当化され，銀行に対する健全経営規制（prudential regulation）が必要とされる（Dewatripont and Tirole 1993）．

3.2　バーゼル規制の始まり

先にみた米国をはじめ，欧州や日本などの先進諸国においては，金融規制体系は，それぞれの国の銀行業の歴史的経緯や金融システムの状況を反映して，構築されてきた．

一方，第二次世界大戦後のIMF-GATT体制のもとでの経済活動の国際化の進展に後押しされるように，1970年代頃から国際間の資本移動も活発になっていった．そのような環境下で，1974年の5月から6月にかけて，米国のフランクリン・ナショナル銀行と当時の西ドイツのヘルシュタット銀行の経営破綻が相次いで表面化し，国際金融市場に大きな混乱をもたらした[18]．

18）ヘルシュタット銀行は，外国為替市場でドル売り・マルク買いの為替予約を米国の銀行などと結んでいたが，ドイツと米国との時差の関係で，マルクを受けとり，ドルを渡す前に倒産した．これによって，取引相手となっていた米銀などは，多額の損失このような国際金融市場の混乱は，国際的な銀行監督体制の整備の必要性に関する認識を広め，バーゼル銀行監督委員会（Basel Committee on Banking Supervision）が1975年に創設され，活発な議論が展開された．その後も，1987年10月のブラック・マンデーなどの経験を経て，各国の金融当局の国際的な協調の重要性が再確認され，1988年7月には銀行の自己資本比率規制に関する国際的な統一基準（BIS基準）が決定された．このいわゆるバーゼル合意は，国際業務に従事する各国の銀行の競争条件の均一化を図り，ひいては国際的な金融システムの健全性と安定性を向上させることを目的としたものである．その概要は，国際業務を営む銀行は，リスク・ウェイトから算出される総資産（リスクアセット総額）に対して，最低限8%の自己資本を維持することを求めるものであった．

のちに，バーゼルⅠと呼ばれるようになったこの規制は，主要国の国際銀行業務に従事する金融機関を対象に，1992年末時点で発効した．

3.3　バーゼル規制の精緻化

当初のバーゼル合意では，資産の信用リスクのみが規制対象となっていたが，銀行による市場性のある資産の取引が増大するなか，短期の裁定取引を目的とするトレーディング勘定において，銀行が保有する資産の金利変動，価格変動そして為替変動のリスクをいかに管理すべきかが検討された．そして，97年末以降トレーディング勘定が一定額を超過する場合には，市場リスク相当額にかかる金額をリスクアセット総額に加算することとなった．

また，1990年代以降，金融工学の発展を反映して新たに開発された証券化商品の市場取引が拡大し，それに伴い銀行のリスク管理の高度化の必要性が高まっていった．そのような事態を背景として，バーゼルⅠの限界が認識され，バーゼル銀行監督委員会の場で90年代後半から，新しい自己資本比率規制に関する検討が始められた．そして，数次にわたる市中協議文書の公表と民間銀行等からの意見を踏まえ，2004年6月に同委員会からバーゼルⅡに関する最終文書が公表され，2006年末以降の決算期から実施されるこ

を被った．これ以後このような時差による為替取引の決済リスクは，「ヘルシュタット・リスク」と呼ばれるようになった．

ととなった.

バーゼルⅡでは，新たなリスク概念であるオペレーショナル・リスク[19]をリスクアセット総額に加えるとともに，債権ごとのリスク・ウェイトについて，それらの信用力に応じて幅を持たせ，また信用リスク算出に際して各銀行が用いる内部格付手法も利用可能となった．さらに，情報開示面やリスク管理面での銀行の自助努力を促したのも，バーゼルⅡの特徴である[20].

4. リーマン・ショック後の金融規制動向

4.1　米国における動向

リーマン・ショックの際の米国政府の対応は，迅速であった．リーマンの破綻から3週間も経たない2008年10月3日には，緊急経済安定化法（Emergency Economic Stabilization Act of 2008）が成立した．同法には，モーゲージ・ローンおよびそれらを含む金融商品等のなかの問題商品を，公的資金で政府が買い取る措置が盛り込まれ，最大で7000億ドルの予算が確保された[21]．この緊急措置は，流動性不足に直面した金融機関の連鎖的倒産を防止するうえで有効であったと評価できる（Allen and Carletti 2010).

続いて，2009年6月には，米国財務省による金融規制改革案（Financial Regulatory Reform－A New Foundation：Rebuilding Financial Supervision and Regulation）が公表された．同改革案には，細分化された金融機関に対する監督体制の集約化，ヘッジファンド，証券化商品市場そしてCDSに対する規制強化など，のちにドッド・フランク法として実現する項目を含む広範な提言がなされている.

19）金融機関内部の事務事故，システム障害，不正行為等で損失が発生するリスクである.

20）バーゼル規制の展開の詳細については，花崎（2013）を参照.

21）この迅速な対応は，いわゆるFED Viewを反映したものといえるかもしれない．すなわち，伝統的にFRBのマクロ金融政策の基本スタンスを示すFED Viewにおいては，バブル現象を金融政策によって有効に制御することは困難であり，バブルが崩壊した時点で迅速な対応をすべきとされている．この見方は，バブルを発生させないための予防的措置の重要性を強調するBIS Viewと極めて対照的なものである.

そして，世間に大きなインパクトを及ぼしたのが，2010年1月21日に発表されたオバマ大統領の新規制案（President Obama Calls for New Restrictions on Size and Scope of Financial Institutions to Rein in Excesses and Protect Taxpayers）である．同規制案は，オバマ大統領の経済ブレーンであったポール・ボルカー元FRB議長（1979〜87年）が中心になり提唱したものであり，ボルカー・ルールと通称されている．

このボルカー・ルールの狙いは，商業銀行の業務に制約を設けるというものであり，2つの内容が盛り込まれている．第1は，業務範囲の制限であり，具体的には，銀行が，ヘッジファンドおよびプライベート・エクイティ・ファンドを保有，それへの投資およびスポンサーとなることを禁止し，また顧客サービスと関係しない自己勘定取引を禁止しようとするものである．第2は，規模に制限を課そうとするものであり，具体的には，預金の市場シェアに関する上限規制を補足する形で，金融機関の負債の市場シェアが過度に上昇することを制限しようとするものである．

ボルカー・ルールは，本章2.4で述べた米国の金融規制緩和が，リーマン・ショックに至る金融危機の有力な背景としてあったとの認識に基づき，銀行の過度なハイリスク行動，とりわけ市場取引に係る業務に規制の網をかけようとするものである．しかしながら，ボルカー・ルールが制度化されるまでには，紆余曲折があった．その背景としては，市場取引関連の規制が強化されることによって，利潤獲得機会が大幅に低下しかねないという商業銀行の抵抗や，この機会に銀行の内部管理体制を強化したいという規制当局の意向などが，複雑に絡み合っていたことがあげられる．

ボルカー・ルールは，次に述べるドッド・フランク法で総則が定められたのち，2013年12月に最終規則が公表された．そこでは，銀行による自己勘定取引が原則としては禁止されているものの，一定の条件が満たされている場合には，引受業務，マーケット・メーカーとしての業務，リスクヘッジに係る取引，公共債に係る取引などに関して，例外措置が講じられている．また，銀行が直接，間接にヘッジファンドやプライベート・エクイティ・ファンドなどを傘下に置くことも禁止されているが，当該ファンドが信託，受託者，各種アドバイザーとしてのサービスを提供する場合などには，一定の条件が整えば銀行の関与が容認されている.

このように，ボルカー・ルールの最終規則には，多くの例外措置が設けられており，果たして所期の目的が達成できるのかに関する懸念も根強い．もっとも，同規則には銀行のコンプライアンスに係る規制の強化も盛り込まれており，銀行の各種負担やコストが増加することには変わりがないであろう．なお，最終規則は順次施行され．2015年7月より全面発効している.

4.2　ドッド・フランク法

米国の金融規制体系において，前述の1933年銀行法（グラス・スティーガル法）以来の大改革といえるのが，2010年7月21日に成立したドッド・フランク法（Dodd-Frank Wall Street Reform and Consumer Protection Act）である．同法成立の背景には，リーマン・ショックを頂点とする金融危機の要因として，金融セクターの過度のリスクテイキング行動，CDS等の新金融商品に対する規制の不在，金融機関に対する監督体制の不備などがあり，現状の規制体系では消費者や投資家が多大な不利益を被ることが避けられないという認識があった.

同法によって，本章2.4で概観した1980年代から90年代にかけての金融規制緩和や自由化の方向性に終止符が打たれ，逆にFSOCの新設，ボルカー・ルール，デリバティブ規制，証券化規制，BCFPの新設など，金融関連規制を強化する各種の施策が盛り込まれた．同法の概要は表3-3に整理されている.

4.3　バーゼルIII

国際的な金融規制の総元締めともいえるバーゼル銀行監督委員会においても，リーマン・ショック直後から銀行セクターの健全性をいかに回復できるかという観点から，バーゼル規制の抜本的な改革案が検討されてきた.

そして，2010年7月のバーゼル銀行監督委員会報告とそれに続く中央銀行総裁および銀行監督当局長官合意において，自己資本比率規制に関する基本的方向性が示され，2010年9月の中央銀行総裁および銀行監督当局長官合意において，その具体的内容が提示された．さらに，流動性規制等に関す

表3-3　ドッド・フランク法の主な内容

内容
1. FSOC（Financial Stability Oversight Council，金融安定監督評議会）の新設 ①10名の投票権のあるメンバー（財務長官，FRB議長，通貨監督官，FDIC議長ほか）および5人の助言メンバーで構成. ②組織体から派生するリスク要因を明らかにし，too big to fail を廃して市場規律を促進し，金融システム安定への阻害要因に対応する. ③金融システム上重要なノンバンク（systemically significant nonbanks，大規模な保険会社，証券会社等）に対する健全性規制の適用. ④保険会社やノンバンクに対する OLA（Orderly Liquidation Authority，秩序だった清算方式）の導入.
2. プライベート・ファンドの投資アドバイザーに対する規制 ①投資アドバイザーのSECへの登録義務（ベンチャー・キャピタル・ファンドを除く）.
3. ボルカー・ルール関連 ①銀行等（banking entities）による自己勘定取引の禁止（引受，マーケット・メイキング，ヘッジング等の取引には，一部例外有り）. ②銀行等がヘッジファンド，プライベート・エクイティ・ファンド等に投資することやそれらのスポンサーとなることを禁止（各ファンドの資産規模の3% 以下，あるいは各銀行の Tier 1 自己資本の3% 以下であれば容認される）.
4. デリバティブ規制 ①CFTC（Commodity Futures Trading Commission，商品先物取引委員会）と SEC に対して，CDS等の店頭デリバティブ市場の取引と市場参加に関する規制権限を付与. ②銀行は原則としてすべてのスワップ業務（証券スワップ security-based swap を含む）を外部に出さなければならない（swap push out rule）.
5. 証券化規制 ①資産担保証券化（asset-backed securitization）において，証券化主体に一定の信用リスク保持（credit risk retention）を義務づける.
6. BCFP（Bureau of Consumer Financial Protection，消費者金融保護局）の新設 ①消費者向け金融商品およびサービスの規制や情報開示を目的として，FED内に創設.
7. その他 ①信用格付会社への厳格な規制導入. ②FRBの緊急融資に対する制限（流動性供給は認めるが，破綻機関救済は不可）. ③コーポレート・ガバナンス条項（株主権限の強化，役員報酬開示の改善等）.

る検討が続けられ，2010年12月にバーゼル銀行監督委員会から，バーゼルⅢとして2種類の文書が公表されている.

バーゼルⅢの基本的な認識は，リーマン・ショックに象徴される2007〜09年の危機が，金融規制の不備や甘さといった問題に起因するものであり，金融規制を再構築することが必要だというものである.

バーゼルⅢの柱は，自己資本比率規制の強化である．自己資本比率規制については，バーゼルⅠからバーゼルⅡにかけて，算出式の構成項目が精緻化されてきたが，8% という所要率水準には変化がなかった．ところが，バーゼルⅢでは，自己資本の質の見直しに加え，新たな規制項目が導入され，全体としての所要自己資本比率が引き上げられることとなった．

具体的には，Tier 1 のなかでもコアとなる部分を普通株と内部留保のみに限定し（以下では，この部分を普通株等と呼ぶ），その最低所要水準を 4.5% に引き上げた．また，銀行などの金融機関間で，資本を表面的にふくらませることを意図して資本を相互に持ち合う行為については，原則としては全額資本から控除される．ただし，ある銀行が連結対象外の金融機関に出資しているケースで，その出資比率が 10% を超える場合には，その銀行の Tier 1 のなかの普通株等の 10% を上回る出資額分が自己資本から控除され，その出資比率が 10% 以下の場合には，複数金融機関への出資の合計額がその銀行の Tier 1 のなかの普通株等の 10% を上回る場合に，その超過分が自己資本から控除されることとなった[22)]．

また，ストレス発生時に取り崩し可能な自己資本を，普通株等の形態で新たに 2.5% 保有することも義務づけられた．この資本保全バッファー（capital conservation buffer）導入の結果，普通株等の全体としての所要水準は 7.0% に引き上げられ，その他 Tier 1 および Tier 2 を含めた自己資本所要量は 10.5% にまで上昇した．さらに，資本保全バッファーを補完する目的で，カウンターシクリカル・バッファーも新たに導入された．これは，過度な信用膨張ののちに発生する景気後退局面で銀行が蒙る可能性のある損失を吸収する目的の資本バッファーである．その率はリスクアセットの 0～2.5% の範囲で，各国の金融当局が独自に決定できるとされている[23)]．

なお，バーゼルⅢの自己資本比率規制の強化は，2013 年以降段階的に導入されており，2019 年 1 月に完全実施の予定である．

22）これは，日本の銀行と生保等の間でしばしばみられる double-gearing のある程度の部分が，銀行の自己資本としてカウントされるようになったことを意味するものである．

23）自己資本比率規制に関しては，シンプルなレバレッジ比率（Tier 1 資本と会計上のエクスポージャーとの比率）を試行的に導入することも，同時に盛り込まれた．

4.4　マクロプルーデンス政策の導入

米国発の世界金融危機は，金融システムの安定性確保のための政策のあり方に対しても，大きな変革をもたらした．すなわち，今次の危機以前には金融システムの安定は，個々の金融機関の健全性を確保する政策（すなわち，ミクロプルーデンス政策）によって達成できるとの見方が，主要国の金融当局や国際機関の間で支配的であった．

しかしながら，今次の危機を経験して，金融システムの安定にはミクロプルーデンス政策のみでは不十分であり，マクロプルーデンス政策[24]が必要不可欠であるとの認識が広まった．FSB，IMF，BIS による報告書（2011）は，マクロプルーデンス政策を特徴づける要素として，次の 3 点を指摘している[25]．

(1) マクロプルーデンス政策の目的は，金融のシステミック・リスクを抑制することにある．
(2) マクロプルーデンス政策が及ぶ範囲は，金融システム全体であり，金融セクターと実物セクターとの相互作用を含むものである．
(3) マクロプルーデンス政策で用いられる手段は，システミック・リスクの源泉に狙いを定めた各種ツールである．

システミック・リスクは，マーケットへの影響力が大きい大銀行が破綻した場合などに，金融市場や金融システムに外部不経済が及び，顕在化すると考えられる．したがって，金融危機を防止し金融システムの安定を保つために，外部不経済が波及するチャネルを遮断しようとするのが，マクロプルーデンス政策の目的であり，意義である．

バーゼルⅢの第 2 の柱である流動性規制の導入は，このようなマクロプル

24)　マクロプルーデンス政策という言葉自体は，決して新しいものではなく 1970 年代から存在する．翁（2010）参照．
25)　マクロプルーデンスに関する政策手段の選択に関する論点は，CGFS（2012）に詳しく整理されている．

ーデンス政策の考え方に立脚した政策であると理解することができる．リーマン・ショックに至る2007年からの危機局面において，それまで活況を呈していた金融資本市場が急激に収縮し，流動性を市場で調達することが困難になった．このような局面において，多くの銀行が流動性の枯渇に直面し，金融当局の支援に頼らざるをえない状況に陥った．換言すれば，銀行セクターは流動性にかかるリスク管理に甘さがあったと認識され，その問題を事前に是正するために，流動性規制が導入されることとなったのである．

バーゼルⅢでは，新たに2つの相互補完的な流動性基準が提案されている．

第1の基準は，流動性カバレッジ比率（Liquidity Coverage Ratio）と呼ばれ，ストレス発生時の30日間に必要とされる流動性の金額以上を市場から調達することを目的に，銀行に高品質の流動資産を保有することを義務づけるものである．これはいわばストレス時の当面の資金繰りを確保するための基準であり，具体的には次式の通りである．

$$\frac{\text{高品質の流動資産}}{\text{来る30日間にわたるネット・キャッシュアウト・フロー}} \geqq 100\%$$

ここで，高品質の流動資産とは，レベル1資産（現金，中央銀行預金，国債等）およびレベル2資産（少なくとも15%のヘアカット適用後，流動資産全体の40%未満まで算入可能．公的機関債券，社債，カバードボンド等）の合計である．また，分母は，各種調達手段ごとの調達額に，どの程度の資金流出のリスクがあるのかの掛け目を勘案して算出された資金流出額と，健全債権額やレポ運用額に掛け目を勘案した資金流入額との差分として計算される．

第2の基準は，純安定調達比率（Net Stable Funding Ratio）と呼ばれ，金融危機の際に売却が容易ではない資産額に対して，自己資本や負債項目から算出される安定的な調達可能額が上回っていることを保証するための比率である．この比率は，銀行のバランスシートの資産サイドと調達サイドにおける流動性の観点からみた構造的なミスマッチを予防することを目的とした基準である．具体的には，次式の通りである．

$$\frac{\text{安定的な調達可能額}}{\text{安定的な調達所要額}} \geqq 100\%$$

上式の分子に含まれるのは，銀行の自己資本，満期まで1年以上の負債，安定的にとどまることが期待される預金およびホールセール調達であり，安定性が十分に保証されないものについては，掛け目をかけることとされている．分母は，貸付金や有価証券等の資産項目等について，売却の困難性を示す掛け目を勘案して計算されるものである．

なお，流動性カバレッジ比率は，2015年から段階的に導入されており，純安定調達比率は，2018年から段階的に導入される予定である．

4.5　システム上重要な金融機関への対応

G20諸国の財務省，中央銀行等の金融監督当局および国際機関をメンバーとする金融安定理事会（FSB）[26]は，2009年の設立以来継続的に「システム上重要な金融機関」（systemically important financial institutions: SIFIs）のモラルハザード抑止策の必要性を論じている．

SIFIsが経営困難に陥った場合に顕在化することが予想されるシステミック・リスクは，極めて深刻な問題であることは論をまたないが，それゆえに“too big, interconnected, or complex to fail”（大きすぎ，相互連関性が強く，または複雑であるために，潰せない）というモラルハザード問題を惹起しやすいというのが，FSBの見解である[27]．

したがって，存続が不可能となったSIFIsに関して，モラルハザードを防止してシステミックな混乱を回避しつつ，いかに破綻処理を円滑に進めることができるかは，前述のマクロプルーデンスの観点からして最重要課題の一つである．この問題に関しては，FSBの2011年10月の報告書（Key Attributes of Effective Resolution Regimes for Financial Institutions）におい

26）FSBは，G20の直属機関として，2009年4月以降金融安定化フォーラム（FSF, 1999年設立）の業務を継承する形で，金融規制改革に関する提言等を実施している．

27）前述の通り，2008年9月のリーマン・ショックの直後に，米国政府およびFRBが世界的な保険会社であったAIGの救済を決定したのは，“too big, interconnected, or complex to fail”の典型例であると考えられる．

て，各国において実効性のある破綻処理の仕組みを整える，グローバルに活動するSIFIsに対して各国間の連携を密にする，納税者の負担に帰することのない破綻処理を実施する，破綻処理のプロセスにおいて透明性や迅速性を確保する，などの観点の重要性が指摘されている．

また，2011年7月にはバーゼル銀行監督委員会から，「グローバルなシステム上重要な銀行」(global systemically important banks：G-SIBs）に関する市中協議文書が公表された．そして，G-SIBsについては，破綻した場合の影響度が極めて大きいことから，追加的な自己資本の要件（サーチャージ）が課されることとなった．サーチャージは，各G-SIBsの重要性の程度に応じて，Tier 1の普通株等ベースで1〜3.5％とされている．ただし，当面は2.5％が上限である．サーチャージは，2016年1月1日から段階的に適用され，2019年1月1日が完全実施日とされている．

FSBによると，G-SIBsとは，国境を越える活動をしているという基本的な要素に加え，規模，相互連関性，代替性，複雑性といった5つの要素に基づき認定される銀行であり，当初は28の銀行がG-SIBsに該当するとされた[28)]．

さらに，FSBは，G-SIBsに対して合計損失吸収力（Total Loss Absorbing Capacity：TLAC）という新たな要件を課そうとしている．2014年11月10日に公表されたFSBの市中協議文書によれば，TLACとはバーゼルⅢで必要とされる資本保全バッファーを除く8％基準の最低自己資本所要量に対応する自己資本に，いくつかの要件[29)]を満たす適格債務を加えた概念で，当該金融機関が破綻に陥った際に，全体としての損失吸収力を表わすものである．

同文書の提案は，TLACとしてリスクアセットの16〜20％の保有を義務付けるものである．TLACに関しては，今後も紆余曲折が予想されるもの

28）G-SIBsのリストは毎年更新されており，2015年11月時点では，全世界で30の銀行がリストアップされている．なお，邦銀としては，三菱UFJ（サーチャージ1.5％），みずほ（サーチャージ1.0％），三井住友（サーチャージ1.0％）の3つのフィナンシャルグループが含まれている．

29）無担保であること，破綻処理される主体によって発行されている債務であること，1年以上の残存期間があること，劣後性債務であること，が具体的要件である．

の，仮に原案の通りの規制が導入されるとしたら[30]，G-SIBsは，TLAC（16～20%），資本保全バッファー（2.5%），サーチャージ（1～3.5%）の合計で，リスクアセット比で19.5%から26%の自己資本と適格債務の保持を義務付けられることとなる．

5. 金融規制の弊害

このように，バーゼルⅢに代表される現在進行しつつある金融規制改革では，規制の対象範囲が広がるとともに，その強度も増す方向性にあるといえよう．しかしながら，リーマン・ショックにつながる今次の危機局面が顕在化，深刻化したのは，規制が緩かったあるいは規制が存在しなかったことのみによるものといえるのであろうか．換言すれば，規制強化によって，危機の再発は防げるのだろうか．私の答えは，否である．むしろ，規制や制度が存在すること自体が，危機を誘発している側面も否定できないであろう．

最初に，金融規制のなかでもとりわけ重要性の高い，自己資本比率規制の弊害についてみてみよう．その第1は，プロシクリカリティの問題である．一般に，景気後退局面あるいは金融危機局面においては，不良資産の増加や収益力の減退により，自己資本比率の分子の自己資本が毀損されるために，銀行が所要自己資本比率水準を維持するためには，分母の総資産を減らさなければならず，それが貸し渋りや貸し剝がしなどを惹起して，景気を一層落ち込ませる．他方，景気拡大期には逆に，自己資本が増加するために，融資行動等が積極化し景気拡大が増幅されるというのが，プロシクリカリティの基本的なメカニズムである．事実，2008年秋のリーマン・ショックののち，2009年にかけて次第に金融危機から経済危機へと様相が変化していった背景として，バーゼル規制に代表される自己資本比率規制のプロシクリカリティの問題が，何らかの影響を及ぼした可能性は否定できないであろう．

もっとも，この問題はすでに多くの識者によって認識され，前述の通りバーゼルⅢに向けたバーゼル銀行監督委員会の議論などでは，景気後退局面等

30）FSBによると，2015年11月時点では，TLACは2019年1月1日から段階的に導入される予定となっている．

に取り崩し可能な自己資本バッファーを持たせる方向性が示されている．しかしながら，バーゼルⅢにおける資本バッファーの義務化を含む自己資本比率規制の強化は，コストの高い自己資本を銀行に追加的に保有させることを意味し，次に述べる銀行のリスクテイキング行動を助長するという別の弊害がある．

Rajan（2009）は，資本バッファーの問題点を認識して，景気の局面に左右されない効果的な規制（cycle-proof regulation）の観点から，危機の際に株式に転換できる負債を銀行が発行するというcontingent capitalの制度を提案している．しかしながら，一般的にエクイティ性の負債は，株価が上昇することによって投資家にメリットが発生するものであり，contingent capitalのように，逆に危機の際に株式に転換されるという負債では，よほどその利回りを高めに設定しない限り，魅力を感じる投資家は少ないと考えられる．つまり，contingent capitalの発行は，銀行に高率の資金コストを強いるのである．また，contingent capitalの導入によって銀行の破綻リスクが低減されるとすれば，銀行経営者に対する規律づけにはマイナスに作用するという別の問題点も存在する．

自己資本比率規制の弊害の第2は，銀行のリスキーな行動を助長するという点である．Hellmann *et al.*（2000）が指摘する通り，自己資本比率規制は短期的には銀行のリスキーな行動を抑制する効果があるものの，銀行に高コストの自己資本を保有することを強要するために，銀行のfranchise value[31)]を下げ，長期的にはむしろ銀行のリスキーな行動を助長するマイナスの効果がある．つまり，銀行に健全経営を指向させる目的で導入される自己資本比率規制が，むしろ銀行のリスクテイキング行動を誘発し，健全経営を脅かす結果となるのである．

グローバル金融規制強化の第3の問題は，各国における金融システムの違いを無視して，均一かつ強度の規制という網をかけようとする点である．金融システムは理論的には市場型システムと仲介型システムとに大別されるが，現実には国によってまた時代によって，さらに金融サービスを受ける企業や

31）当該銀行が免許を得て営業を続けることによって発生する将来収益の割引現在価値を指す．

家計の属性や選好によって，市場型の取引と相対型の取引とが混在し，それらの集合体としてそれぞれの国の金融システムが形作られる．その意味で，そもそも金融システムは極めて多様性に富むものであり，いかにグローバル化が進んでも，金融システムが一つのモデルに収斂するとは考えられず，国ごとや時代ごとの多様性は，決して失われることはないであろう．

このように各国の金融システムが異なる状況において，金融システムの健全性や安定性の維持という名目で，厳しくかつ等しいグローバルな自己資本比率規制を課すのは，必ずしも効率的といえないばかりか，銀行行動に無視しえない制約を課すことから，実体経済へのマイナスの影響も懸念される．

規制および制度の弊害の第 4 は，時価会計（mark-to-market accounting）である．一般に，時価会計の基礎となる金融商品の市場価格は，金融機関などの市場参加者の行動に関する有益なシグナルを提供し，また市場価格自体が市場参加者の行動に影響を与える．この関係は，平時では良好な循環をもたらす．しかしながら，ひとたび市場価格の上昇が始まると，それに市場参加者が積極的に反応し，それが市場価格のもう一段の上昇をもたらし，そのループにより金融資産価格の上昇が続き，いわゆるバブル現象が生まれる．逆に，リーマン・ショック時の危機局面のように，資産価格の下落が始まると，金融機関のネガティブな対応を引き起こし，市場価格の下落が増幅される（Plantin *et al*. 2005, Allen and Carletti 2008, Adrian and Shin 2010）．つまり，時価会計の制度は，自己資本比率規制と同様に，プロシクリカルな影響を及ぼすのである．

6. おわりに

各国の金融システムの多様性を前提に，その機能を効率性と公平性の観点から高めていくためには，前述のプロシクリカリティや過度なリスクテイキング行動を誘発するような規制および制度を是正していくことが重要である．このような観点に立つと，バーゼル委員会によるグローバルな自己資本比率規制に関していえば，現在進められているその強化あるいは厳格化が，望ましい方向性であるとは言い難いであろう．

むしろ，グローバル規制の強度を緩めることによって，銀行行動の自由度をある程度の範囲で確保し，ひとたび銀行が経営困難に陥った場合には，各国の金融当局の責任において長期的な存続可能性を識別し，存続が困難である場合には，“too big to fail”に陥ることなく秩序を保ちつつ清算処理される方向性が望ましいであろう．なお，預金者保護の観点からは，各国ごとにデザインされた預金保険制度の存在が基本的に重要であるが，その有効性を高めるためには，健全度に対応した可変的な保険料率の設定や，預金の利子所得の一定割合を保険料として預金者から徴収するなどの制度改革が検討されるべきである．

グローバルな規制からローカルな規制へと重点がシフトする場合に大きな論点となるのが，G-SIBs の取り扱いであろう．とりわけ，それが破綻した場合の処理をいかに進めるかは，重要かつ困難な課題である．現状においては，前述の通り，G-SIBs に対しては自己資本比率規制のサーチャージを課すことによって，損失吸収力を一層高めるという方向性が示されている．しかしながら，そのような方向性は，G-SIBs に一段と過度な規制を施すことの問題点に加え，G-SIBs に該当する銀行とそれ以外の銀行との規制格差の問題も深刻である．

むしろ，G-SIBs が展開するクロスボーダーの支店を現地法人化し，それらをその立地する国のローカルな規制の枠組みのなかに組み入れることで対処する方向性の方が，弊害が少なく現実的な解決策であるように思われる．

今次の米国発の金融危機を巡る経験は，金融規制のあり方について，抜本的な再検討の必要性を我々に投げかけているように思われる．

参考文献

Adrian, Tobias and Hyun Song Shin (2010), “Liquidity and Leverage,” *Journal of Financial Intermediation*, Vol. 19(3), pp. 418–437.

Allen, Franklin and Elena Carletti (2008), “Mark-to-Market Accounting and Liquidity Pricing,” *Journal of Accounting and Economics*, Vol. 45(2–3), pp. 358–378.

Allen, Franklin and Elena Carletti (2010), “The Global Financial Crisis,” Banco

Central de Chile Working Papers, No. 575.

Committee on the Global Financial System (CGFS) (2012), *Operationalising the Selection and Application of Macroprudential Instruments*, Bank for International Settlements, December. http://www.bis.org/press/p121203.htm

Dewatripont, Mathias and Jean Tirole (1993), *The Prudential Regulation of Banks*, Cambridge (Mass.): MIT Press.

Financial institutions and the Nation's Economy (FINE) Study (1975), "Discussion Principles": hearings before the Subcommittee on Financial Institutions Supervision, Regulation and Insurance of the Committee on Banking, Currency and Housing, House of Representatives, Ninety-fourth Congress, first and second sessions, Subcommittee on Financial Institutions Supervision, Regulation and Insurance, United States Congress, House, Committee on Banking.

Financial Stability Board (FSB) (2011a), "Shadow Banking: Strengthening Oversight and Regulation," 27 October, 2011.

Financial Stability Board (FSB) (2011b), "Key Attributes of Effective Resolution Regimes for Financial Institutions," October, 2011.

Financial Stability Board, International Monetary Fund, and Bank for International Settlements (2011), *Macroprudential Policy Tools and Frameworks Progress Report to G 20*, 27 October.

Hellmann, Thomas F., Kevin C. Murdock, and Joseph E. Stiglitz (2000), "Liberalization, Moral Hazard in Banking, and Prudential Regulation: Are Capital Requirements Enough?" *American Economic Review*, Vol. 90(1), pp. 147-165.

Hunt Commission Report (1971), *The Report of the President's Commission on Financial Structure and Regulation*.

International Monetary Fund (IMF) (2014), *Global Financial Stability Report: Risk Taking, Liquidity, and Shadow Banking: Curbing Excess While Promoting Growth*, October, 2014.

Plantin, Guillaume, Haresh Sapra, and Hyun Song Shin (2005), "Marking to Market, Liquidity, and Financial Stability," *Monetary and Economic Studies*, Vol. 23 (S-1), pp. 133-164.

Rajan, Raghuram G. (2009), "The Credit Crisis and Cycle-Proof Regulation," *Federal Reserve Bank of St. Louis Review*, SEPTEMBER/OCTOBER 2009, Vol. 91(5, Part 1), pp. 397-402.

池尾和人 (2013),「金融危機と市場型間接金融――「影の銀行システム」の経済分析」花崎正晴・大瀧雅之・随清遠［編］『金融システムと金融規制の経済分析』勁草書房, 71-99 頁.

宇沢弘文（2000),「社会的共通資本と金融制度」宇沢弘文・花崎正晴［編]『金融システムの経済学——社会的共通資本の視点から』東京大学出版会，1-22 頁.
翁百合（2010),『金融危機とプルーデンス政策——金融システム・企業の再生に向けて』日本経済新聞出版社.
花崎正晴（1985),「アメリカの金融自由化と預金保険制度」『経済経営研究』(日本開発銀行設備投資研究所), 第 6 巻第 3 号，1-49 頁.
花崎正晴（2000),「日米金融危機のクロノロジー」宇沢弘文・花崎正晴［編]『金融システムの経済学——社会的共通資本の視点から』東京大学出版会，23-52 頁.
花崎正晴（2008),『企業金融とコーポレート・ガバナンス——情報と制度からのアプローチ』東京大学出版会.
花崎正晴（2013),「リーマン・ショック後の金融規制と金融システム——バーゼルⅢの批判的検討」花崎正晴・大瀧雅之・随清遠［編]『金融システムと金融規制の経済分析』勁草書房，100-134 頁.
堀内昭義（1995),「制度資本としての「信用秩序」」宇沢弘文・國則守生［編]『制度資本の経済学』東京大学出版会，17-43 頁.

第 4 章

EUにおける金融規制

──危機管理の統合と銀行同盟への進展──

佐々木 百合

1. はじめに

戦後，欧州はいろいろな形で経済の統合化を目指してきた．そして為替相場のアレンジメント，市場の統合，統一通貨の導入という形でそれは実現してきた．しかし，金融危機，ユーロ危機を経て，統合化，特に統一通貨導入の問題点が明らかになってきた．その問題点を解決するために，これまで合意が難しく母国主義をベースにしてきた金融監督規制を思いきってユーロ圏で統合することになり，銀行同盟が設立されることになった．

本章の目的は，この銀行同盟について説明するとともに，銀行同盟に至るまでのEUの統合化の道筋，危機とその影響について振り返り，金融規制の統一化が遅れた理由を明らかにし，統一化のコストについて考察することである．

以下，第2節ではまず，EUの市場と為替・通貨の統一化がいかに進んできたかを振り返ったうえで，金融規制の統一化について述べる．第3節では，2008年の金融危機とユーロ危機の経緯とその影響について明らかにする．第4節では銀行同盟について説明する．第5節では英国がEUから離脱したことによる影響を考察する．第6節では，結論として経済統合化のコストについて考察する．

2. EUにおける経済統合化と金融危機管理

2.1　欧州における統合化の歴史[1)]

欧州における規制統一化の最終的な形ということのできる銀行同盟について説明する前に，そもそも欧州における経済統合化がどのような形で進んできたのかを本節では簡単に振り返る．

欧州共同体としては，1952年のECSC（欧州石炭鉄鋼共同体）設立がその起源である．ECSCは，フランスによって提唱されたもので，これ以上フランスとドイツが戦争を行うことがなくなるように，戦争に深く関わりのある石炭と鉄鋼という資源を，フランスとドイツが共同して管理していくことを決めたものである．したがって，EUにおける経済統合の始まりは，欧州内での戦いをなくし，グループとして世界に向かっていく精神であったといえる．ECSCが1952年に設立されたときは，フランス，ドイツ以外にベルギー，イタリア，ルクセンブルク，オランダも加わった．そしてこの6カ国が1967年にはEC（欧州共同体）となる．英国をこの共同体に初めから加えようという動きがあったが，交渉がうまくいかず，英国なしに共同体は設立された．その後，1973年になって英国，アイルランド，デンマークが加わり，1981年にギリシャ，1986年にスペインとポルトガルが加わった．

その間，通貨・為替相場に関する統合が徐々に進められてきた．第一次世界大戦前までの基軸通貨は英国のポンドであり，世界の経済の中心は英国であった．それが第一次大戦と第二次大戦の戦間期には，欧州と米国の二大勢力が世界を二分するような形になり，第二次大戦後には世界経済の中心は米国になり，基軸通貨も米ドルになった．そのようななかで，欧州経済を盛り上げて米国経済に対抗し再び主権をとるためには，英国やドイツ単体ではなく，欧州経済の統合化を図る必要があるという考えが盛り上がった．初めに共通通貨という案が出されたのは，1962年の欧州委員会であったが，為替相場のアレンジメントの案が具体化したのは，ブレトンウッズ体制崩壊時で

1）EU MAG（2013），河村（2015）第1章およびEuropean Comissionのウェブサイトを参考にした．

あった.

1971年にニクソン・ショックが起こり金ドル交換が停止されると，主要国は変動相場制に次々と移行していった．そのなかで，1972年には，欧州各国は，互いの為替相場の変動幅を±2.25%以内におさめることを約束した．これにより，欧州各国の為替相場は欧州以外の国に対して変動するものの，欧州各国同士は2.25%の幅の中でしか動かないという通貨制度が設立され，それはプロットしたときのグラフの形状から，スネーク制度と呼ばれた．しかし，この制度は各国がそれぞれ離脱や参加をくりかえしたり，中心レートがたびたび見直されたりしたため，やがて形だけのものとなっていった.

しかしその後また，欧州全体で共通の通貨制度採用に向けた動きが始まり，1979年にはEMS（欧州通貨制度）が確立された．EMSは，現在のユーロの起源ともいえるECU（エキュー，European Currency Unit）の創設とERM（為替相場メカニズム）の導入が特徴だ．ECUは実際の通貨ではなく計算上の通貨単位で，メンバー国通貨の為替相場の加重平均値が用いられた．ERMでは，中心レートから±2.25%（一部通貨は±6%）にバンドが設けられた．ただし，英ポンドはこの制度に1990年まで参加しなかった.

その後，欧州では，「1992年市場統合」という合言葉のもとに様々な形での統合化が盛り上がりを見せた．1988年のEC首脳会議からEMU（経済通貨同盟）の検討が始まり，1989年にはドロール報告において，資本移動の自由化や金融政策の協調，単一通貨の導入などについての計画が採択され，1991年のマーストリヒト条約でEMUの創設が条文に明記された．このように市場統合，統一通貨導入への動きが活性化した矢先の1992年，ERM危機（ポンド危機とも呼ばれる）が発生する．デンマークでマーストリヒト条約批准が否決されたことをきっかけに，ヘッジファンドがERM参加各国がバンド限度に達した場合には無制限に介入しなければならない状況を利用して，様々な通貨に売りアタックを仕掛けてきた．仕掛けられた通貨当局は，自国通貨がバンドの下限を割らないように介入を続けたがそこには限度があり，英国とイタリアはERMからの離脱を余儀なくされた．また，他のいくつかの通貨も中心レートの見直しをした.

このような混乱があったものの，市場統合は進み，1994年にはEMI（欧州通貨機構）が設立され，それは現在のECB（欧州中央銀行）のもとの形となった．また，経済の収斂条件も明らかにされ，1999年までに統一通貨ユーロを導入することも決定された．それでもなお，当時は，世界的に統一通貨の導入が実現されるのかどうか疑問視する向きも多かった．そのような悲観的な予想に反して，1999年にはユーロが導入され，統一通貨は実現した．

2.2　欧州における金融規制統一化

2.1で振り返ったように，欧州における経済統合化は，欧州内での戦争を防ぎ共に世界に向かうことを目的として，市場統合，通貨・為替の統合を中心に進められてきた．そのなかで，必要に応じて金融規制の統合も行われてきたが，積極的な形では行われず，本格的な金融規制の統合は，金融危機，ユーロ危機を待つことになる．

このような金融規制の統合化の動きを知るために，欧州の金融規制がもともとどのような状態であったかをフランスとドイツを中心に簡単に振り返ろう．ドイツでは，伝統的に間接金融が中心で，そのなかで銀行が重要な位置をしめてきた．戦後のドイツの銀行への監督規制を形付けたのは，1961年の銀行法である．連邦銀行監督局により，銀行の自己資本や大口信用，流動性を規制，規制値に満たなければ，信用供与の制限や禁止，投資の禁止が決められた．1967年には金利が自由化され，それにともないさらに規制も進展した．比較的早くに自由化が行われたため，それに対応する規制は厳しいものになりがちであった．フランスにおいては，国家が中心となり，統制主義をとっていくという考え方が中心であった．しかし，1980年代に入ると金融革新が進み，金融政策が貸出規制から利子率操作に変わり，それとともに外国為替規制の緩和も進んだ．そして，金融自由化の影響や，ECの統合化の影響により統制主義は薄れていった．

藤田（2015）によると，金融法制からみた欧州各国の規制への姿勢も大きく異なっている．法体系は大きくシビルローとコモンローにわけることができる（表4-1，図4-1）[2]．シビルローはローマ法を起源とし，欧州大陸で主に発達したものであり，特徴は，「制定法主義」であり，法を形成するのは

表4－1　シビルローとコモンロー

特　徴	シビルロー	コモンロー
地　域	欧州大陸	英国，北米
法体系	制定法（成文法）	判例法
金融規制	ルールによる規制，抜け穴に対応するのは難しい	プリンシプルによる規制，自由競争に適しているが，罰則は厳しい

出所：藤田（2015）および PPPICP のウェブサイトなどを参考に筆者作成．

主に大学教授のような学者となる．具体的には，ドイツ，フランス，イタリア，そして日本などはもともとシビルローをベースとしている．一方でコモンローは英国を中心に発展しその植民地に広がった経緯があり，「判例法主義」であり，裁判官と上位弁護士により形成される．英国，米国，カナダ，といった国はコモンローをベースとしている．そして，このような法体系は，規制やそもそも金融の発展にも影響を与えているといわれている．

シビルロー体系の国では，法律を制定するときに学者の意見を参考に，具体的には官僚が起案に関わることが多い．このような法律は，日々新しい手法を使った抜け穴ができるような金融業界にフレキシブルに対応していくのは難しい．そのような意味ではコモンローのほうがフレキシビリティも高く，自由競争に適していると考えられる．ただし自由なかわりに金融犯罪への制裁は厳しく，株主保護も重視されている[3]．

このシビルローとコモンローの違いは，規制における，プリンシプル（規範）に基づく規制か，ルールに基づく規制か，という議論にも通じている．この議論は日本の金融審議会でもリーマン・ショック直前に議論されていたものである[4]．金融技術が発展するのにともない，ルールベースの規制はいくら新技術に対応してもさらに抜け穴ができて，また新たに対応しなければならず，どんどん複雑化し，肥大化していく．そこで，むしろプリンシプルを明確にし，そのプリンシプルを念頭にフレキシブルに対応する，といった

2）シビルローとコモンローの起源などについては，University of California at Berkeley（2010）が詳しい．
3）藤田（2015）第1章にコモンローとシビルローについての説明が詳しくされている．
4）例えば金融庁（2007）にベターレギュレーションの議論として紹介されている．

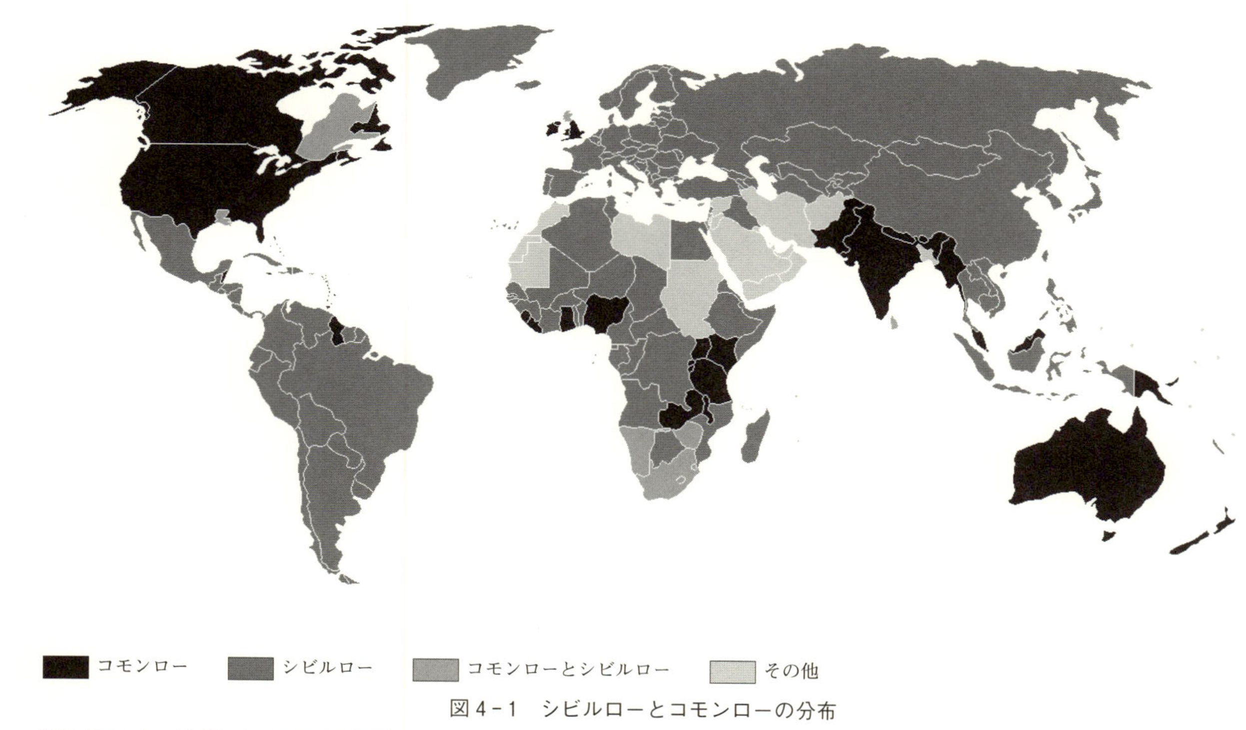

図4-1　シビルローとコモンローの分布

出所：University of California at Berkeley (2010).

規制を少なくとも部分的に導入していくことが検討されていたのだ．その当時の見本として説明されていたのが英国の規制体系であった．つまり，ルールベースの規制はシビルローを基にした規制に近いもので，プリンシプルベースの規制は，コモンローをベースにした規制に近いものといえる[5)]．

これらのことからわかるように，もともと欧州では，英国型と仏独型の規制は異なる考え方を基にしていた．そのために，無理に異なる規制を一緒にするより，各国の規制の起源や金融機関の事情に合わせた形で監督していく母国主義が選択されていたのである．

具体的には，1989年第2次EU指令により承認されたユニバーサル・バンキングの原則，どこか一国で許認可を受ければ他国でもそれが通用するというシングルパスポート制度，そして許認可を与えた母国が監督責任を負う母国監督主義などが規制の基本となっていた．その後，国際的に自己資本比率を規制するバーゼルアコードがEUでも導入され，各国での検討に加えて，EUでも導入方法を検討したうえで，採用してきている．

3.　金融危機とユーロ危機の影響

3.1　金融危機とユーロ危機

欧州では市場統合や通貨統合にともない，銀行の合併が進んだ．主なものとしては，1999年にデクシアがルクセンブルク国際銀行を合併，2000年バイエリッシェ・ヒポ・フェラインス銀行がバンク・オーストリア・クレディタンシュタルトを，英国のHSBC傘下の香港上海銀行がフランス商業銀行を，2003年にバークレイズ銀行がサラゴサーノ銀行を合併した．また，合併だけでなく，国境を越えた銀行間の取引も進んだ．Blank and Buch (2007) は，10カ国のデータを用いてユーロ導入前とユーロ導入後を比較し，ユーロ導入によって欧州の国境を越えた金融統合が進んだことを示している．

5)　その後，日本でのプリンシプルベースの規制に関する議論は，2008年にリーマン・ショックをきっかけに金融危機が深刻化し，国際的にバーゼルアコードや各国のルールベースの規制が強化され始めたことからそれほど進まなかった．

それにもかかわらず，第2節で説明したように規制については母国主義が中心で，統合は推進されていなかった．クロスボーダーの関係が深まっているにもかかわらず，規制監督をはじめとした金融に関わる破綻処理などのルール全般については母国主義が貫かれていたことから，ユーロ危機への対応が混乱するという負の側面が浮き彫りになってしまったということができる．

2008年からの金融危機は，米国だけでなく，欧州の銀行にも大きな影響を与えた．その一つの理由としては，欧州ではユニバーサルバンクの証券業務部分が巨大化したことがあげられる．そして米国と同様に，欧州でもその後金融機関の救済が行われ，金融政策も緩和を急いだ．しかし，欧州の場合，その後にユーロ危機が発生した．2009年秋にギリシャの政権が新しくなると，旧政権が財務指標を粉飾していたことが発覚し，2010年にその情報が大々的に報道され，ギリシャ危機となった．さらに，その危機は，ギリシャと類似する他の国にも伝播していき，それぞれ背景は異なるものの，2010年秋にはアイルランド，2011年にはポルトガル，2013年にはキプロスが，国債暴落により長期金利が上昇し，財政運営が困難になり，EUを中心とした他国からの支援を受けることになった．スペインもまた2013年には支援を受けている．

2008年の金融危機とその後のユーロ危機は，欧州各国にダメージを与えた．図4-2のユーロエリアの名目GDPの推移をみると，リーマン・ショック後に大きく落ち込んだ後，さらに2012年近辺でユーロ危機の影響で下がっていることがわかる．図4-3をみると，失業率は金融危機で上昇した後，ユーロ危機でさらに上昇していることがわかる．

3.2　危機の影響

金融危機が起こると，その影響で金融機関の不良債権が増加した．図4-4には不良債権の推移が示されている．これをみると，ギリシャ，アイルランド，イタリアが特に多く，さらに，スペインもまた多くの不良債権を抱えていることがわかる．2015年12月時点においてもなお，欧州全体では約1兆ユーロの不良債権があり，銀行の収益を圧迫していることがEBA（欧州銀行監督機関）により指摘されている．

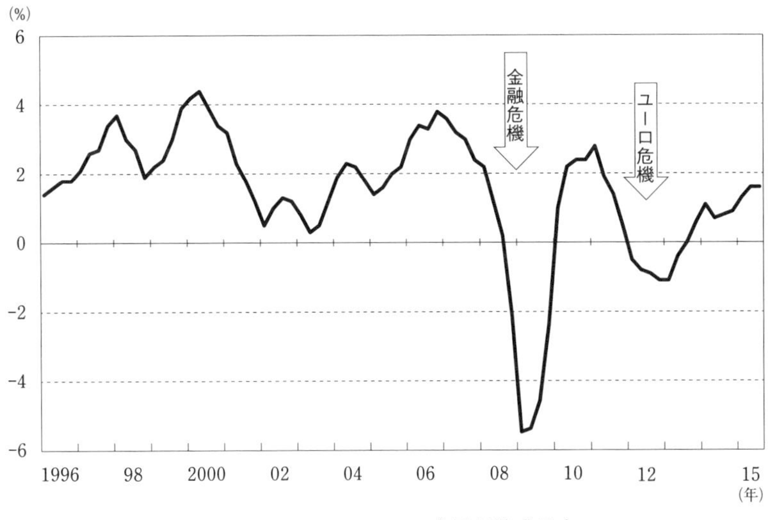

図4-2　ユーロエリアの名目経済成長率

出所：欧州中央銀行のデータより筆者作成.

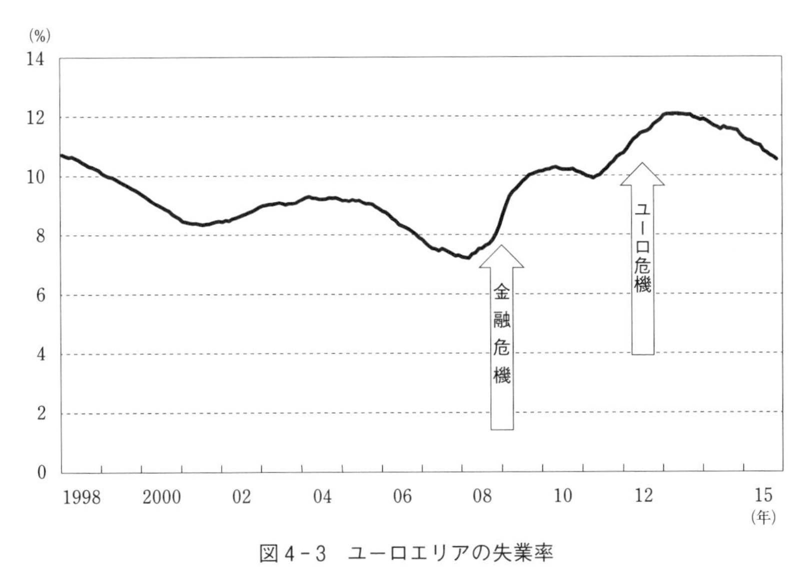

図4-3　ユーロエリアの失業率

出所：欧州中央銀行のデータより筆者作成.

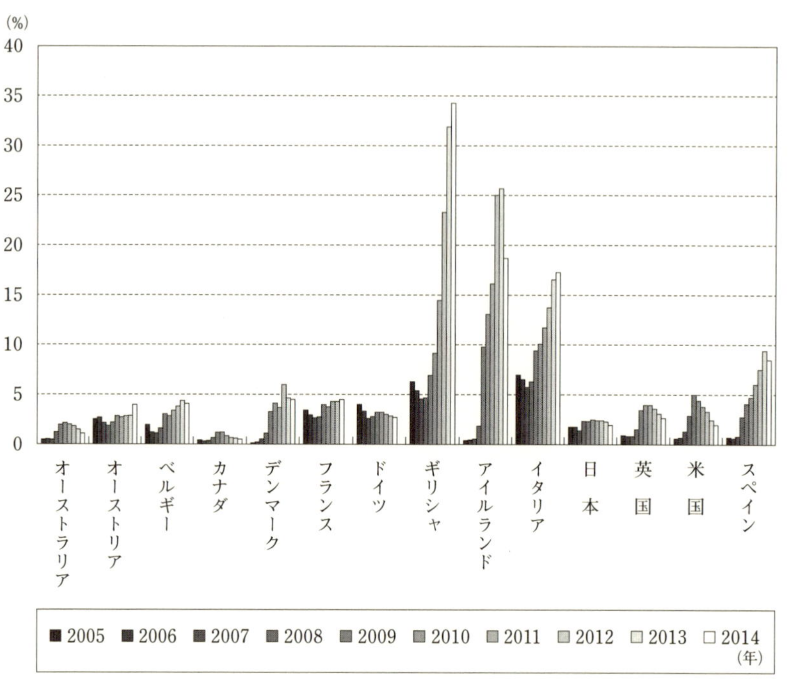

図4－4　貸出に占める不良債権の比率の推移

出所：世界銀行のデータより筆者作成.

また，EBA（欧州銀行監督機関）はストレステストを行うとともに，資産査定も行って，包括的に銀行の健全性を確認している．ストレステストをした結果をEBAは2014年に発表したが，資本不足に陥っている銀行が25行あること，最悪の場合，自己資本比率規制の中核的自己資本の比率が平均的に4%低下して4%になる可能性があることが示された．最終結果からわかったことは，イタリアの銀行の必要調達資金額が大きくなっていることである．以上より，規制を統一化し，破綻処理を迅速にすすめ，今後の危機を防ぐための方策を立てることが急がれた．

4．銀行同盟の進展

金融危機の後，欧州は金融監督制度を大きく改革した（図4-5）．とはい

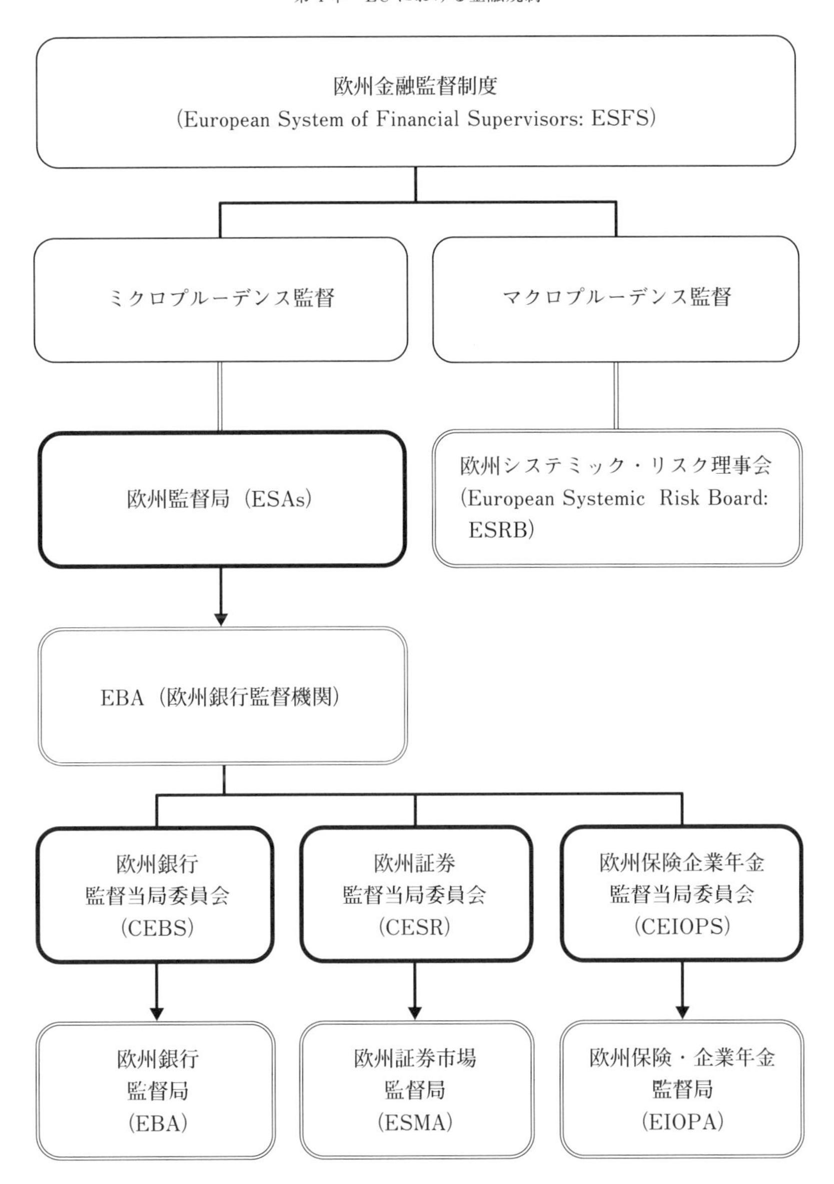

図4－5 金融危機後の欧州の金融監督制度

え，主にマクロプルーデンス監督をあらたに導入したところに特徴があり，ミクロプルーデンス監督に関しては，危機に対応するための資金繰りなどの手当てがされただけで，抜本的改革がなされたわけではなかった．

しかし，ギリシャ危機に端を発したユーロ危機が伝播して大きくユーロ圏に影響を与えるにつれて，あらたに，ソブリン危機が深刻になり，金融危機とソブリン危機を分離することが重要になった．さらに，2013 年のキプロスでの危機では，ユーロという共通通貨を使っている国々のなかで，銀行についてだけは母国監督主義をとるといったことの限界が見え始めた．そして，本格的に銀行同盟構想が進み始めた．

4.1　銀行同盟構想の経緯

金融危機後，特にユーロ危機後に問題となったのは，銀行危機が，危機を迎えた国の国債価値を暴落させることで，通貨ユーロの問題となり，ユーロ建て債を多く持つユーロ圏の銀行のバランスシートを悪化させ，さらに他の国が発行したユーロ通貨建ての債券の価値もまた下がってしまうという現象が起こったことだ．さらに，金融危機と財政危機の悪循環の問題もある．図 4-6 にあるように，金融危機が発生し，政府が公的資金で銀行を救済すると，国の財政状況が悪化し，国債が暴落して長期金利が上昇（ソブリン危機），それによって銀行がさらに傷んで危機が悪化する，という悪循環だ．このように公的資金で銀行を救うことは，危機をさらに悪い状況にもっていくだけでなく，税金をとられる国民にも歓迎されないことなので，この 2 つを独立させることが課題になった．

2012 年 5 月に，バローゾ欧州委員会委員長（当時）の提案で始まったという銀行同盟構想には，「銀行と国家の間の悪循環を断つ」ということが明記されている．また，銀行同盟によってユーロ圏の銀行を健全にして，危機を事前に防ぎ，問題が起きたときには早期に対応し，預金だけでなく納税者もまた守っていくということが目的とされている．

銀行同盟構想は 2012 年 6 月には EU 首脳会議で承認され，銀行規制・監督の一元化と銀行破綻処理のルールなどが，2012 年 9 月に ECOFIN（経済・財務相理事会）で提案された．そこでは，当面 ECB がユーロ圏の銀行

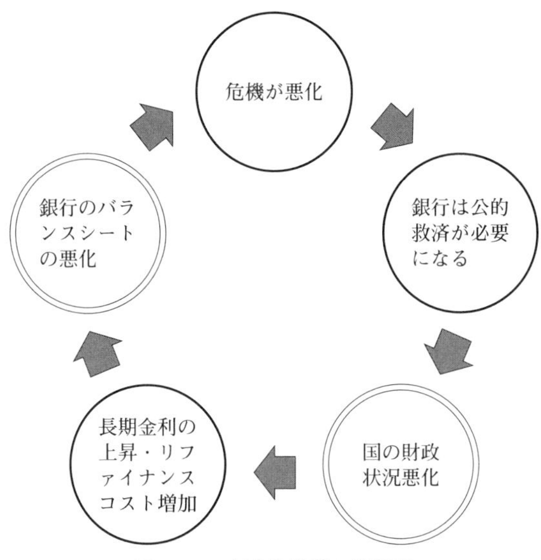

図4-6　金融危機後の悪循環

出所：European Comission のウェブサイトの図を基に筆者作成.

を一元的に監督することが決められた．これは，ESM（欧州安定化機構）の資金を直接注入するためには銀行の監督権限の一元化が必要で，不良債権の増大を背景に，対応を急ぐ必要があったからである．

4.2　銀行同盟の仕組み

銀行同盟の仕組みは，大まかに図4-7のようになっている[6)]．まず，EU の経済・財務相理事会は，2012年12月に，ユーロ圏の銀行監督の権限を欧州中央銀行（ECB）に集中させる単一監督制度（Single Supervisory Mechanism：SSM）の法案に合意した．この単一監督制度は，ユーロ圏内のすべての銀行を対象にするものである．ユーロ圏以外の国の銀行については，各国の監督機関が直接的に監督を行うが，希望があれば対象となる．SSM に入ることで，時限的な救済機関である ESFS（欧州金融監督制度）を恒久化した ESM の救済措置を受けることができるようになる．この SSM は，

6)　これについてはやや詳しく佐々木（2013）で述べている．

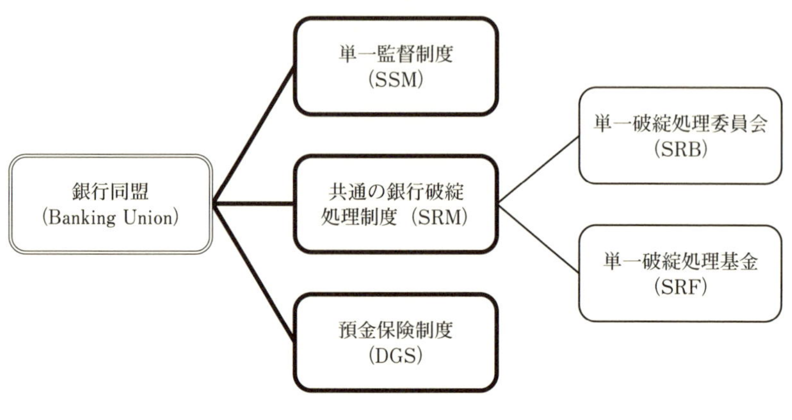

図4－7　銀行同盟のしくみ

2014年11月から始まっている．

次に，単一破綻処理制度（SRM）は，2015年1月に設立されたユーロにおける統一された破綻処理制度である．単一破綻処理委員会（Single Resolution Board：SRB）が中心となり，単一破綻処理基金（Single Resolution Fund：SRF）を備える．SRBは2015年1月から業務を開始しているが，完全な始動は2016年1月からである．破綻処理の準備だけでなく，その予防，早期介入についても役割を果たす．

金融危機が発生したときなどに，金融機関に公的資金を投入して救済するベイルアウト（bailout）は，納税者の負担となり，それに対してベイルイン（bailin）では，預金者，債権者，株主が，例えば預金の一部削減，債務の減免，返済猶予などにより損失を負担する．日本でも米国でも欧州でも，従来は，金融機関というのは公的な性格を持つうえ，経済全体へ広範な影響をもたらすため問題が起きたときに税金で救済するのはしょうがないと考えられてきた．しかし，納税者からの批判が強いために迅速に資金を投入できないことも多く，さらにキプロスの危機の際には，財政赤字をそれ以上増やすことができない事情があった．そのため，大口預金者に資金提供を求めるベイルイン方式が導入され，欧州ではベイルインの考え方がかなり受け入れられるようになった．

預金保険については，これまで合意が難しいことが指摘されてきていたが，このようなベイルインの考えが浸透してきたことで手続きが予定通り進み，2015年11月に，2024年までの間，10万ユーロまでの預金が保護される予定であることが発表された．しかし，2016年6月の経済・財務相理事会では，欧州預金保険スキーム（EDIS）をめぐり，内容や日程について実質的に合意ができず，現在も預金保険については決まっていない．このため，これまで比較的予定通りに進んできた金融同盟の先行きも，危ぶまれるようになってしまった．これは，第5節で述べる英国のEU離脱の影響もあるだろう．しかし，欧州金融機関の破綻に備えて進むべき預金保護制度の決定が先送りされてしまったのは，不良債権問題が待ったなしになってきている欧州にとっては大きなリスクであるといえる．

5. BREXITの影響

英国は，2016年6月に国民投票をして，EUからの離脱を決めた．しかし，実際に離脱するまでには2年かそれ以上かかるといわれているため，それまでは様々な調整がなされて，EUとの関係がどのようになるかの詳細が決まる．欧州のなかでは，ノルウェーとスイスがEUに加盟していない．このうちノルウェーは1994年の国民投票でEU加盟が反対された．そして2016年の調査では，反対が70%にも達しているという．ノルウェーは，EEA（欧州経済領域）に加盟している．EEAは，EU全体に，ノルウェーとアイスランド，リヒテンシュタインを加えた組織だ．そこでノルウェー企業はEU企業と公平に競争することが保障されている．また，研究開発，教育，社会政策，環境，消費者保護，観光，文化など幅広い分野における協力をカバーしている．ただし，EUの共通農業・漁業政策，関税同盟，共通外交・安全保障政策，司法・内務または通貨同盟はEEA協定には含まれていない．スイスについてはEEAには加盟していないが，EFTA（欧州自由貿易協定）に加盟し，EUと個別協定を結ぶことでEU単一市場にアクセスしている．ノルウェーに比べると一つ一つ協定が結ばれているために複雑である．一方，EUではないが，カナダはEUとFTAを結んでおり，貿易面では域外では最も関係が深い．しかし，英国やスイスが結んでいるような人の移動につい

表 4－2　EU 非加盟国の例

ノルウェー	スイス	カナダ
EEA	個別協定	FTA
金融市場へのアクセスは可能．ただし，決定の権限などはほとんどない．	交渉により部分的にアクセス可能だが，すべてではない．	金融に関しては特別な協定はない．

ての協定は含まれていない（表 4–2）．

今後，英国がどのような道をたどるかは決まっていないが，銀行同盟にとっても不確実要素が大きく加わることになった．現在，ノルウェーについては金融市場へのアクセスや金融規制について，決定に関する権限はないものの，ほとんどユーロ通貨採用国と同じ条件が採用されている．しかし，スイスについては個別交渉によるため，活動が限られている．よって，英国もまた金融サービス分野において，EU 単一市場への自由なアクセスができなくなる可能性がある．EU は預金者保護のために，同等の規制を受けている国の金融機関にしかアクセスを認めていない．ホールセール分野では，国際規制に沿っていれば比較的自由ではあるが，EU はそもそもユーロの取引の中心がロンドンにもっていかれていることに不満を抱いているので，この機会に取引を ECB のもとに取り戻そうとするかもしれない．すると英国にとっては不利になるだろう．一方で，ロンドンが世界の金融取引の中心であることから，EU 側も特に国際レベルで活動している金融機関にとってはダメージが大きいだろう．

銀行同盟の一つの重要な意義は，世界的な金融危機，ユーロ危機を経て，その後のダメージを処理していく統一された規制や体制をつくることであった．ここで英国が EU から離脱してしまうと，特にこれから処理することになる不良債権問題を救済する側の国が減ることになり，残りの国にとってのダメージは大きいだろう．お互いの利益をかけてどのように対処していくのかは，まだ全くわからない状態である．

6. おわりに

金融危機，ユーロ危機が発生するまで，ユーロ通貨圏では金融規制については母国主義を基本としていた．そのため，バーゼルアコードなどの国際的に統一された規制はあったものの，その他の規制やあるいはバーゼルアコードを各国に適用する際も，それぞれの国が対応し，規制監督を行ってきた．これは各国の規制の起源や金融業の形態が異なっていたり，各国に固有の政治的問題などがあるためである．しかし，危機が勃発し，統一通貨を用いているが故に公的支援をせざるをえなかったり，ソブリン・リスクが伝播したりするなかで，金融規制もまた統一化する必要性が高まり，銀行同盟の設立が急速に進められたのである．

統一化にあたり，ユーロ通貨圏とEUの範囲が異なることで，同一の規制監督の適用範囲をどこまでにするかという問題が生じた．さらにすべての加盟国に同じ監督水準を保つのが難しかったり，預金保険の資金を確保するのが難しい国があるなど，様々な障害が明らかになった．統一通貨ユーロ導入の際，あるいは，最適通貨圏の理論を考えるうえで，このような規制を統一化するコストや，あるいは規制を統一化していないことで発生するコストは明示的に考慮に入れられていなかった．しかし今回明らかになったように，規制が統合されていないことで発生するコストは大きく，結果的に規制もまた統一化せざるをえないのが実情である．したがって，今後，市場統合や通貨統合のメリット・デメリットを考えるうえでこのような監督規制の問題というのは，もっと考慮されるべきだろう．

Buch and DeLong (2004) は，国境を越えた銀行合併について分析している．それによると，銀行の合併は他産業に比べると少ないが，その理由の一つとして国によって金融規制が異なることが影響していると述べている．したがって，銀行同盟が進展し，金融規制の統一化が進めば国境をこえた銀行合併は容易になり，再編が進む可能性があるといえるだろう．すなわち，通貨統合の際に規制の統一化も進めておけば，クロスボーダーの活動をもっと推進できるようになると考えらえる．今後，最適通貨圏や地域通貨について議論する際に，このような点を考慮に入れるべきだろう．

参考文献

Blank, Sven and Claudia M. Buch (2007), "The Euro and Cross-Border Banking: Evidence from Bilateral Data," ***Comparative Economic Studies***, Vol. 49(3), pp. 389-410.

Buch, Claudia M. and Gayle L. DeLong (2004), "Cross-Border Bank Mergers: What Lures the Rare Animal?" ***Journal of Banking & Finance***, Vol. 28(9), pp. 2077-2102.

EU MAG (Eeurope magazine) (2013),「多彩なイベントを展開，欧州をより身近に」駐日欧州連合代表部公式ウェブマガジン 2013 年 5 月 16 日号．http://eumag.jp/message/a0513/

PPPIRC PUBLIC-PRIVATE-PARTNERSHIP IN INFRASTRUCTURE RESOURCE CENTER. http://ppp.worldbank.org/public-private-partnership/legislation-regulation/framework-assessment/legal-systems/common-vs-civil-law

University of California at Berkeley (2010), "The Common Law and Civil Law Traditions," The Regents of the University of California, The Robbins Religious and Civil Law Collection, School of Law (Boalt Hall), University of California at Berkeley. https://www.law.berkeley.edu/library/robbins/CommonLawCivilLawTraditions.html

大矢繁夫（2002),「銀行システムと信認支持――ドイツにおける預金保護と銀行監督」『会計検査研究』第 26 号，119-130 頁．

尾上修悟（2007),「フランスの金融自由化による金融政策の転換」『経済学論集』（西南学院大学学術研究所）第 42 巻第 3 号，101-132 頁．

河村小百合（2015),『欧州中央銀行の金融政策』金融財政事情研究会．

金融庁（2007),「「金融・資本市場競争力強化プラン」の公表について」平成 19 年 12 月 21 日．http://www.fsa.go.jp/policy/competitiveness/

佐々木百合（2013),「ユーロにおける金融規制とユーロ危機の影響」『日経研月報』第 423 号（2013 年 9 月），14-23 頁．

菅野泰夫（2016a),「欧州ストレステストの見通しと新たな銀行危機の火種――イタリア政府の銀行救済スキームに注目」大和総研ユーロウェイブ@欧州経済・金融市場レポート Vol. 72，2016 年 7 月 27 日．http://www.dir.co.jp/research/report/overseas/europe/20160727_011112.pdf

菅野泰夫（2016b),「遂に本格始動する Brexit への道――閉ざされる単一市場へのアクセス」大和総研ユーロウェイブ@欧州経済・金融市場レポート Vol. 74，2016 年 9 月 6 日．http://www.dir.co.jp/research/report/overseas/europe/20160906_011224.pdf

駐日ノルウェー王国大使館「ノルウェーと EU 単一市場」Norway Official Site in Ja-

pan.　http://www.norway.or.jp/norwayandjapan/policy_soc/policy/norEUsinglemarket/#.V9Y0IzPr3iw
中川辰洋（2014），「ヨーロッパ銀行同盟元年――現状と課題」『証券経済研究』第88号，41-64頁.
藤田勉（2015），『グローバル金融規制入門――厳格化する世界のルールとその影響』中央経済社.

第Ⅲ部

グローバル経済の金融危機管理

第5章

世界金融危機とユーロ圏危機

――金融危機管理における東アジアへの教訓――

小 川 英 治

1. はじめに

世界金融危機は，米国におけるサブプライム・ローン（低所得者向け住宅ローン）問題を震源として始まったものの，欧州の金融機関がサブプライム・ローンを担保とした証券化商品をその資金運用の対象としていたために，サブプライム・ローン問題は米国の金融機関にとどまらず，欧州の金融機関にも影響を及ぼした．それは，サブプライム・ローンおよびその証券化商品が不良債権化したことにより，証券市場や貸出市場における信用リスクを高めるだけにはとどまらなかった．各金融機関によって保有されている証券化商品が担保とする中味がはっきりしないために，金融機関の間の取引において取引先のバランスシートの健全性に不確実性が高まることとなり，銀行間短期金融市場におけるカウンターパーティ・リスク（金融取引相手のバランスシートの悪化のために金融取引が不履行になる可能性）が高まってしまった．そのため，金融機関の短期資金調達に大きな影響を及ぼした．とりわけ欧州においては，中央銀行が自国通貨を供給することができても，単独では保有する外貨準備残高の範囲内でしか米ドルを供給することができないことから，米ドル流動性が不足する状況に直面することとなり，流動性リスクを高めることとなった．

このように，世界金融危機時においてこれまでに見られなかったカウンターバーティ・リスクのような新しい金融リスクが顕現することによって，流動性不足ひいては流動性危機に陥ることとなった．世界金融危機を経験した後には，これらのカウンターパーティ・リスクや，流動性危機に対する事前の金融リスク管理，および事後の金融危機管理の必要性が高く認識されるようになった．そこでは，個別機関（金融機関や企業）別の金融リスク・危機管理はもとより，クロスボーダーの金融取引を意識した各国レベルからグローバルレベルの金融規制および地域金融協力もが模索されている．

また，世界的な経常収支不均衡，すなわち，グローバル・インバランスのなか，欧州の金融機関が石油輸出国などの経常収支黒字国から経常収支赤字国である米国への国際的な金融仲介を果たしたことによって，米国のサブプライム・ローン問題は，その証券化商品に資金運用した欧州の金融機関に波及した（小川 2013b）．それと同時に，世界同時不況が深刻化したことにより世界各国が財政赤字を拡大させるなか，ギリシャが財政危機に陥り，ユーロ圏のいくつかの諸国に伝播した（小川 2015）．このユーロ圏危機に対して，欧州委員会（European Commission：EC）と欧州中央銀行（European Central Bank：ECB）と国際通貨基金（International Monetary Fund：IMF）の三者がトロイカ体制を構築して，協調して金融支援を実施した．

本章においては，まず，世界金融危機時において金融機関が米ドル流動性不足に直面するという事態と，それに対して政策的にどのように対応したかを観察したのちに，金融機関が直面したドル流動性不足に対して，金融危機管理がどうあるべきかについて考察する．次に，世界金融危機後にギリシャなどで政府債務（ソブリン）危機として発生したユーロ圏危機に対する政策的対応を観察したのちに，国際通貨基金と地域金融協力との関係において，金融危機管理がどうあるべきかについて考察する．結論においては，これらの考察から得られる政策インプリケーションについて議論し，東アジアにおける地域金融協力の一層の強化に向けての教訓を導き出す．

2. 世界金融危機時の米ドル流動性不足

2.1 世界金融危機と欧州の金融機関

2007年から2008年にかけて米国が発端となって発生した世界金融危機は，住宅価格バブルの崩壊に連動して起こった．それは，低所得者向けの住宅ローン，すなわち，サブプライム・ローンの不良債権化であった．そもそも住宅価格バブルのメカニズムは，住宅価格上昇期待に基づいて，我先に，住宅が購入されることによって実際に住宅価格上昇期待が自己実現して，住宅価格が上昇していく．また，その期待が住宅価格上昇から住宅価格下落に変われば，住宅が売られ，実際に住宅価格の上昇が止まり，下落する．このようにバブルは自己実現的期待によって増幅していくとともに，自己実現的期待によって崩壊さえもする．

米国においては，このような自己実現的期待の特性を有する住宅価格バブルのなかで，当初は住宅価格上昇期待に基づいて，本来，信用リスクが極めて高いために住宅貸付の対象となり難い低所得者層向けに，サブプライム・ローンという形で住宅貸付が行われた．同時に，その信用リスクを他に移転することを目的としてサブプライム・ローンを担保とした証券化商品（Residential Mortgage Backed Securities：RMBS），さらには，その証券化商品を担保とした証券化商品（Credit Default Swap：CDS）が米国の投資銀行を中心に作られ，それらが米国のみならず欧州の金融機関に売り渡された．

欧州の金融機関はこれらの証券化商品に投資することによって，米国国内で不足する貯蓄を補うための資金調達を手助けする役割を果たした．その資金源は，欧州のみならず，中近東やロシアなどの石油輸出国の経常収支黒字であった．それらが欧州の金融機関によって金融仲介される形で，米国へと流れて行った．その意味では，欧州の金融機関は，石油輸出国の経常収支黒字と米国の経常収支赤字との間の国際金融仲介を担った．国際金融センターとしてのロンドンにおけるシティを抱える英国はもとより，アイスランド等においてもこのような国際金融取引が積極的に行われた．さらに，これらの国際金融取引を通じて，欧州自体にもこれらの経常収支黒字国から資金が流入し，その資金が欧州における土地等の購入などに向けられ，土地バブルの様相を呈した（小川 2013a）．

しかし，米国で住宅価格バブルの崩壊によって住宅価格が下落し始めると，住宅価格上昇期待に隠されていたサブプライム・ローンの高い信用リスクが顕在化することとなった．住宅バブルの崩壊とともに，サブプライム・ローンが不良債権化し，さらには，サブプライム・ローン証券化商品が回収不能となる可能性が高まった．これらのサブプライム・ローン証券化商品を多く保有していた欧州の金融機関も，米国の金融機関に匹敵するほどの影響を受けた．

このようにして，欧州の金融機関は，サブプライム・ローンの証券化商品への資金運用を通じて米国のサブプライム・ローン問題の影響を直接に受け，また，自らの土地バブルの崩壊の影響を受け，自らのバランスシートを毀損させた．さらに，証券化商品一般のなかに，サブプライム・ローン証券化商品がどれほど含まれているかが不明であることから，欧州の金融機関はカウンターパーティ・リスクに直面することとなった．

2.2　欧州における米ドル流動性不足

前述したように，欧州の金融機関は，サブプライム・ローン問題の影響を直接的に受け，それらのバランスシートを毀損した．同時に，欧州連合（European Union：EU）の一部の国で土地バブルが崩壊し，欧州の金融機関が直接に貸出していた住宅ローン自体も不良債権化することとなった．さらに，問題を大きく，そして，複雑化したのは，証券化商品一般のなかに，サブプライム・ローン証券化商品がどれほど含まれているかが明らかでなかったことから，金融機関が自らのバランスシートの毀損状態を把握しきれないために，金融機関同士が取引相手の金融機関のバランスシートに対して疑心暗鬼となり，カウンターパーティ・リスクが高まったことである．

通常は，欧州における欧州中央銀行やイングランド銀行（Bank of England）などの中央銀行が，ユーロや英ポンドなどの自国通貨の流動性を供給することが可能であっても，外貨準備残高の制約を受けずに米ドル流動性を供給することはできないことから，欧州中央銀行やイングランド銀行が「最後の貸し手」としてドル資金を無限に供給することはできない．そのような状況のなかで，欧州の金融機関はカウンターパーティ・リスクのため，ドル建ての流動性調達において深刻な流動性リスクに直面した．リーマン・ショック直後においては，ロンドンなどの欧州の銀行間短期金融市場で，金融機関がドル資金を調達することが困難となった．

欧州の金融機関の間のカウンターパーティ・リスクが，ロンドン銀行間取引金利（London Inter Bank Offered Rate：LIBOR）に如実に現われた．図5–1には，安全資産である米国財務省証券（Treasury Bill：TB）に対して，金融機関の信用リスクがリスク・プレミアム（信用スプレッド）としてどれほど上乗せされているかを示す指標として，ロンドン銀行間取引金利（米ドル建て3カ月物）マイナス米国財務省証券金利（米ドル建て3カ月物），すなわち信用スプレッドの動向が示されている．この信用スプレッドの推移に基づいて，ロンドンの銀行が主として取引を行うロンドンの銀行間短期金融市場において，これらの金融機関のリスク・プレミアムを観察できる．

担保付きの金融機関間の短期資金調達金利であるオーバーナイト・インデクス・スワップ（Overnight Index Swap：OIS）金利を介在させて，このロンドン銀行間取引金利マイナス米国財務省証券金利を以下のように分解すると，信用リスク・プレミアムと流動性リスク・プレミアムに識別することが可能となる[1]．オーバーナイト・インデクス・スワップは担保付きの取引であることから信用リスクは存在しない．そのためそのオーバーナイト・インデクス・スワップ金利は，信用リスク・プレミアムが上乗せされていない金利となる．すなわち，

1）ロンドン銀行間取引金利－オーバーナイト・インデクス・スワップ金利は，担保付きの銀行間短期金融取引を対象としたオーバーナイト・インデクス・スワップ金利と，担保なしの銀行間短期金融取引を対象とした，ロンドン銀行間取引金利との間の金利差であるから，信用リスク・プレミアムを表わす．一方，担保付きの銀行間短期金融取引を対象としたオーバーナイト・インデクス・スワップ金利と，安全資産である米国財務省証券金利との間の金利差には，信用リスク・プレミアムは含まれないはずであり，それは正確には，信用リスク・プレミアム以外のリスク・プレミアムを反映している．ここでは，そのリスク・プレミアムの代表的なものとして，流動性リスク・プレミアムを想定している．

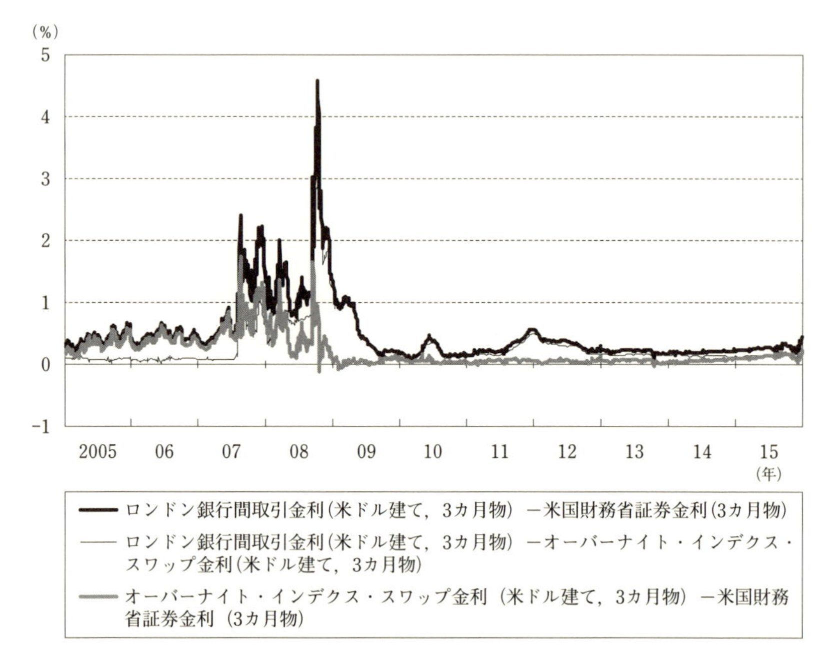

図5-1　信用スプレッド（LIBOR−US TB 金利，米ドル建て，3カ月物）と信用リスク・プレミアムと流動性リスク・プレミアム

注：信用スプレッド＝ロンドン銀行間取引金利（LIBOR）−米国財務省証券（US TB）金利
　　信用リスク・プレミアム＝LIBOR−オーバーナイト・インデクス・スワップ（OIS）金利
　　流動性リスク・プレミアム＝OIS 金利−US TB 金利
出所：Datastream.

(ロンドン銀行間取引金利−米国財務省証券金利)【信用スプレッド】＝(ロンドン銀行間取引金利−オーバーナイト・インデクス・スワップ金利)【信用リスク・プレミアム】+(オーバーナイト・インデクス・スワップ金利−米国財務省証券金利)【流動性リスク・プレミアム】　(1)

図5-1に示されるように，サブプライム・ローン問題が顕在化する2007年夏以前には，この信用スプレッドは0.5% 以下であった．ところが，2007年8月に信用スプレッドが1% を超え，その月末までには2% を超えて跳ね上がった．さらに2008年9月15日のリーマン・ショックによって，その信用スプレッドが再び上昇し，翌日9月16日に2% に跳ね上がり，さらには2008年10月半ばには4.5% にまで大きく跳ね上がった．ロンドン銀行間取

引金利の水準自体も，リーマン・ショック直前には2.8%であったが，10月半ばには1カ月間で2%ポイントも上昇し，4.8%近くまで上昇した．

また，図5-2においては，ユーロと英ポンドの対米ドルの為替相場の動向が示されている．世界金融危機直前にユーロと英ポンドが対米ドルでピークにあったものの，世界金融危機時にユーロと英ポンドが対米ドルで大きく下落したことが示されている．さらに，図5-3においては，ユーロの対米ドルと対円の為替相場の動向が示されている．同様に，世界金融危機直前にユーロが対ドルおよび対円でピークにあったものの，世界金融危機時にユーロが対ドルおよび対円で大きく下落したことが示されている．その後のユーロ圏危機におけるユーロの下落と比較すると，それらよりも大きかったことがわかる．

(1) 式に従って，信用スプレッドを信用リスク・プレミアムと流動性リスク・プレミアムに分解して，それらの動向を比較すると，以下のことが明らかとなる．2007年夏以前においては，信用スプレッドのほとんどすべてが信用リスク・プレミアムによって説明することができた．換言すれば，2007年夏以前においては流動性リスク・プレミアムが極めて小さかった．しかし，2007年8月以降，サブプライム・ローン問題が顕在化すると，信用リスク・プレミアムが跳ね上がるとともに，にわかに流動性リスク・プレミアムが高まった．とりわけ，2008年9月に起きたリーマン・ショックにおいては，流動性リスク・プレミアムが大きく跳ね上がった．

このように，ドル建てロンドン銀行間取引金利の信用スプレッドおよびそれを構成する信用リスク・プレミアムと流動性リスク・プレミアムが大きく跳ね上がったことは，欧州の金融機関がロンドンの銀行間短期金融市場でドル資金を調達しようとするときに，信用リスクとともに流動性リスクに対して極めて高いリスク・プレミアムが要求されていたことを示す．ここで注意しなければならないのは，このリスク・プレミアムを反映したロンドン銀行間取引金利は，バランスシートが大きく毀損していない金融機関に提示されたものであることである．バランスシートが毀損している可能性が高いと判断される金融機関は，銀行間短期金融市場でドル資金を調達することができなかった．こうして，カウンターパーティ・リスクの高まりから，欧州の金

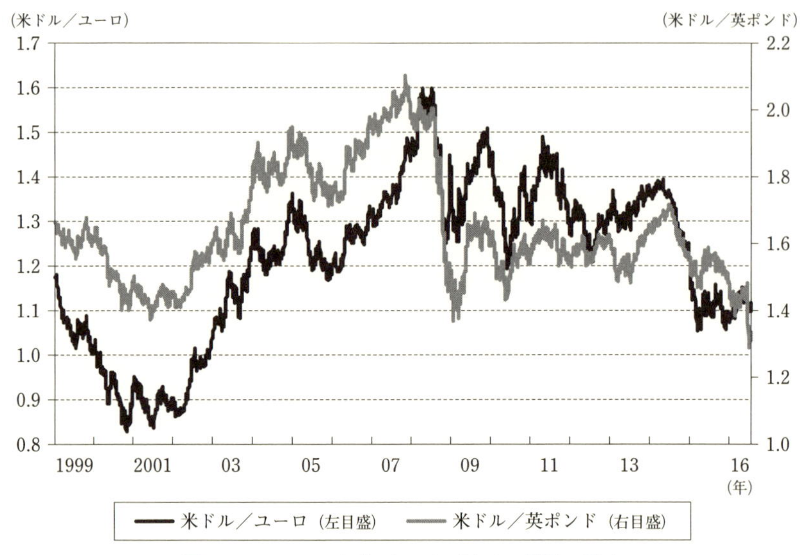

図5-2　ユーロと英ポンドの対ドル相場の動向

出所：Datastream.

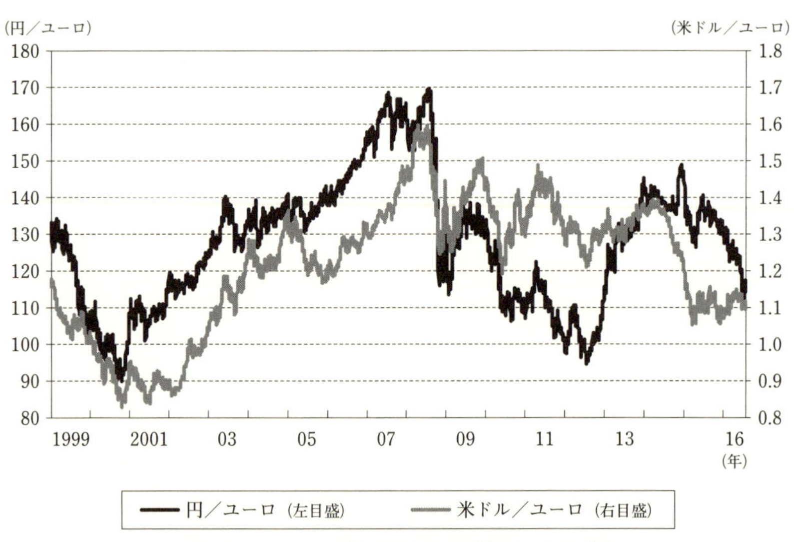

図5-3　ユーロの対ドル相場と対円相場の動向

出所：Datastream.

融機関は米ドル資金調達を困難とし，米ドル流動性不足に陥っていた．

2.3　欧州における米ドル流動性不足に対する対応

米国連邦準備制度理事会（Federal Reserve Board：FRB）は，2008年12月には，米ドル流動性不足を解消するために，国内における金融政策として，政策金利であるフェデラル・ファンド（Federal Fund：FF）金利をゼロ％に引き下げるとともに，量的緩和（Quantitative Easing：QE）金融政策を開始した．それらとともに，表5-1に示されているように，米国連邦準備制度理事会は，国外における米ドル流動性不足に対する対応として，次々と主要諸外国の中央銀行と通貨スワップ協定を締結して，それらの中央銀行に無限の米ドル供給を行った．そして，それを受けた欧州中央銀行などの中央銀行は，米国連邦準備制度理事会によって供給された米ドル流動性に基づいて欧州の金融機関に対して無限の米ドル流動性供給を行った．

ユーロ圏およびその周辺国において米ドル資金が不足する事態に対して，欧州中央銀行などの各国中央銀行が自ら保有する外貨準備のみを利用して，米ドル資金を欧州の銀行間金融市場に供給するのでは十分に対応することができないことが明らかとなった．そのため，2007年12月12日に米国連邦準備制度は，欧州中央銀行およびスイス国民銀行と新たに通貨スワップ協定を締結して，これらに米ドルを供給することとなった．リーマン・ショック後，2008年9月18日にイングランド銀行との間で通貨スワップ協定を締結し，続いて，9月24日には，スウェーデン中央銀行，デンマーク国民銀行，ノルウェー銀行との間で通貨スワップ協定を締結した．10月13日には，欧州中央銀行とスイス国民銀行とイングランド銀行は，米国連邦準備制度理事会が通貨スワップ協定の限度額を無制限としたことを受けて，有担保を条件としてドル資金を無限に供給するというオペを導入した．10月14日には日本銀行も，邦銀が欧州の銀行間短期金融市場で米ドル資金を調達することができない状態に備えて，東京市場で同様のオペを行うことを発表した．

このような米ドル流動性供給体制が功を奏して，2008年10月半ば以降，信用スプレッドは4.5％から急速に縮小し，同年11月には2％を下回り，さらに翌年1月には1％を下回るまで低下した．2009年6月以降は，信用

表5-1　米ドル供給オペレーションの導入と拡充の動き

日付	内容
2007年12月12日	米国連邦準備制度は，欧州中央銀行，スイス国民銀行との間で新たに通貨スワップ協定を締結．各中央銀行は，通貨スワップ協定を原資に，米ドル供給オペを導入．
2008年 3月11日	米国連邦準備制度は，欧州中央銀行，スイス国民銀行との間で通貨スワップ協定を拡充．
2008年 5月 2日	米国連邦準備制度は，欧州中央銀行，スイス国民銀行との間で通貨スワップ協定を拡充．各中央銀行は，通貨スワップ協定を原資に，米ドル供給オペを拡充．
2008年 7月30日	米国連邦準備制度は，欧州中央銀行との間で通貨スワップ協定を拡充．欧州中央銀行，スイス国民銀行は，通貨スワップ協定を原資に，米ドル供給オペを拡充．
2008年 9月18日	米国連邦準備制度は，欧州中央銀行，スイス国民銀行との間で通貨スワップ協定を拡充するとともに，新たに日本銀行，イングランド銀行，カナダ銀行と通貨スワップ協定を締結．各中央銀行は，通貨スワップ協定を原資に，米ドル供給オペを導入または拡充．
2008年 9月24日	米国連邦準備制度は，オーストラリア準備銀行，スウェーデン中央銀行，デンマーク国民銀行，ノルウェー銀行との間で通貨スワップ協定を締結．
2008年 9月26日	米国連邦準備制度は，欧州中央銀行，スイス国民銀行との間で通貨スワップ協定を拡充．欧州中央銀行，スイス国民銀行，イングランド銀行は，通貨スワップ協定を原資に，米ドル資金供給オペを拡充．
2008年 9月29日	米国連邦準備制度は，各中央銀行との通貨スワップ協定を大幅に拡充するとともに，通貨スワップ協定の期間を，従来の2009年1月末から2009年4月末まで延長．
2008年10月13日	欧州中央銀行，スイス国民銀行，イングランド銀行は，固定金利を提示して担保の範囲内で供給総額に制限を設けずに米ドル資金を供給するオペを導入．これに伴い，米国連邦準備制度は，これら中央銀行との間で通貨スワップ協定の限度額を撤廃．日本銀行も，同様の措置の導入に向けて検討を行うと公表．
2008年10月14日	日本銀行は，固定金利を提示して担保の範囲内で供給総額に制限を設けずに米ドル資金を供給するオペを導入．これに伴い，米国連邦準備制度は，日本銀行との間で通貨スワップ協定の限度額を撤廃．
2008年10月28日	米国連邦準備制度は，ニュージーランド準備銀行との間で新たに通貨スワップ協定を締結．
2008年10月29日	米国連邦準備制度は，ブラジル中央銀行，メキシコ中央銀行，韓国銀行，シンガポール通貨庁との間で新たに通貨スワップ協定を締結．

出所：日本銀行.

スプレッドが0.5％を下回り，世界金融危機以前の水準に戻った．とりわけ，流動性リスク・プレミアムは急速に低下し，2009年1月以降，ほぼ0％にまで低下している．換言すれば，2009年1月以降，信用スプレッドはほとんどすべて信用リスク・プレミアムによって説明される状態となっている．このようにドル流動性が確保され，流動性リスク・プレミアムがほぼ0％にまで縮小した．しかしながら，信用リスク・プレミアムは残存しているために，2010年のギリシャ債務危機が発生すると，信用リスクが高まり，それを反映して信用スプレッドが上昇している．一方，銀行間短期金融市場において民間金融機関はみな資金の取り手となり，資金の出し手は中央銀行のみという異常な状況が続いていた．

このように，カウンターパーティ・リスクの高まりによる，欧州の銀行間短期金融市場における米ドル資金不足に対する米ドル流動性の供給は，欧州中央銀行他，欧州各国の中央銀行だけでは手に負えないことが明らかとなった．それらは，欧州通貨建て金利を引き下げることしかできず，欧州の金融機関にとって必要な資金であるドル資金を供給することには限界があった．また，国際収支危機管理のためには金融支援を行う国際通貨基金も，無限の米ドル資金を供給する「最後の貸し手」としては機能しないことが明らかとなった．結局は，米国国内のドル資金の「最後の貸し手」である米国連邦準備制度理事会に，欧州の金融市場は頼らざるをえなかった．

世界金融危機が発生したときに欧州において米ドル流動性が不足するという事態は，ユーロが単一の共通通貨として流通しているユーロ圏および欧州連合においてでさえも，国際金融取引において米ドルがいまだ重要な役割を担っていることを示した．ユーロ圏およびEUにおける国際貿易取引においては，ユーロが重要な貿易決済通貨の地位を確立している．しかしながら，国際金融取引においては米ドル流動性が重要であり，ブレトンウッズ体制下における基軸通貨としての米ドルの重要性が引き続き残っていることが，このような形で顕現した．

国際経済取引のための決済通貨を選択する際には，ネットワーク外部性が作用し，いったん基軸通貨の地位を獲得した米ドルが，何らかの大きなショックがないかぎり，そのまま基軸通貨としての地位にあり続けるという，米ドルの基軸通貨としての地位に慣性が働く．Ogawa and Muto (2017) は，効用関数の説明変数に実質貨幣残高を加えた money-in-the-utility モデル (Sidrauski 1967) の理論的フレームワークに基づいて実証分析を行い，ユーロ導入後にも米ドルが基軸通貨の地位を維持している慣性を示した．一方，その実証分析の結果によって，欧米の金融機関が米ドル流動性不足に陥った 2007 年 8 月から 2008 年 9 月までの世界金融危機において，money-in-the-utility モデルの効用関数における米ドルの実質貨幣残高のパラメータ，すなわち，米ドルの効用への貢献度が統計的に有意に低下したことを示した．しかし，その後は，米国連邦準備制度理事会と欧州の中央銀行との通貨スワップ協定を通じて欧州の中央銀行から欧州の金融機関へ大量の米ドル流動性が供給されたことによって，米ドルの効用への貢献度が元のレベルにまで戻っていることも示されている．

他方，欧州における米ドル流動性不足への対応において，米国連邦準備制度理事会との通貨スワップ協定によって，流動性リスク・プレミアムが縮小し解消したことは，米ドル流動性の「最後の貸し手」には，米国連邦準備制度理事会しかなりえないことを暗示した．さらに，資金の出し手が中央銀行しか存在しなかったという市場の欠陥を露呈したものの，米国連邦準備制度理事会との通貨スワップ協定と欧州の中央銀行による米ドル流動性の無限の供給によって流動性リスク・プレミアムが解消したことは，その時点の問題が，欧州の金融機関のカウンターパーティ・リスクの高まりにより米ドル流動性が枯渇したことであったことを示唆している．それ自身が抱える不良債権による，欧州の金融機関自体の債務超過の可能性については顕現しなかったものの，ECB (2014) によるストレステストの結果とその後の動向は注視していく必要がある．

3. ユーロ圏危機への対応

3.1　欧州財政危機対策の 3 点セット

世界金融危機時において欧州の金融機関が直面した米ドル流動性不足は，

米国連邦準備制度理事会との通貨スワップ協定を利用した欧州の中央銀行による米ドル流動性供給によって解消した．流動性リスク・プレミアムという名目的な形の上では，2009年半ばまでに解消したように見えた．しかし，世界金融危機の影響を受けて，バランスシートを毀損した金融機関へ資本を注入したことと，G20の下での世界同時不況に対する財政刺激の国際政策協調に基づいて積極的に財政出動を行ったことによって，日米とともに欧州各国の財政収支が悪化した．

そのような状況の中で，2009年10月にギリシャで政権が交代すると，旧政権の下における財政収支の数字が改竄されていたことが新政権によって明らかとされることによって，ギリシャの財政当局に対する信認が失墜した．財政当局に対する信認の失墜は，ギリシャ国債に対する信認の失墜につながり，ギリシャ国債の借換えが困難な状態となった．しかもこれらのギリシャ国債が，ギリシャ国内の銀行はもとよりドイツやフランスなどの銀行にも保有されていたことから，資本勘定面の国際収支危機に陥る可能性があった．そのため，欧州委員会と欧州中央銀行は国際通貨基金とともにトロイカ体制を組んで，ギリシャの財政危機に対応することとなった．

一般的には，財政危機を端として発した国際収支危機を解決するためには，以下の3点セットが必要となる（小川 2013a）．

財政危機解決のための3点セットの核となる第1は，ギリシャ財政危機の発生および一部のユーロ圏諸国へのその波及において重要な役割を果たした，失墜した財政当局への信認を回復させることである．失墜した財政当局への信認を回復し，さらにそれを強化することが喫緊の課題となる．そのためには，財政危機国の財政再建が重要である．実効的な財政再建計画を策定し，それを可視化し，そしてそれを着実に実施していくことが必要となる．それと同時に，失われていた財政規律を確立するとともに，財政当局が財政破綻を引き起こすことになるモラルハザードを防止することによって，財政危機が発生する可能性，すなわちソブリン・リスクを縮小することが必要となる．

第2は，危機管理を現実的に推し進めるために，民間部門の関与を通じて巨額の政府債務をある程度の規模に削減することである．ギリシャのように政府債務が負担となって財政危機が深刻化する国の債務削減を行うことによって，財政再建による財政危機国経済へ及ぶ負担の軽減を施すことが必要である．そして，このような債務削減は，財政再建のために財政緊縮を遂行するインセンティブを危機国政府に与えることになる．一方で，債務危機における貸し手としての民間金融機関の役割の重要性に鑑みて，借り手とともに貸し手にも負担の一部をシェアさせることで貸し手によるモラルハザードを防止することにつながるとも言われている．

同時に，財政危機解決のための3点セットの第3として，債務削減に応じる民間金融機関に対するセイフティネットを提供することが必要となる．債務削減による民間金融機関への財政危機の影響を最小にとどめ，他のユーロ圏諸国への波及を抑制するために，民間金融機関に対するセイフティネットとして，欧州安定化メカニズム（European Stability Mechanism：ESM）（暫定機関として設立された欧州金融安定ファシリティ（European Financial Stability Facility：EFSF）[2]の後継機関）が2012年10月設立された（European Council 2011）．セイフティネットとして欧州安定化メカニズムによる財政危機に直面した国債の買上げが期待されている．リスボン条約によって他国の財政支援が禁じられていたために，リスボン条約第122条第2項を拡大解釈し，財政危機を自然災害と同等の「制御することができない例外的な事態」と解釈して，欧州金融安定ファシリティが創設された．その後，それを欧州安定化メカニズムとして恒久化することによって，危機的状況におけるユーロ圏諸国間の財政移転を可能とした．これは，危機的状況における財政移転という極めて限定されたものであるが，財政主権を統合することへの端緒となる可能性を有している．

3.2　ギリシャの財政危機に対する措置

ユーロ圏において財政危機に陥った国々（ギリシャ，アイルランド，ポルトガル，キプロス）が国際通貨基金に金融支援を要請した際に，中東欧での

2）欧州安定化メカニズムの設立のためには，自然災害時を除いて財政移転を禁じているリスボン条約を改正する必要があったことから，暫時的な対応として欧州金融安定ファシリティが設立された．財政危機が波及する場合，正確には，リスボン条約第122条第2項に基づいて，自然災害と同等の「制御することができない例外的な事態」に直面した場合に備えることを目的としている．

欧州委員会と国際通貨基金との合同プログラムでの経験が活用された．もう一つのパートナーとして欧州中央銀行が加わって，欧州委員会と欧州中央銀行と国際通貨基金の三者の金融支援体制，いわゆるトロイカ体制が構築され，協調して金融支援が行われている（Ogawa and Kosaka 2017）．

表5-2には，ユーロ圏危機において金融支援を受けた国々の金融支援総額と機関別支援額が示されている．特徴的なことは，金融支援の全額を欧州安定化メカニズムから受けることとなったギリシャの第3次金融支援とスペインを除いて，国際通貨基金が金融支援の一部を担っていることである．国際通貨基金の金融支援の全体に占める比率は，ギリシャへの第1次金融支援において27.3%（スタンバイ取極め（Stand-By Arrangement：SBA））[3]であり，ギリシャへの第2次金融支援において12.0%（拡大信用供与措置（Extended Fund Facility：EFF））[4]であり，アイルランドへの金融支援において26.5%（拡大信用供与措置）であり，ポルトガルへの金融支援において33.3%（拡大信用供与措置）であり，キプロスへの金融支援において10%（拡大信用供与措置）となっている．

今回のユーロ圏危機のトリガーとなったギリシャの財政危機への対応に焦点を当てて，考察をさらに進めよう．トロイカ体制の下，ギリシャの財政危

3）スタンバイ取極めは，短期的な国際収支上の問題に対処するよう考案されている．プログラムのターゲットはこれらの問題の解決を念頭においており，融資の支払いはこれらのターゲット（「コンディショナリティ」）の達成を条件に行われている．スタンバイ取極めの適用期間は通常12～24カ月で，返済期間は支払いより3.25～5年となっている．スタンバイ取極めでは，状況が悪化した場合に備え合意された額の利用を留保するなど，予防的な目的での活用も可能である．融資の支払い方法も柔軟になっており，適当と判断された場合は，融資を迅速に受け取ることも可能である（IMF, Factsheet（http://www.imf.org/external/japanese/np/exr/facts/howlendj.htm））．

4）拡大信用供与措置は，抜本的な経済改革を必要とするような大きな歪みに起因する，中・長期的な国際収支上の問題の解決に取り組む加盟国を支援する．拡大信用供与措置の利用は，最近の危機の間に大幅に増加された．これは，一部加盟国が抱えている国際収支上の問題の構造的な性質を反映している．拡大信用供与措置取極の適用期間は通常，スタンバイ取極より長くなっている．承認の段階で3年を超えることはない．しかし，3年を超える国際収支上のニーズが存在する場合，マクロ経済の安定性を回復するための調整に時間がかかる場合，そして当該国が徹底した持続的な構造改革を行う能力と意欲を持っていると十分に認められる場合には，最長4年の期間が認められる．返済期限は融資支払い日から4.5～10年となっている（同上）．

表5-2　ユーロ圏危機における金融支援

国	ギリシャ			アイルランド	ポルトガル	スペイン	キプロス
期間	第1次 2010年5月 ～ 2012年3月	第2次 2012年3月 ～ 2014年12月 （2015年6月まで延長）	第3次 2015年8月20日 ～ 2018年8月20日	2010年12月 ～ 2013年12月	2011年5月 ～ 2014年半ば	2012年12月11日 ～ 2013年12月31日	2013年5月13日 ～ 2016年3月31日
総額	1100億ユーロ	1645億ユーロ	最高860億ユーロ	850億ユーロ	780億ユーロ	413億ユーロ	100億ユーロ
機関別金額	IMF【SBA】（300億ユーロ） 他の欧州諸国からの二国間融資プール（800億ユーロ）	IMF【EFFの一部】（198億ユーロ） EFSF（1447億ユーロ）	ESM（全額）	IMF【EFF】（225億ユーロ） EFSF（177億ユーロ） EU【EFSM】（225億ユーロ） 二国間（48億ユーロ） 国内（175億ユーロ）	IMF【EFF】（260億ユーロ） EFSF（260億ユーロ） EU【EFSM】（260億ユーロ）	ESM（全額）	IMF【EFF】（10億ユーロ） ESM（90億ユーロ）

注：SBA－スタンバイ取極，EFF－拡大信用供与措置，EFSF－欧州金融安定ファシリティ，EFSM－欧州金融安定化メカニズム，ESM－欧州安定化メカニズム．

出所：Pisani-Ferry *et al.*（2013），Regling（2016），欧州安定化メカニズム（ESM）のウェブサイト（http://www.esm.europa.eu/assistance/Greece/index.htm, http://www.esm.europa.eu/assistance/cyprus/index.htm, http://www.esm.europa.eu/assistance/spain/index.htm）．

機に対処する第1次金融支援として2010年5月にユーロ圏諸国と国際通貨基金による金融支援プログラムが決定した．その総額は1100億ユーロにのぼる．その内訳は，ユーロ圏諸国からの二国間融資のプールが800億ユーロであり，国際通貨基金からはスタンバイ取極めが300億ユーロであった．このように，トロイカ体制において，欧州連合諸国は，例えば，ギリシャへの第1次金融支援においてその総額の4分の3ほどの資金を負担する一方，国際通貨基金は残り27.3%の金融支援を提供した．国際通貨基金は，危機管理において主要な役割を果たすのが一般的であるが，ギリシャへの金融支援においては国際通貨基金がマイナーな貸し手となった．そのために，国際通貨基金にとってはトロイカの運営に難しさが残っている．

当初より，ギリシャへの金融支援プログラムにおいては，(i) 財政収支の持続可能性を回復すること，(ii) 対外競争力を高めること，そして，(iii) 金融部門の安定性のためにセーフガードを講ずることに焦点が当てられている．特に，「(i) 財政収支の持続可能性を回復すること」によって，財政部門への信認を強めて，財政部門の資金調達のための市場アクセスを回復し，公的債務残高のGDP比を2013年以降，低下経路へ導く．「(ii) 対外競争力を高めること」については，名目賃金引下げと費用削減と価格競争力向上のための構造改革を行い，投資・輸出主導の成長モデルにギリシャ経済を移行させる．また，経済における政府の透明性を改善し，その役割を小さくする．「(iii) 金融部門の安定性のためのセーフガードを講ずること」については，デフレーションに備えて，銀行の支払い能力問題に対処するセイフティネットを拡大するために，金融安定化基金を設立する．ソブリン（政府債務）・リスクの高まりから発生する流動性問題を緩和するために，既存の政府の銀行流動性支援ファシリティを拡大する．これらは，国際通貨基金によるコンディショナリティと呼ばれる，金融支援のための条件である．ユーロ圏諸国は，国際通貨基金とともに金融支援を行うことによって，国際通貨基金によるコンディショナリティがギリシャ政府に課されることとなった．

続いて，2012年3月に第2次金融支援が決定し，総額1645億ユーロの新規融資が実施されることになった．内訳は，ユーロ圏諸国1447億ユーロ，国際通貨基金からは拡大信用許与措置を198億ユーロと決まった．その際に，第1次金融支援では実施されなかった，民間部門関与によるギリシャ国債に対する債務削減が実施された．第1次金融支援においては，まだ欧州金融安定ファシリティや欧州安定化メカニズムのセイフティネットが構築されていなかったことから，民間部門関与によるギリシャ国債に対する債務削減の対応が行われなかった．債務削減のない第1次金融支援は，もっぱらギリシャ政府に対して大きな負担を強いるだけとなっていたことから，ギリシャの財政危機への実際の解決が進展しなかった．そのため，民間部門関与による債務削減が検討され，53.5％の債務削減比率が合意された．一方的な債務不履行である「無秩序な債務不履行」を回避し，合意の下で民間部門関与による，いわゆる「秩序だった債務不履行」が実施されることになった．

しかし，2015年1月25日にギリシャの総選挙で反緊縮財政の急進左派連合（チプラス党首）が圧勝し，チプラス首相が政権を取ると，反緊縮財政の公約を実行しようとして，2015年6月末にギリシャによる国際通貨基金への返済（約15億ユーロ）が迫ってきたところで，反緊縮財政を国民投票にかけるなど，ギリシャ国内で政治的混乱が起こった．そのため国際通貨基金への返済は一時的延滞することとなり，7月5日には国民投票によって反緊縮財政側が優位となった．しかし，その後，チプラス首相は緊縮財政に転じて，7月16日にギリシャ議会で財政改革案を可決することとなった．

このように，チプラス首相が反緊縮財政の公約を投げ捨てて，緊縮財政に転じたことによって，2015年8月20日にギリシャは第3次金融支援を受けられることとなった．金額は最高860億ユーロであり，その全額が欧州安定化メカニズムからの金融支援となった．しかし，ギリシャの国内政治に対する不信感は他のユーロ圏諸国，とりわけドイツで高まり，債務削減については今後の議論に任せられた．債務負担軽減は，財政の持続可能性および財政再建へ向けてのインセンティブとしてのプラスの効果があると評価される一方，ギリシャ政府に対して財政規律を弱め，モラルハザードを促してしまうというマイナスの効果があるとみなされている．これらのプラスの効果とマイナスの効果との間で評価が分かれている．

3.3　財政当局への信認回復のための措置

ギリシャの財政当局への信認が失墜したことがトリガーとなって，複数均衡のなかで一方の均衡（ギリシャの政府債務が過大に評価されていたという「政府債務（ソブリン）バブル」）から他方の均衡（ギリシャの政府債務の過大評価が崩れ，その政府債務価格が暴落するという「バブル崩壊からその後の政府債務（ソブリン）危機」）へシフトしたと考えるならば，政府債務（ソブリン）危機を解決し，その均衡から抜け出すためには，失墜した財政当局への信認の回復が必要となる．そのためには，単に財政赤字を縮小するだけではなく，財政当局への信認を回復するために，財政の持続可能性および政府の財政規律を確保することが重要となる．

2011年12月の欧州連合首脳会議では，ギリシャをはじめとするユーロ圏諸国のソブリン危機を終息させるために，「財政安定同盟（Fiscal Stability Union）」に向けて，財政規律を強化するための財政協定（Fiscal Compact）が英国とチェコを除いて基本的に合意された（European Council 2011）．これは，欧州連合の経済同盟の強化を目指したものであるものの，さしあたり「財政安定同盟」であって，財政主権を統合するという「財政同盟（Fiscal Union）」ではないことには注意すべきである．

財政協定は，景気悪化のために税収の減少や失業手当の増大によって悪化する財政収支を考慮に入れるために，景気変動に影響を受ける循環的赤字を除いた，構造的財政赤字についてGDPの0.5％を超えてはいけないとしている．この財政ルールを，各国の憲法あるいはそれに相当する法律で規定しようというものである．さらに，ここで重要なことは，欧州委員会によってある国の財政赤字の上限超過が認められたならば即時に，ユーロ圏諸国の反対がないかぎり，自動的に過剰財政赤字手続きが適用される自動修正メカニズムが導入されることである．

欧州連合においては，すでに財政規律を確保するために「安定成長協定（Stability and Growth Pact）」も締結されている．欧州連合は，財政規律を重んじて，ユーロが導入された後にも，「安定成長協定」によって各国が健全な財政運営を実行するために，各国政府は財政規律の遵守を求められている．欧州委員会および閣僚理事会は，ユーロ圏諸国の財政状況を相互に監視するための手段として，「安定計画」の策定をユーロ圏諸国に義務付けている．その「安定計画」に基づき，欧州委員会および閣僚理事会は，各国の財政状況を調査し，過剰財政赤字と判断された場合には，過剰財政赤字手続きが適用される．

過剰財政赤字手続きの具体的な内容として，欧州委員会および閣僚理事会が過剰財政赤字と判断した場合には，是正勧告が出される．もし勧告に従わない場合には，制裁措置が当該国に適用され，財政赤字が参照値のGDP比3%を超えた度合いに応じて，GDPの0.2%から0.5%までの制裁措置が科される．当初は無利子の預託金という形をとり，2年経っても超過財政赤字の状態が是正されない場合には，罰則金として預託金が没収されることになる．このようにペナルティが付された厳しい財政規律遵守ルールを作って，財政規律を求めてきた．また，本来過剰財政赤字手続きを適用すべきところ，裁量的に適用されることからこれまで実際には適用されないできた．そのため，裁量的に過剰財政赤字手続きが適用されないことを前提に，ギリシャ政府はモラルハザードを引き起こしていたと言える．ギリシャはほぼ一貫して，対GDP比3%の財政赤字を遵守することができずにきた．

実際にはギリシャを含めていくつかの国がその適用の対象となったが，裁量の余地があったことから一度もその発動がなされなかったという反省から，新しい財政ルールでは，欧州委員会によってある国の財政赤字の上限超過が認められたならば即時に，ユーロ圏諸国の反対がないかぎり，自動的に過剰財政赤字手続きが適用されるよう，自動修正メカニズムを導入することにもなっている．このようにして，実質的な財政規律の強化を図ろうとしている．このように，「財政安定同盟」は，ユーロ圏諸国が財政規律を強化し，財政再建を進めるための政策協調としての基本合意に留まっていることに注意する必要がある．言い換えると，財政主権の統合を意味するような「財政同盟（Fiscal Union）」にまでは至っていない．

4. おわりに

本章においては，世界金融危機およびユーロ圏危機が発生した背景および原因について論じた後に，これらの危機への対応について考察した．これらの考察からいくつかの政策インプリケーションと，将来の危機予防および危機管理に向けての教訓が得られる．とりわけ，東アジアへの教訓を考えてみよう．

まず，一般論として，事前に平穏時において危機管理スキームを議論し，設立しておくことが必要である．危機に直面しないと，危機管理スキームを設立する議論および結論に至らないことがままあるであろう．しかしながら，危機に直面してから危機管理スキームを議論し設立するのでは，その対応に時間を要し後れを取るばかりではなくて，対応の遅れから当該国の危機が深刻化し，他の国に伝播する可能性が高まる．リスボン条約の中の財政移転禁止条項が足枷になって，欧州安定化メカニズムの設立がユーロ圏危機後になってしまったのは，その典型的な例である．また，同様のことは，すでに東アジアでも経験済みである．1997年におけるアジア通貨危機に直面した際，それまで東アジアにおいては地域金融協力が存在しなかった．また，アジア通貨危機が発生したことを受けて，アジア通貨基金（Asian Monetary Fund：AMF）を設立する動きおよび議論があったものの，実現には至らなかった．東アジアにとって初めての金融危機管理体制としての地域金融協力であるチェンマイ・イニシアティブが設立するのは，2000年まで待たなければならなかった．

第2に，米ドル流動性不足あるいは米ドル流動性危機への対応としては，米国連邦準備制度理事会による米ドル流動性の供給が行われることによって，少なくとも流動性リスク・プレミアムおよび信用スプレッドが急速に縮小したというのが，すなわち，米ドル流動性の供給が有効であったというのが，世界金融危機の経験から得た教訓であった．今回のこのような米国連邦準備制度理事会の対応については，たまたま世界金融危機の震源地として米国においても同時に流動性不足に陥っていたことが，国内政策と対外政策との間に矛盾を生じさせることなく，米国連邦準備制度理事会が対応することができた要因と考えられる．もし米国経済がインフレ圧力を受けているために米国連邦準備制度理事会が引締め的金融政策を採ろうとしていたら，米国連邦準備制度理事会が諸外国のために同じ対応を採ったかどうかは定かではない．また，現時点においては米国連邦準備制度理事会が量的緩和金融政策を止め，ゼロ金利から金利を引き上げている段階にある．この段階において，米国連邦準備制度理事会が国内政策と相矛盾するドル流動性供給を対外的に実施するかどうかも定かではないであろう．

そのような状況に備えて，国際通貨基金による金融支援および地域金融協力による対応が相互に補完的に必要となろう．東アジアにおいては，そのための対応を可能とするために，チェンマイ・イニシアティブの下に通貨スワップ協定が東南アジア諸国連合（ASEAN）と日本，中国，韓国の3カ国，いわゆるASEAN＋3の間で締結された．また，その機動性を高めるために，二国間協定から多国間協定に形を変えている．さらに危機管理のみならず，危機予防のためのサーベイランス機関として，ASEAN＋3マクロ経済リサーチ・オフィス（ASEAN＋3 Macroeconomic Research Office：AMRO）がすでに設立されており，その役割が期待されている．

第3に，ユーロ圏危機における危機管理は，欧州委員会と欧州中央銀行と国際通貨基金の三者によるトロイカ体制によって実施された．これは，国際通貨基金と地域金融協力が協調して，危機管理に対応したものである．通常，国際収支危機あるいは通貨危機に際しては，国際通貨基金が単独で危機管理に対応する．しかし，アジア通貨危機に際しては，危機管理の主導権は国際通貨基金にあったものの，金融支援の金額は東アジア諸国からのものが大半を占めていた．一方，チェンマイ・イニシアティブの通貨スワップ協定においては，機動性を高めるために，IMFリンク（国際通貨基金からの金融支援があって初めて通貨スワップ協定が実施される）の比重を引き下げている．国際通貨基金との補完性を謳いながらも，このように国際通貨基金から部分的にある程度の距離を置く動きも見られる．とりわけチェンマイ・イニシアティブの通貨スワップ協定において課されているIMFリンクの比率を引き下げることは，その機動性を実効的に高めるためには必要であろう．

参考文献

ECB (2014), *Aggregate Report on the Comprehensive Assessment*, October 2014.

European Council (2011), *Statement by the Euro Area Heads of State or Government*, Brussels, 9 December 2011.

IMF (2015), "Preliminary Draft Debt Sustainability Analysis," *IMF Country Report*, No. 15/165, 26 June 2015.

Ogawa, Eiji and Michiru Sakane Kosaka (2017), "Regional Monetary and Financial Cooperation for Crisis Prevention and Management: East Asia vs. EU," mimeo.

Ogawa, Eiji and Makoto Muto (2017), "Inertia of the U. S. Dollar as a Key Currency through the Two Crises," *Emerging Markets Finance and Trade*, forthcoming.

Pisani-Ferry, Jean, André Sapir, and Gungtram B. Wolff (2013), "EU-IMF Assistance to Euro-Area Countries: An Early Assessment," *Bruegel Blueprint*, No. 19, 16 May 2013.

Regling, Klaus (2016) "The Role of Regional Financial Firewalls in Safeguarding Financial Stability: a European Perspective," Speech at the Global Financial Stability Conference, Seoul, 26 July 2016. http://www.esm.europa.eu/

Sidrauski, Miguel (1967), "Rational Choice and Patterns of Growth in a Monetary Economy," *American Economic Review*, Vol. 57(2), pp. 534-544.

小川英治（2013a),「金融危機と欧州経済」櫻川昌哉・福田慎一［編］『なぜ金融危機は起こるのか――金融経済研究のフロンティア』東洋経済新報社, 223-251 頁.

小川英治［編］(2013b),『グローバル・インバランスと国際通貨体制』東洋経済新報社.

小川英治［編］(2015),『ユーロ圏危機と世界経済――信認回復のための方策とアジアへの影響』東京大学出版会.

第6章

アジアの資本フロー・通貨と金融危機管理

——域内地域金融協力の役割と課題——

清水順子

1. はじめに

2015年末の米国利上げや原油安の進行を受け，世界経済のけん引役であった中国経済の減速が鮮明化し，世界の株式市場は2016年初から大暴落している．原油などの商品価格の下落に伴う輸出額の減少を受け，中国のみならず，ブラジルやロシア，南アフリカ，インドネシアなど資源の輸出に依存している新興国では，自国通貨の切り下げや通貨安を容認する政策が相次いだ．中国経済との連携が強いアジア新興国も例外ではなく，インドネシアルピアとマレーシアリンギットは，アジア通貨危機以来の安値を更新している．特に，2015年8月11日の中国元の切り下げ，いわゆるチャイナ・ショック以降は，中国経済の動向に関する報道に世界の株式市場が大きく左右されている点が，最近の顕著な特徴となっている．

アジア新興国は，これまで実体経済面においてその存在感と影響力を高めつつある一方で，金融面においては，世界的な金融危機を背景としたグローバルマネーの流出入によって，為替相場や株価の変動が増幅されやすい体質であることが指摘されている．アジア通貨危機以降，新たな危機への備えとしてASEAN 10カ国と日中韓のアジア13カ国で締結した域内の二国間通貨スワップ取極（チェンマイ・イニシアティブ，以下CMI）も，昨今の国際金融情勢に鑑み，危機対応の強化が図られている．まさに今こそ，域内外の危機への耐性を高めるべく，経済サーベイランスの真価が問われる局面と言えるだろう．本章では，世界金融危機後のアジア通貨の動向とアジア向け資本フローの変化を概観した上で，アジアの資本フローに影響してきた要因と，将来的なアジアの為替制度を先導する人民元の為替制度改革の実態について実証分析を行う．さらに，アジアにおける通貨・金融危機管理のため，今後必要とされる危機対応の強化について言及し，最後にアジアの域内為替金融協力における日本の役割について考察する．

2. 世界金融危機後のアジア通貨の動向とアジア向け資本フローの変化

2.1　アジア全体の動き

まず，2010 年以降のアジア向け資本フローの推移について見てみよう．アジア 11 カ国（中国，香港，インド，インドネシア，韓国，マレーシア，フィリピン，シンガポール，台湾，タイ，ベトナム）に流入した資本フローを直接投資，証券投資，およびその他投資に分けて，2010 年以降の推移をまとめたのが図 6-1 である．これによると，アジア全体としては世界的な金融危機から世界同時不況へと深刻化した 2010 年以降も，直接投資面での資本流入が続いてきたが，チャイナ・ショック以降の 2015 年第 3 四半期には直接投資が大幅に減少し，2010 年以降で最低水準になっている点が注目される．

次に，2010 年以降のアジア通貨の対ドル相場の動向について概観してみよう（図 6-2）．米ドルにペッグしている香港ドルを除いて，ほとんどのアジア通貨がそれぞれボラタイルな動きをしていることがわかる．円を除くアジア通貨は，いわゆる新興国通貨である．世界的な金融危機以降，新興国が自国通貨建てで発行した債券には，近年，高利回りや通貨高に引き寄せられ大量の資金が流入した．2010 年 1 月を起点とした場合に，2014 年半ばまではインドネシアルピア，インドルピー，日本円，ベトナムドンを除く通貨は増価傾向で安定的に推移していたが，米国の金融緩和が縮小する局面では，

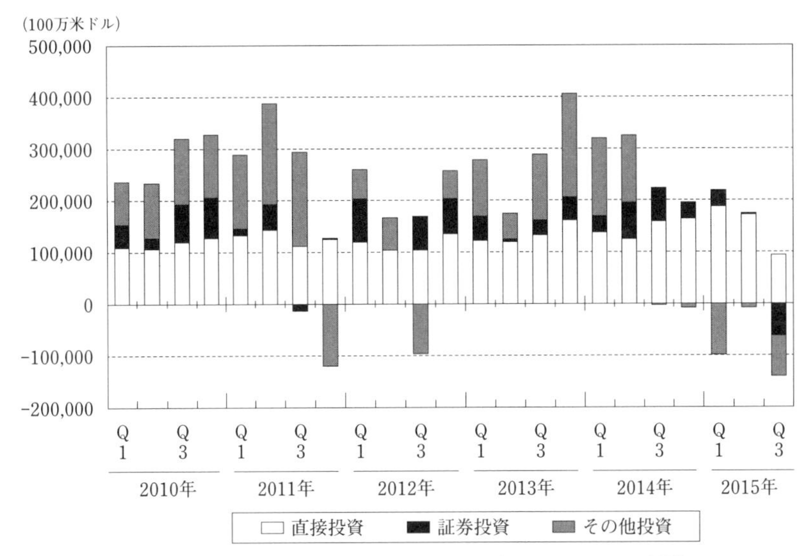

図6-1　アジアに流入する資本フロー（アジア11カ国合計）

出所：中国，香港，インド，インドネシア，韓国，マレーシア，フィリピン，シンガポール，タイ，ベトナムのデータはBalance of Payment（IFS，IMF）より，台湾のデータはCEICより採取．

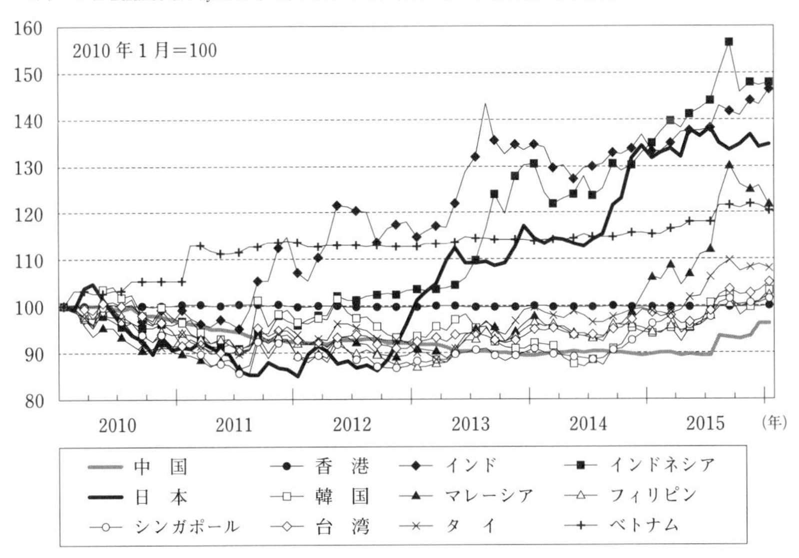

図6-2　アジア通貨の対ドル相場の推移

注：為替相場は2010年1月を100として指数化したものである．
出所：IFS（IMF），台湾のデータはCEICより採取．

アジア新興国からも資金が流出し，2015年以降アジア通貨の多くは下落基調にある．特に，マレーシアリンギットとインドネシアルピアの減価傾向が顕著である．

アジア全体としては，金融情勢の悪化にかかわらず，直接投資による資本流入が順調に継続してきたが，金融市場のリスク回避度を表わす指標としてよく用いられるVIX指数の動きと，アジア向け資本フローの関係を見てみると，金融市場のリスク回避度が高まるとアジア新興国の証券投資，その他投資において資本流出が観察される．こうした資本フローの動きは，危機時にはアジア通貨を一旦売って，その代わりに安全資産として円を買うという取引を誘発しており，その結果，円とアジア通貨の対ドル相場が非対称な動きをすることも多い．アジア通貨の中で，2015年末時点で最も高いのは人民元であり，2012年末以降およそ5割減価した円と比較すると，円元相場も5割ほど元高円安になってきたが，2015年末にはこの元高円安の動きが反転し，円高傾向になっている．このように，6年間でアジア通貨間の為替

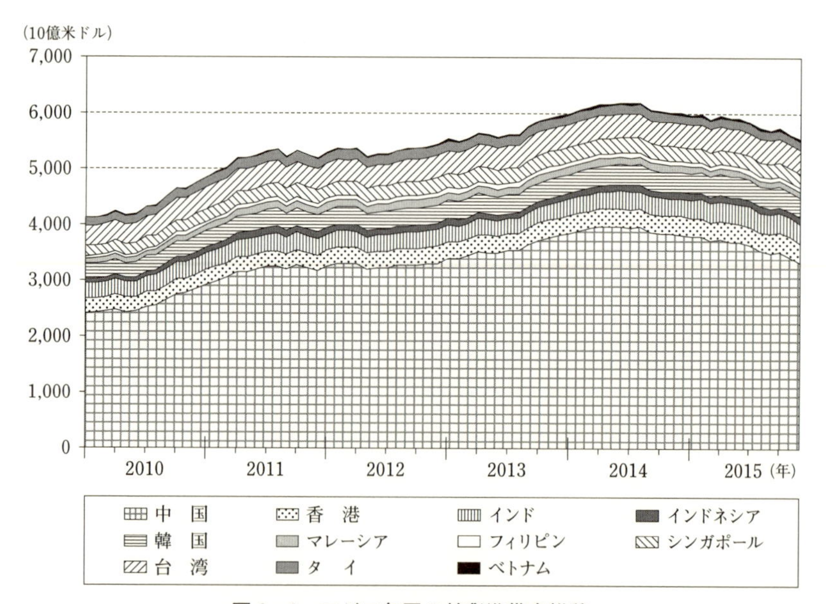

図6-3　アジア各国の外貨準備高推移

出所：IFS（IMF），台湾のデータはCEICより採取．

相場も大きく変化していることがわかる．

図6-3は，2010年以降のアジア各国の外貨準備高の推移を表わしたものである．これによると，アジア各国が積み上げた外貨準備は2014年10月をピークとして低下傾向にある．これは，アジア通貨の対ドル相場が減価傾向に変化した時期と一致している．このことは，対ドル相場で減価傾向に転じたアジア通貨に対して，アジア各国の中央銀行がドル売り介入を行っているためであると推察される．とはいえ，2011年1月時点と2015年末時点の外貨準備高を比較すると，マレーシアを除く全ての国において外貨準備保有額は依然として高い水準にあり，対ドル相場の急落を懸念する状況にはない．一方で，2014年末以降4割以上減価したマレーシアや，2015年8月のチャイナ・ショックで元安傾向に転じた中国では，自国通貨買いドル売り介入が行われており，外貨準備の減少が顕著となっている．

2.2　各国別の資本収支の動向

アジア通貨の動向は，当該国に流出入する資本フローに大きな影響を受けるとともに，通貨の先安・先高期待も資本フローに影響を与えるという，双方向の関係にある．そこで，国別に流出入する資本フローの動きを見てみよう（図6-4）．図からも，ドルペッグを採用している香港を除くほとんどの国で対ドル為替相場（右軸，下方が通貨安を表わす）と資本収支のマイナスは互いに同方向に推移している傾向が強いことが確認される．中国では，堅調に流入が続いていた直接投資が2015年8月のチャイナ・ショック以降の2015年第3四半期には前期比で半減している．一方，クロスボーダー証券投資の段階的な規制緩和（Qualified Domestic Institutional Investor：QDII）により，2014年にはこれまでで最大の対外証券投資が行われ，証券投資収支は赤字に転じており，こうした資本フローの動きを反映して，元相場もドル安傾向に転じている．

香港では，2014年半ばまでは直接投資，証券投資とも資本収支は黒字基調であったが，中国景気の鈍化と人民元安期待により香港資産への需要が後退し，香港ドル下落と資本流出の懸念が高まっている．2015年以降，証券投資の引き上げが生じており，第3四半期には直接投資流入額も激減してい

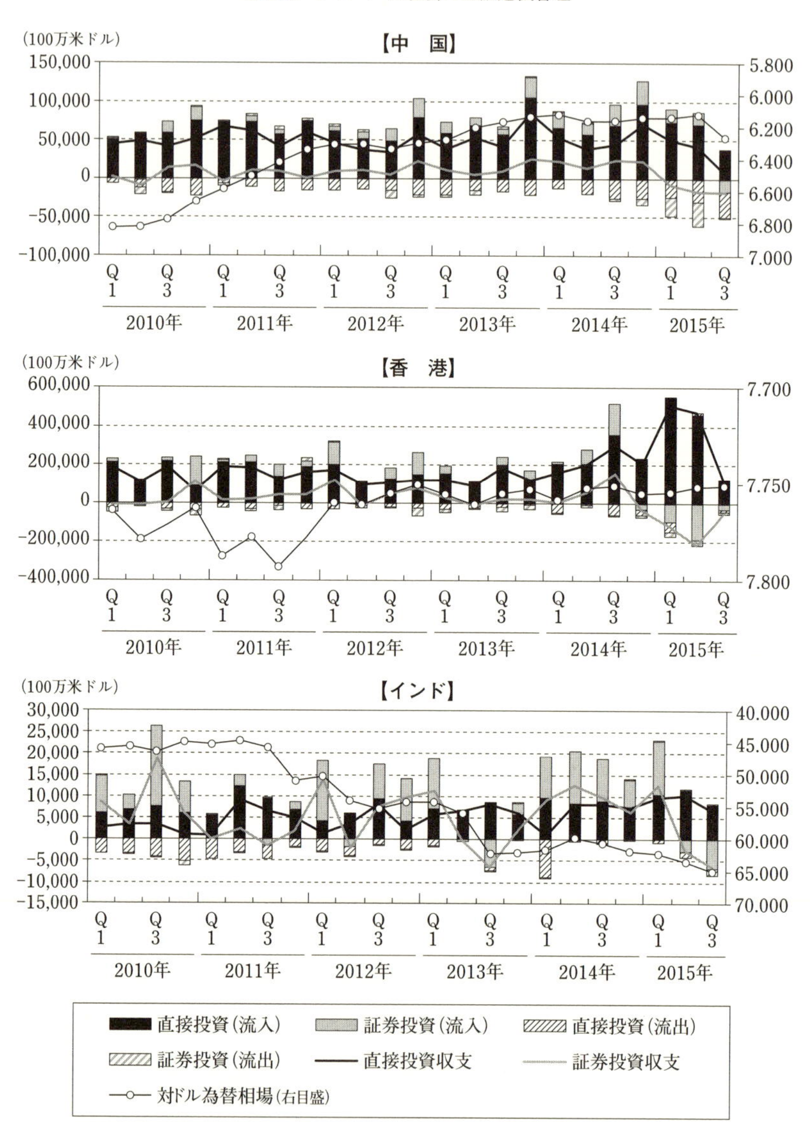

図6-4　アジア各国の対ドル為替相場と資本収支（直接投資・証券投資）

注：対ドル為替相場（四半期平均値）は，下方が通貨安を表わす．
出所：IFS（IMF），台湾のデータはCEICより採取．

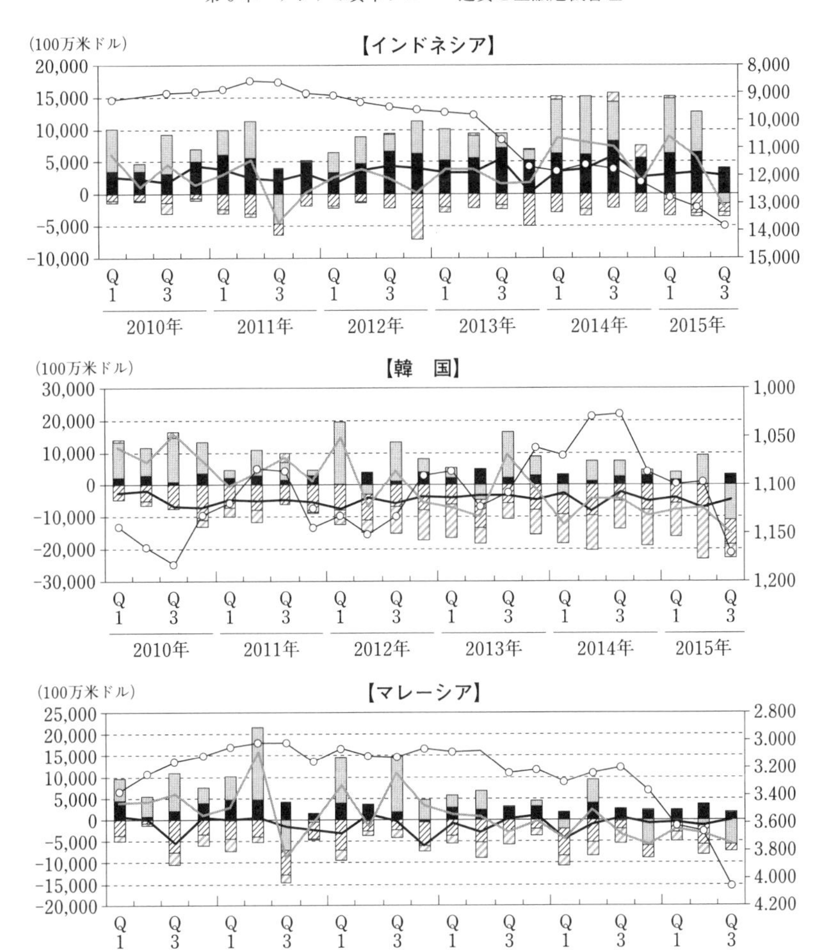

【インドネシア】
(100万米ドル)
20,000
15,000
10,000
5,000
0
−5,000
−10,000
8,000
9,000
10,000
11,000
12,000
13,000
14,000
15,000
Q 1
Q 3
2010年
2011年
2012年
2013年
2014年
2015年
【韓　国】
(100万米ドル)
30,000
20,000
10,000
0
−10,000
−20,000
−30,000
1,000
1,050
1,100
1,150
1,200
【マレーシア】
(100万米ドル)
25,000
20,000
15,000
10,000
5,000
0
−5,000
−10,000
−15,000
−20,000
2.800
3.000
3.200
3.400
3.600
3.800
4.000
4.200

(図6-4)

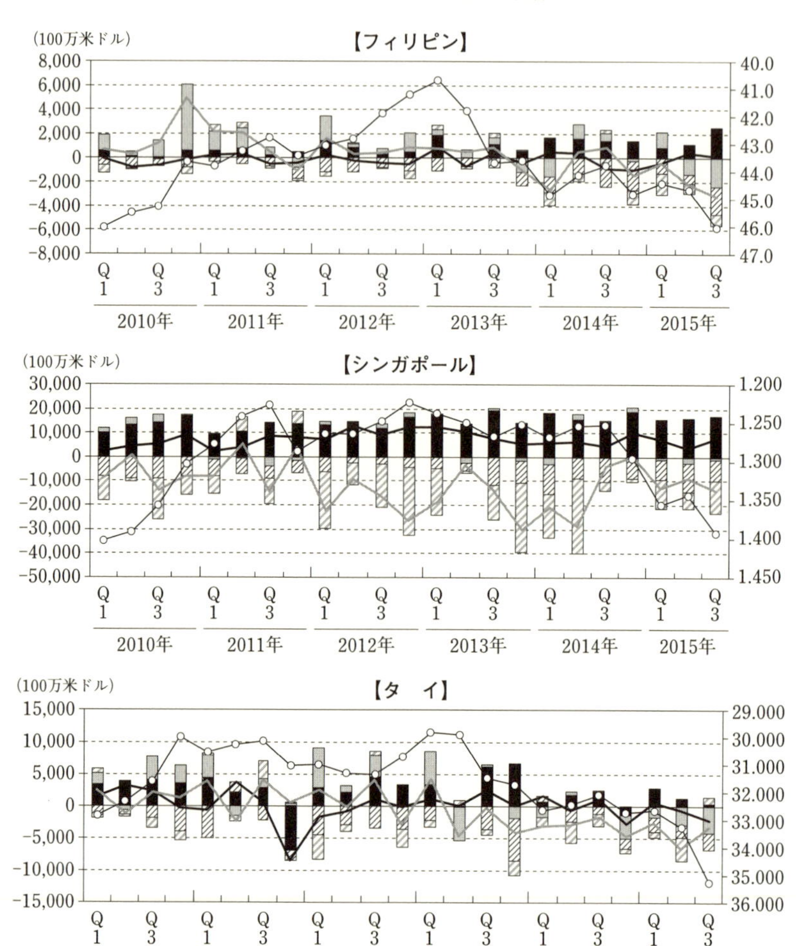

【フィリピン】
(100万米ドル)
8,000
6,000
4,000
2,000
0
−2,000
−4,000
−6,000
−8,000
40.0
41.0
42.0
43.0
44.0
45.0
46.0
47.0
Q 1
Q 3
2010年
2011年
2012年
2013年
2014年
2015年
【シンガポール】
(100万米ドル)
30,000
20,000
10,000
0
−10,000
−20,000
−30,000
−40,000
−50,000
1.200
1.250
1.300
1.350
1.400
1.450
【タ　イ】
(100万米ドル)
15,000
10,000
5,000
0
−5,000
−10,000
−15,000
29.000
30.000
31.000
32.000
33.000
34.000
35.000
36.000

(図 6-4)

る．

インドでは，比較的恵まれた経済環境を背景に，直接投資の流入が続いており，株式投資の資本流入も堅調に推移してきたが，2015年第2四半期以降，証券投資の一部が流出に転じている．国内投資家による対外投資はまだそれほど行われていない．インドネシアでは，直接投資への資本流入が低調ながら続いていることに加えて，株式・債券市場への資本も流入基調が続いてきたが，2015年第3四半期で小幅の流出に転じた．韓国では，恒常的な経常収支黒字を背景に，直接投資，証券投資とも資本収支は赤字で推移している．2015年第3四半期では，米国利上げ期待により流入していた証券投資の引き上げが目立っている．マレーシアでは，2015年以降主要アジア通貨の中で最も下落率が大きいが，直接投資による資本流入も2010年以降低迷しており，直接投資収支は赤字基調となっている．これは国内企業や大手銀行による海外投資が近年急増していることが背景となっている．証券投資も，これまで流入していた資本の引き上げとともに国内の機関投資家による海外証券投資が活発化し，資本流出が増加している．

フィリピンでは，近隣アジア諸国と比較すると相対的に資本流入は小さい．2015年には証券投資が流出に転じるも，金額的にはさほど大きくないため，通貨のリスク感応度は低く，安定的に推移している．シンガポールでは，恒常的な経常黒字に支えられ対外証券投資額が大きく，証券投資収支は赤字基調となっているが，直接投資流入は堅調に推移しており，直接投資収支は黒字が続いている．タイでは，2014年以降の直接投資の流入が減少する一方，国内企業による対外投資が増加し，直接投資収支は赤字化した．さらに2015年8月には，タイ中央銀行が個人投資家による海外証券投資を解禁する方針を公表したことから，国内投資家による対外証券投資が拡大した上に，証券投資の資本流入がマイナス（流出）に転じ，証券投資収支赤字は拡大傾向にある．

米国の利上げ期待が高まった2015年以降，対ドル相場が下落基調になるとともに，一部の国では直接投資・証券投資が流出し，資本収支が赤字化した．資本流出については，香港，韓国，マレーシアのようにこれまで流入していた資本の引き上げが顕著な国と，中国やタイのように国内投資家による対外投資が急増したことによる国があり，要因は様々である．このような違いが生じているのは，各国の政治状況や為替制度・資本規制が異なるのみならず，資源価格の暴落や中国経済の減速がその国独自の経済状況に与える影響の差異によるものであり，アジアにおける経済モニタリングの重要性がますます高まっていることを示唆している．

3. アジア新興国の資本フロー・為替に影響を与えるものは何か？

3.1　新興国の資本フローの要因分析

どのような要因が新興国の資本フローの流出入に影響を与えているのか，その要因分析は常に国際金融の大きな課題の一つである．世界的な資本自由化が本格化した1990年以降，Calvo *et al*.（1993）や Fernandez-Arias（1996）は国特有の内的な（country-specific）プル要因と外的なプッシュ要因に分けて，新興国への資本フローの分析を行ってきた．世界的な金融危機時には，Milesi-Ferretti *et al*.（2011）はグローバルなリスク回避度の急変が「プッシュ要因ショック」として新興国における投資ポジションを解消させ，資本が逆流するという現象をもたらしたことを指摘している．世界的な金融危機後はもう一つの外的な要因，すなわち先進国における異次元金融緩和政策が新興国の資本フローに与える影響に焦点が移り，そうした先進国発の緩和マネーを惹きつけるためにはそれぞれの新興国特有の経済情勢が重要視されるようになってきた．

さらに，どのタイプの資本フローがどのような要因に影響されるのか，という面にも注目する必要がある．Koepke（2015）が資本フローを種類に分けた上で，プッシュ要因，プル要因が与える影響について，40以上の先行研究の結果を用いてまとめた表6-1が参考になる．アジア新興国に当てはめて考えてみると，アジア新興国向けに堅調に流入してきた海外直接投資には，あくまでその国特有のプル要因である国内生産の成長率が最も大きなプラスの影響を与えており，外的なプッシュ要因の影響はさほど大きくない．一部

表6-1　Koepke (2015) による新興国の資本フローに与える要因分析

タイプ	要　因	証券投資フロー（株・債券）	銀行部門での資本フロー	海外直接投資
プッシュ	グローバルなリスク回避度	− − −	− − −	?
	先進国の金利	− − −	−	?
	先進国の成長率	+	?	?
プル	国内生産の成長率	+	+ + +	+ + +
	資本収益率	+	+ + +	?
	カントリーリスク	−	− − −	−

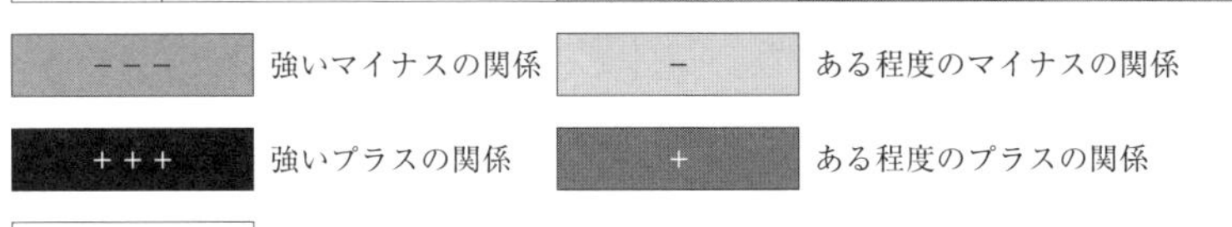

出所：IIF Working Paper "What Drives Capital Flows to Emerging Markets?" (Koepke 2015) より作成.

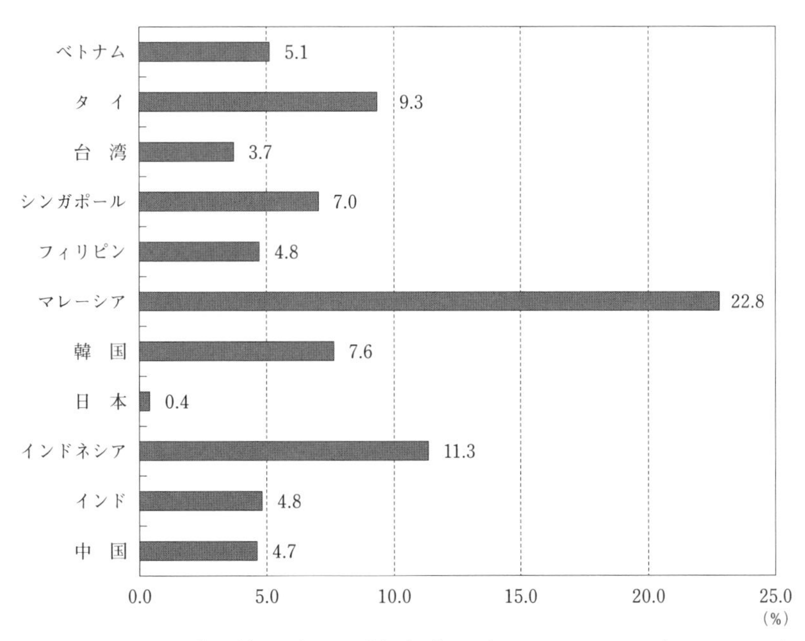

図6-5　アジア通貨の対ドル相場の減価率（2015年1月1日〜2015年12月31日）

出所：Datastream の日次為替データより筆者作成.

の国では，政治情勢などのカントリーリスクが，直接投資フローのマイナス要因となっており，実情と照らし合わせても整合的である．一方，証券投資フローは，プッシュ要因，プル要因それぞれがマイナスとプラスの影響を与えており，2015年末からの米利上げ局面では，北朝鮮を巡る地政学リスクの高まりと中国経済の低迷も加わり，全ての要素が証券投資フローにマイナスの影響を与える，すなわち資本流出が起こることを示唆する結果となっている．

以上のような，プッシュ要因，プル要因に加えて，昨今の資本フロー動向に大きな影響を与えているのは，為替相場の先行きに依存した短期的な資本フローの動きである．例えば，2015年以降，人民元の先安感が支配的になってから，アジア通貨は減価傾向にあるが，2015年1年間の対ドル相場での減価率を比較してみると（図6-5），人民元の減価率以上に通貨安が進んでいる国が多い．人民元安以上に通貨の減価が進んでいる国については，最近の国際金融情勢のもう一つのかく乱要因である資源価格の暴落が，追加的な要因になっていると考えられる．そこで，これらの要因について，アジア通貨に与えた影響を以下に様々なマクロ経済データを比較しながら検証してみよう．

3.2　アジア各国のマクロ経済データの比較

アジア通貨危機以降，IMFの指導の下に，アジア新興国の経済データは急速に整備されていった．現在では，各国中央銀行や統計局などを中心に様々なマクロデータを入手することが可能である．本章では，データを比較する観点から，IMFとWorld Bankのドルベースのデータを基に，表6-2を作成した．この中から，アジア各国の中国経済に対する依存度と燃料輸出依存度について注目してみよう．

(1) 中国経済に対する依存度

中国は2000年代半ばからの経済の急成長とともに，近年輸入が拡大傾向にあった．したがって，中国経済が減速した際の影響は，直接的な貿易量の変化を通じて，相対的に中国経済への依存度が大きいアジア新興国ほど，そ

表6-2　アジア各国のマクロ経済データ

国	中国向け輸出額の対名目GDP比率（%）			燃料輸出額の対総輸出額比率（%）			実質GDP成長率予測（%）	外貨準備高／輸入（月）
	2000年	2005年	2014年	2000年	2005年	2013年		
中　国	—	—	—	3.1	2.3	1.5	6.2	25.6
香　港	40.6	71.8	87.8	0.5	1.5	3.1	2.9	8.0
インド	0.2	0.8	0.6	3.4	10.3	20.3	7.6	10.3
インドネシア	1.7	2.3	2.0	25.4	27.6	31.6	5.7	8.3
日　本	0.6	1.7	2.7	0.4	0.8	2.3	0.7	22.5
韓　国	3.3	6.9	10.3	5.5	5.5	9.5	3.5	10.0
マレーシア	3.2	6.5	8.3	9.6	13.4	22.3	4.9	6.3
フィリピン	0.8	4.0	2.8	1.3	1.9	3.9	6.5	12.9
シンガポール	5.6	15.5	16.7	7.3	12.0	17.4	3.2	10.2
タ　イ	2.2	4.8	6.1	3.0	4.1	6.0	3.3	9.4
ベトナム	4.6	5.6	8.0	26.5	25.8	7.3	6.1	5.1
台　湾	1.3	11.6	15.5	—	—	—	2.2	22.3

出所：中国向け輸出額の対名目GDP比率（%）はIFS, DOTS（IMF）より筆者が算出．燃料輸出額の対総輸出額比率（%）はWorld Bankから採取．実質GPD成長率予測は，IMF World Economic Outlook, Oct 2005 より引用．外貨準備高／輸入（月）は2015年の月次輸入額平均と2015年9月末の外貨準備高より筆者が算出（それぞれのデータはIFSより採取）．

の度合いも大きくなる．特に2015年8月11日の人民元の切り下げ，いわゆるチャイナ・ショック以降は，中国経済の影響で通貨安が進行している国も多い．そこで，対中輸出がGDPに対してどの程度の規模になっているのかを算出してみると，アジア諸国の中でも，中国向け輸出依存度（名目GPDに対する中国向け輸出比率）にはかなり差があることがわかる．

中国向け輸出依存度が最も高い香港の87.8%（2014年）に対して，最も低いのはインドの0.6%（2014年）である．また，2000年以降，韓国（3.3→6.9→10.3），マレーシア（3.2→6.5→8.3），シンガポール（5.6→15.5→16.7），台湾（1.3→11.6→15.5）のように，依存度が高まっている国が多いのに対して，インド，インドネシア，フィリピンのように，2014年の依存度が下がっている国もある．それでは，こうした中国向け輸出依存度は，中国経済の減速が本格的に危惧されるようになった2015年の為替相場の減価率とどのような関係にあるのだろうか．両者の関係を散布図で表わしたのが，図6-6である．これを見ると，相対的に中国向け輸出依存度の低い国（インド，日本，フィリピン）は通貨の減価率も低かったことが示されるが，一方で中国向け輸出依存度の高い香港（図 6-6 には載せていない），シンガポール，台湾といった国でも，通貨がさほど下落していない場合がある．その理由としては，香港はカレンシーボード制（ドルペッグ）を採用していること，またシンガポールは対外的に信用力の高い中央銀行（Monetary Authority of Singapore：MAS）があり，2015 年 9 月時点での外貨準備高も輸入の 10.2 カ月分と潤沢であること，台湾については輸入の 22.3 カ月分の外貨準備高を保有していることなどが影響していると考えられる．

(2) 原油価格の暴落

次に，2015 年の国際金融市場のかく乱要因となったのは，原油をはじめとする資源価格の下落である．資源価格の下落は，資源国であるインドネシアやマレーシアの財政を悪化させ，通貨安を招くという悪循環をもたらしている．表 6-2 を見ると，インドネシア，マレーシア，インドのように輸出に対する燃料輸出比率が 20% 以上の国と，香港，日本，フィリピンのように 5% 未満の国に分けることができる．これについても，2015 年の為替相場の減価率とどのような関係にあるのかを散布図で見てみると（図 6-7），相対的に燃料輸出比率が高い国ほど，2015 年 1 年間の為替相場の減価率が高いという関係にある．

2015 年に最も減価率の高かったマレーシアリンギットについては，中国経済への依存度，燃料輸出比率がともに高い上に，外貨準備高は輸入の 6.3 カ月分と，その他のアジア近隣諸国と比較するとさほど多くない点が原因となっている（マレーシアの外貨準備高は 2013 年 5 月が最大で，それ以降 2015 年末までに 3 割以上減少しており，リンギットの減価に伴い大規模な為替介入を行っていたと推測される）．一方，比較的減価率が少ないインドルピーやフィリピンペソについては，中国経済への依存度がさほど高くない上に，外貨準備高も潤沢，かつ実質経済成長率が高いことなどがその理由となっている．以上の例が示す通り，国際金融市場でかく乱要因となっている経済現象とその国が持つマクロ経済データを複合的に合わせて，それぞれの国の資本フローや為替相場に波及する度合いを予測する，ということが今後

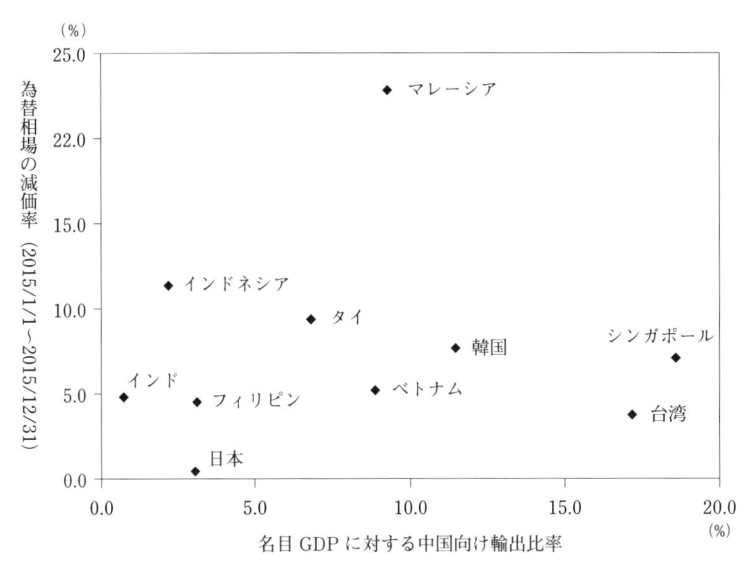

図6-6　対中国輸出依存度と為替減価率の関係

出所：IFS, DOTS（IMF）より筆者算出.

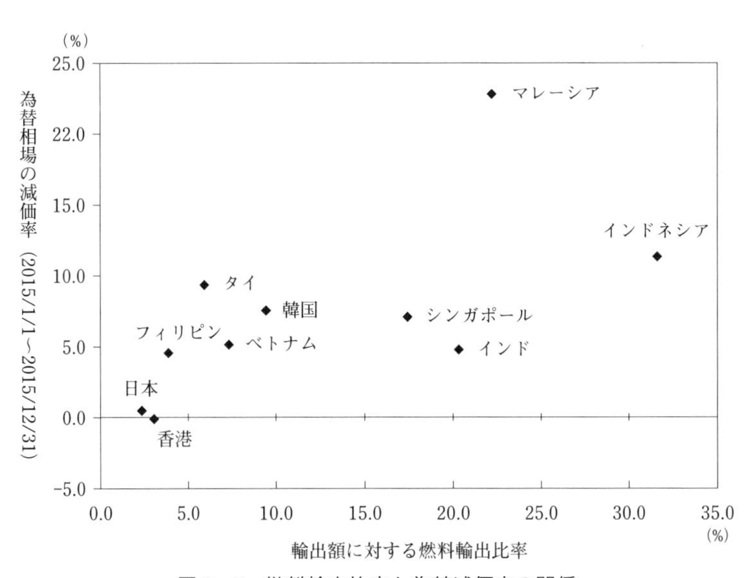

図6-7　燃料輸出比率と為替減価率の関係

出所：燃料輸出比率は World Bank, 為替減価率は Datastream より筆者算出.

重要なサーベイランス手法となることが示唆される.

4. 人民元の為替制度改革と通貨バスケット

4.1　アジアにおける通貨バスケット政策の変遷

アジアにおける通貨バスケット政策の変遷について考えるにあたり，まずはアジアにとって望ましい為替制度とは何かについて，これまでなされてきた議論を整理してみたい．1990年代に世界各地で発生した通貨危機の経験から，新興市場国がドルペッグを採用しつつ金融の自由化を行うことの危険性が明らかとなり，アジアにとって望ましい為替制度についての議論は新たな局面を迎えた．変動為替相場や厳格な固定為替相場制度のデメリットを強調して，両極の為替相場制度よりも中間的な為替相場制度の方が望ましいという考え方である．例えば，Williamson（2000）が提唱したBBCルールは，硬直的なドルペッグ制ではなく，より柔軟な為替相場制度として，為替バンド（Band），通貨バスケット（Basket），クローリング（Crawling）により，実質為替相場を安定化させることを目的とした為替政策である．東アジア諸国は国際貿易や直接投資において，米国のみならず日本・欧州や域内諸国とも密接な関係があることから，為替相場の安定性は，当該国通貨の対ドル為替相場の安定性ではなく，緊密な経済関係を持った複数の外国通貨のバスケットに対する当該国通貨の安定性を意味する．事実，対外経済依存度が高いシンガポールでは，1981年から通貨バスケットに基づく管理変動相場制を採用しており，アジア通貨危機時も比較的大きな影響を受けずに済んだ．こうして，通貨バスケットは東アジア諸国が選択すべき為替制度の重要な一つのファクターとなった.

2005年7月21日に，中国が突然通貨バスケットを参照とする管理変動相場制度に移行することを発表してから，アジアにおける通貨バスケットの役割はさらに注目されるようになった．マレーシアをはじめとして多くのアジア各国も，通貨バスケットを参照とした管理変動相場制へと動き出し，東アジアにおける通貨体制はさらなる変革を迎えた．表6-3は，アジア各国が

表6－3　世界各国の為替制度選択と金融政策のフレームワーク（IMF 報告ベース，2014 年）

為替制度		金融政策のフレームワーク					
		為替レート・アンカー			マネーサプライ・ターゲット	インフレーション・ターゲット	その他
		US ドル	バスケット	その他			
固定相場制度	カレンシーボード	香港		ブルネイ			
中間的為替制度	安定化相場制度		シンガポール ベトナム				
	準クローリング・ペッグ制				中国		
	その他	カンボジア			ミャンマー		マレーシア
変動相場制度	管理変動相場制					韓国 タイ フィリピン	インド
	自由変動相場制					日本	米国

注：為替レート・アンカーとは固定相場制の対象となる通貨のことであり，例えば米ドルにペッグしているのであれば，米国の金融政策に従うことになる．
　マネーサプライ・ターゲットとは通貨供給量を，インフレーション・ターゲットはある一定のインフレ率を金融政策の目標として扱う政策である．
出所：The Annual Report on Exchange Arrangements and Exchange Restrictions（AREAER）2014, IMF より作成．

IMF に報告している為替制度についてまとめたものである．2014 年の The Annual Report on Exchange Arrangements and Exchange Restrictions（AREAER, IMF）によれば，固定相場制を採用しているのは香港とブルネイ，中間的な為替制度を採用しているのは中国，シンガポール，マレーシア，ベトナム，カンボジア，ミャンマー，変動相場制を採用しているのは日本，韓国，タイ，フィリピン，インドとなっており，シンガポールとベトナムをはじめとして，通貨バスケットを参照としている国も多くなっている．

一方で，シンガポールや中国が参照している通貨バスケットの構成通貨やウェイトの詳細については，これまで公表はされていなかった．シンガポール通貨庁は，貿易取引実績に基づいた比率でバスケットを構成しているが，通貨構成比率などは，相場の安定や投機的取引を制限するために非公開である．また，中国が参照する通貨バスケットについても，ドル，円，ユーロなどの主要通貨を含む11通貨で構成され，相応の加重平均をしてバスケットを組成すると述べられるにとどまり，その詳細は明らかにされなかった．その後の人民元相場の動向に鑑みても，バスケット内でもドルの比重がかなり高いものであると推察された．この時点では，通貨バスケットを参照するといっても，実態はドルペッグとさほど違いがないものであり，本格的な通貨バスケット運営からはまだほど遠いものという感があった．

2015年以降，中国経済の減速が顕著になり，2015年8月のチャイナ・ショックを契機に，2005年7月の為替制度改革以降続いていた人民元高トレンドが転換を迎えた．2015年11月には，人民元のSDR構成通貨入りが決定したものの，世界経済の先行き不安の拡大とともに，対ドルで元安傾向が続くようになった中国は，同年12月に通貨バスケットによる新たな人民元指数の公表を開始した．中国人民銀行が運営する中国外国為替取引システム（CFETS）によって公表されたCFETS RMB Indexは，13通貨で構成された通貨バスケットであり，国際貿易の比率に再輸出の要素を加味したものとして，その各構成通貨のウェイトもCFETSのウェブサイトで公表されている．主要通貨では，ドルが26.4%，ユーロが21.4%，円は14.7%であり，貿易ウェイトが4番目である韓国ウォンが外されている他は，概ね国際決済銀行（BIS）が公表している実質実効為替相場算出のための中国のウェイトと似通ったものとなっている[1)]．CFETSの発表資料によれば，新指数は「社会や市場による元相場動向の見方に変化をもたらすことに寄与する」ものであり，今後は元相場を対ドル相場のみで評価するのではなく，通貨バスケットに基づく実効ベースで判断するように促すものと考えられる．

これまでは，その他のアジア通貨がドルペッグ制に近い為替政策を採っていた人民元に連動させる為替政策を採っていた結果として，アジア通貨のドル連動の割合が高かったわけだが，今後は人民元が為替市場での需給を基本

1）　CFETSのバスケット構成は2016年12月に改定され，韓国ウォンや南アフリカランド等新たな通貨が追加された結果，米ドルのウェイトは22.4%に低下した．

として，通貨バスケットを参考に調節する管理変動相場制に本格的に移行することになれば，元への連動性をさらに高めているアジア通貨も，自動的に通貨バスケット制に近い為替政策を採ることになる．かつて Williamson (2000) が提唱したBBCルールにのっとり，ようやくアジア各国が通貨バスケットを活用する為替政策へと移行する時代になってきたと言えるだろう．

4.2　人民元の為替制度改革の実証分析

前述の通り，2005年7月の人民元改革以降，人民元は徐々に管理変動相場制へと移行してきたわけだが，実際にはどの程度通貨バスケットを参照とした管理変動相場制になっていたのだろうか．各国の政府・通貨当局がIMFに報告している制度上（de jure）の為替制度と，実際に採用している（de facto）為替制度は必ずしも一致していないことがしばしば指摘されており，中国もその例外ではない．そこで，Frankel (1993)，Frankel and Wei (2008) の回帰式モデルを応用して，中国が実際にはどの主要通貨をアンカー通貨として，その通貨に対して連動（安定）させるような為替政策を行ってきたのかを実証的に分析してみよう．

Frankel (1993) の回帰式モデル式は，暗黙的な通貨バスケットの構成ウェイトを推定するものであり，一般的に以下のように表わされる．

$$\Delta e_{i/k,t} = \alpha_0 + \sum_{h=1}^{n} \alpha_h \Delta e_{h/k,t} + \varepsilon_{i,t} \qquad (1)$$

ここで e は為替相場（自然対数），i は各国通貨，k はニュメレール通貨，h は通貨 i が連動するアンカー通貨，n はバスケットを構成すると想定される通貨の数，ε は誤差項である．$\Delta e_{i/k,t}$ は，ニュメレール通貨に対する通貨 i の対数差であり，変化率（前期比）を近似している．したがって，(1) 式は，対象とする通貨のニュメレールに対する変化率を，バスケットを構成していると見られる複数の通貨の同じニュメレールに対する各変化率の加重平均で表現していることになり，そのウェイトを計測することで実際にはどのような為替政策を行っているのか把握することができる[2)]．

2）　例えば，推計された米ドルの係数が1，かつ有意で，その他の通貨の係数が有意でなければ，ドルペッグ政策，全ての通貨の係数が有意かつプラスであれば，通貨バスケしかし，前述の通りアジア各国の多くは管理変動相場制を採用しており，中国も為替相場安定のために積極的に為替介入を行ってきたことは周知の事実である．そこで，Frankel and Wei (2008) は，(1) 式の説明変数に，為替政策の一環として通貨安定のために為替介入を行っているかどうかを示すEMP (Exchange rate Market Pressure) 指数を説明変数に加えることを提案した．EMP指数とは，ある通貨に対して減価（増価）圧力がかかった場合に，通貨当局が市場介入を行えば外貨準備が減少（増加）する，という関係を一つの指標として表わしたものであり，IMFの報告書などで用いられてきた[3)]．Frankel and Wei (2008) では，EMP指数を説明変数として加え，誤差項からその影響を取り除くことにより，よりよい推定を導くものと考え，以下のような回帰式を用いた．

$$\Delta e_{i/k,t} = \alpha_0 + \sum_{h=1}^{n} \alpha_h \Delta e_{h/k,t} + \beta\{\Delta \boldsymbol{EMP}_i\} + \varepsilon_{i,t} \tag{2}$$

ここで，EMP指数は為替相場の変化率に同時期の外貨準備高の変化率を引いたものと定義され，以下の式で表わされる．

$$\Delta \boldsymbol{EMP}_i = \Delta \log \boldsymbol{EMP}_i = \Delta \log e_i - \Delta \log \boldsymbol{RES}_i \tag{3}$$

EMP指数の係数βは，為替の変動の実際の許容度を表わす．βが1の場合は，純粋な変動為替相場制，βがゼロの場合は完全な固定相場制であることを意味する．通常は，その間の値をとる場合が多い．さらに，ここでは人民元が国際的な資本フローの動きに影響を受けやすいことを考慮し，国際金融市場のリスク回避度を表わすVIX指数を説明変数に追加してみると，(3) 式は以下のような式になる．

ット政策，どの係数も有意でない場合は，完全な変動相場制であると判断される．

3) EMP指数の計算方法はいくつかの種類があるが (IMF (2007) 参照)，ここでは最も簡単なものを用いている．この数値について，人民元を例に考えてみる．ここでは第1項は人民元の対SDRの為替相場（1SDRが何元かという為替相場）を用いているので，その変化率がプラス（マイナス）になることは減価（増価）を表わす．第2項は中国の通貨当局がドル買い介入（売り介入）をすれば外貨準備が増加（減少）するのでプラス（マイナス）となる．したがって，EMP指数がマイナスであればあるほど，為替市場における人民元に対する増価圧力が高いことを意味する．

$$\Delta e_{i/k,t} = \alpha_0 + \sum_{h=1}^{n} \alpha_h \cdot \Delta e_{h/k,t} + \beta \cdot \{\Delta EMP_i\} + \gamma \cdot \Delta VIX_t + \varepsilon_{i,t} \qquad (4)$$

VIX 指数の係数γが負の場合は，投資家がリスク回避的になった場合に当該通貨が下落する（後述するが，ここでの為替相場は数値が大きくなると増価，小さくなると減価を表わす）ことを意味する．

人民元のバスケットを分析するにあたり，アンカー通貨として主要3通貨であるドル，円，ユーロを用いる．また，この分析においては，ニュメレール通貨として何を用いるかが一つの課題となるが，先行研究ではアジアの新興国通貨を被説明変数として分析する際には，スイスフランやSDRが用いられてきた．ここではSDRをニュメレールとし，全ての通貨を対SDRの為替相場に変換し，月末の終値のデータを用いて分析を行う．

次に，人民元改革以降の人民元の対ドル相場の動きを見てみよう．図6-8は，人民元の対ドル為替相場の推移を示したものである．これによれば，人民元の為替政策は，人民元がドルにペッグしていた2000年前半から2005年7月の人民元改革期前までのドルペッグ期，2005年7月21日の人民元の為替制度変更直後からリーマン・ショック前の2008年8月までの改革変動期，リーマン・ショック後に一時的にドルペッグに戻ったドルペッグ回帰期，2010年6月19日に中国政府が人民元を再び管理変動相場制に戻すと発表した後の2010年7月から直近の2016年6月までの変動期に分けることができる．さらに，後半の変動期は，2014年3月から人民元の対ドル相場の変動幅を上下1%から2%に拡大したことから，変動再開期と変動幅拡大期の2期間に分けることができる．

それぞれの期間における推定結果をまとめたのが，表6-4である．まず，人民元がドルにペッグしていた2000年前半から2005年6月までは，米ドルの係数が有意かつほぼ1，EMP指数の係数βがゼロ（有意ではない），決定係数が1であり，この時期が完全なドルペッグであったことが示された．次に，2005年7月からリーマン・ショック前の2008年7月までの改革変動期では，米ドル，ユーロ，円の係数がそれぞれ有意かつプラスとなり，米ドルのウェイトが最も高いものの，主要3通貨に対してそれぞれ連動したバスケ

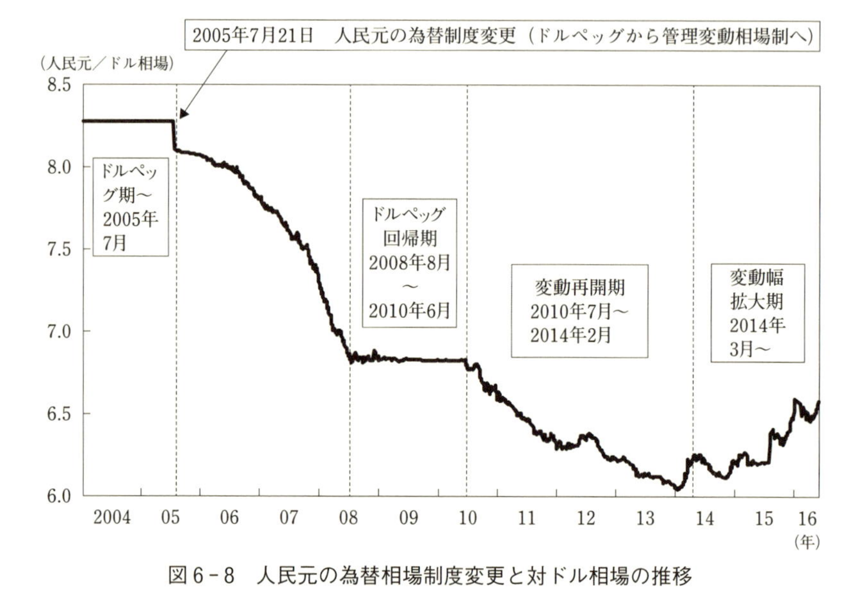

図6－8　人民元の為替相場制度変更と対ドル相場の推移

出所：IMF の月次為替データより筆者作成.

ット政策に変更されたことがうかがえる[4)]．β は 0.18 と有意であり，わずかながら固定相場制から変動相場制に移行していることが示された．リーマン・ショック後に一時的にドルペッグに戻ったドルペッグ回帰期になると，また主要 3 通貨では米ドルの係数のみが有意，かつ 0.97 と 1 に近く，β も有意ではなくなっており，固定相場制に回帰していたことが示された．2010 年 6 月 19 日に中国政府が人民元を再び管理変動相場制に戻すと発表した後の 2010 年 7 月から 2014 年 2 月までの変動再開期では，米ドルの係数のみが有意だが 0.88 とそれまでの期間よりも小さくなっており，米ドルとの連動性が若干弱まってきたことがわかる．また，2014 年 3 月から元安傾向に転換してきた 2016 年 5 月までの変動幅拡大期では，米ドルの係数は 0.59 とさらに低下し，米ドルとの連動性がさらに弱まってきたことが示された．EMP 指数の係数 β は有意かつ 0.44 と，人民元改革変動期よりも係数の値が大きくなっており，より柔軟な為替政策に移行していることが確認された．

4)　この分析では，それぞれの通貨の係数（ウェイト）を合計すると 1 になるような制約はつけていない．

表6－4　人民元の為替制度の推定

サンプル期間	2000年2月 ～ 2005年6月	2005年7月 ～ 2008年7月	2008年8月 ～ 2010年6月	2010年7月 ～ 2014年2月	2014年3月 ～ 2016年12月
説明変数					
定数項	0.0000	0.0007	0.0002	－0.0002	－0.0010
	(0.0000)	(0.0026)	(0.0006)	(0.0007)	(0.0010)
米ドル	1.0009***	1.1667***	0.9726***	0.8803***	0.5893***
	(0.0016)	(0.1425)	(0.0358)	(0.0990)	(0.1817)
ユーロ	0.0010	0.3787**	0.0019	0.0293	－0.0566
	(0.0013)	(0.1867)	(0.0268)	(0.0866)	(0.1509)
日本円	0.0007	0.0949**	0.0016	－0.0205	－0.0262
	(0.0007)	(0.0451)	(0.0118)	(0.0269)	(0.0331)
EMP指数	－0.0001	0.1820***	0.0313	0.1736***	0.4447***
	(0.0006)	(0.0911)	(0.0300)	(0.0459)	(0.0560)
VIX指数	0.0000	0.0004	－0.0019	－0.0062**	0.0034
	(0.0001)	(0.0047)	(0.0015)	(0.0029)	(0.0034)
修正済み決定係数	1.0000	0.8211	0.9946	0.9219	0.8739
Durbin-Watson	2.8628	1.4054	1.3466	2.1656	1.5115
観測数	65	37	23	44	34

被説明変数：人民元の月次変化率．推計手法：最小二乗法．

注：すべての為替相場は対SDRの為替相場であり（1SDRがいくらかという表示であり，数値が大きくなると通貨安を意味する），説明変数は月次の収益率に変換されている．収益率は月末の終値を用いて算出している．EMP指数は人民元為替相場の月次変化率から外貨準備高の月次変化率を引いたものであり，プラスは減価圧力が，マイナスは増価圧力が高いことを意味する．VIX指数とは，アメリカの主要株価指数「S&P500」を対象とするオプション取引の値動きを基に算出・公表している指数であり，数値が大きいほど市場の危険回避度が高いことを示している．

カッコ内の数値は標準偏差であり，***，**，*は有意水準1%未満，5%未満，10%未満を表わす．

出所：筆者の計算による．為替データ，および外貨準備のデータはCEICから採取した．

VIX指数の係数γについては，2010年7月から2014年2月までの期間は有意かつマイナスの係数となっており，中国経済の成長期待から人民元相場が高くなることを期待した市場が，リスク回避的な動きとは裏腹に人民元高を進めていたことが表われている．だが，2014年3月以降は係数がプラスに変わっており，リスク回避度が高まると人民元が売られるという関係になっていることがうかがえる．

以上の分析より，人民元が米ドルに連動した固定相場制から徐々にではあるが米ドルへの連動ウェイトが低下し，より柔軟な通貨バスケット政策に移行していることが実証的にも確認された．

5. アジア域内金融協力の現状と課題

アジア各国は，通貨金融危機の再来を防ぐため，外貨準備を積み増すと同時に，2カ国間での通貨スワップ協定としてCMIを締結することで，域内の金融セイフティネットを整備し，危機に備えている．以下では，世界的な金融危機後のCMI強化の現状と課題について考えてみよう．

2000年5月，タイのチェンマイでASEAN 10カ国に日本，中国，韓国の3カ国を加えた13カ国（以下，ASEAN＋3）の財務大臣クラスの会合が開かれ，「2カ国間での金融取極をそれぞれが相互に結ぶことを通じて支援体制を構築すること」を目的として合意されたのがCMIである．この枠組みは，集団的な金融支援体制として，為替・金融市場の安定を図るとともに，IMF支援を含む既存の国際的な資金支援制度の補完を目的としている．

当初のCMIは，中心的な意思決定やモニタリング組織がなく，二国間通貨スワップ取極（BSA）の比較的緩やかなネットワークとして，資金規模400億ドルで発足した．その後，世界的な金融危機による国際金融情勢の変化を反映して，様々な面で強化されてきた．具体的には，資金規模の増額（1200億ドル→2400億ドル），ASEAN新規加盟5カ国の参加，意思決定と支出プロセスのマルチ化（CMIM），モニタリング機関の設置，新しい予防的ラインの導入の決定などである．

2015年7月にはCMIMの改訂契約が発行し，CMIMの全体規模の倍増（1200億ドル→2400億ドル），危機予防機能の導入，IMFデリンク割合（引出可能上限額に対して，IMFプログラムなしで発動可能な割合）の引上げ（20%→30%）といった機能強化が図られた．これにより，潜在的に，または実際に直面している資本収支，および短期流動性の困難に対応できるよう，地域の金融セイフティネットの強化が期待されている．今回の改訂の主なポイントは以下の2点である．第1に，危機対応メカニズムとして，安定ファシリティ（CMIM Stability Facility：CMIM-SF）が資金規模・IMFデリンク割合ともに拡大され，資金供与の満期，最大支援期間も延長されたことである．第2に，危機予防機能として予防ライン（CMIM Precautionary line：CMIM-PL）が導入されたことである．CMIM-SFでは，危機に陥った国が国際収支上の支援を受けるため，付帯条件に関係なくIMFと交渉に入ることが引き続き求められているのに対し，CMIM-PLでは，事前のコンディショナリティ（モニタリング）に基づき，かつ厳格な事後条件なしに資金が提供されることになる．

IMFデリンクのためには，ASEAN＋3の通貨当局が，IMFに頼ることなく，独自の判断の下で通貨スワップ協定の発動を意思決定する体制を構築する必要がある．その具体的な施策の一つが，各国の経済状況を互いにモニタリングしあう相互監視体制の確立（域内サーベイランス）である．現在は，毎年5月のASEAN＋3財務大臣会議で各国の経済情勢について意見交換をする場が設けられており，これに加えて，中央銀行からの参加者を含めた政策対話も年に2回行われている．マルチ化への合意と同時に，独立したモニタリング機関である「ASEAN+3マクロ経済リサーチ・オフィス（AMRO）」の設置についても合意され，2011年4月にシンガポールに設立された．AMROでは，ASEAN+3地域の経済のサーベイランスを行うとともに，CMIMの実施を支援する機関としての役割を担っている．

アジア各国には，CMIM以外にも中国と二国間通貨スワップ協定を締結している国もあり，保有する外貨準備と合わせて，当面の危機対応の準備がなされている．神尾（2012）によれば，前述したような外貨準備も含めたアジアの金融セーフティネットの規模は，アジア通貨危機時とリーマン・ショック時の資本流出額で比較すると，十分対応可能であることが試算されている．しかし前述した通り，2015年以降の通貨下落基調により，外貨準備も縮小傾向が始まっており，米国の利上げによる資本流出がさらに本格化すると，危機対応として必ずしも盤石であるとは言えないかもしれない．過去，CMIMの発動はないが，新たに導入された，危機発生前に予防目的の資金供与を可能とするCMIM-PLの発動が必要とされる時もくる可能性がある．その際に，発動がスムーズに行われるプロセスの明確化と，集団的意思決定メカニズムの早急な確立が重要となるだろう．

6. おわりに

アジア金融危機前に見られたダブルミスマッチという現象は，投資や貿易の両面でドルに依存していたことが一つの要因であった．それに対して，Ogawa and Shimizu (2005) は，アジア通貨を対ドル相場で評価するのではなく，アジアの通貨がアジア域内でどのような動きをしているのかということを対アジア通貨でとらえる必要があると考え，アジア通貨で構成された通貨バスケット（Asian Monetary Unit: AMU）を提案してきた（http://www.rieti.go.jp/users/amu/index.html 参照）．それぞれのアジア通貨のアジア通貨バスケットに対する動きを AMU 乖離指標として公開し，その指標を一定のバンド内に収めることで，アジア通貨間の安定を目指すというものである．ただし，AMU 乖離指標を提唱し始めた 2000 年代半ば頃は，中国が資本規制を緩和して人民元が国際通貨となるのはまだ遠い先のことであると考えられていた．したがって，日本円がこの通貨バスケットにおける唯一のハードカレンシーとして，アジア通貨を安定化させる役割を果たせるのではないかと期待していた．

しかし，前述した通り，今や人民元は世界中のオフショア市場で活発に取引されており，人民元相場の先行きがアジアの資本フローやアジア通貨の動向に大きな影響を与える状況となっている．折しも，中国人民銀行が運営する CFETS（中国外国為替取引システム）は 2015 年 12 月から CFETS RMB Index という 13 通貨で構成された通貨バスケットを新たな人民元指数として公表を開始した．中国は，最近は為替市場での需給を基本とし，通貨バスケットを参考に調節する管理変動相場制を採りながら，人民元の柔軟性を増していることが，Frankel and Wei (2008) のモデルを応用した実証分析からも確認された．これまでは，ドルペッグ制に近い為替政策を採っていた人民元にその他のアジア通貨がペッグしていた結果として，アジア通貨のドル連動の割合が高かったわけだが，人民元が本格的に通貨バスケット制に移行することで，アジア全体もかつて Williamson (2000) が提唱した BBC ルールにのっとった為替政策に移行すると予想される．新たに SDR 構成通貨入りをした人民元と日本円は，リスクオン・オフ時に，それぞれ投資通貨として，あるいは安全資産として非対称な動きをしているが，それぞれの強みを発揮し，互いが協力することで，全体としてアジア通貨が安定するような域内為替協調政策を模索する時代となろう．

さらに，2015年末に始動したASEAN経済共同体（AEC）では，ASEANの金融統合として銀行セクターの自由化・統合の取組み（各国の規制の緩和・調和化等）が計画・実施されている．ASEAN各国は，経済の発展度合いや産業構造が多様であるため，金融セクターの発展度合いも一様ではないが，共通の特徴は，間接金融が重要な地位を占めることである．ASEAN金融統合においては，国内金融サービスと資本取引の自由化を進め，さらに規制の調和等によってASEAN全体の金融資本市場の統合を図ることが基本方針とされているが，金融規制などの制度インフラをいかに改善していくかが大きな課題である．邦銀の海外支店・出張所の地域別推移を見ると，2014年度末時点で海外店舗に占めるアジアの割合は5割以上になっており，邦銀の海外ビジネスの主戦場はアジアとなっている．今後，日本の金融機関がアジアにおいて質の高い金融サービスを提供するとともに，金融安全網を整備し，金融基盤構築を支援する大きな役割を担っていくことが期待される．

参考文献

Calvo, Guillermo A., Leonardo Leiderman, and Carmen M. Reinhart (1993), "Capital Inflows and Real Exchange Rate Appreciation in Latin America: The Role of External Factors," IMF Staff Papers, Vol. 40(1), March 1993, pp. 108-151.

Fernandez-Arias, Eduardo (1996), "The New Wave of Private Capital Inflows: Push or Pull?" *Journal of Development Economics*, Vol. 48(2), pp. 389-418.

Frankel, Jeffrey A. (1993), "Is Japan Creating a Yen Bloc in East Asia and the Pacific?" in: Jeffrey A. Frankel and Miles Kahler (eds.), *Regionalism and Rivalry: Japan and the United States in Pacific Asia*, Chicago: University of Chicago Press.

Frankel, Jeffrey A. and Shang-Jin Wei (2008), "Estimation of De Facto Exchange Rate Regimes: Synthesis of the Techniques for Inferring Flexibility and Bas-

ket Weights," IMF Staff Papers, Vol. 55(3), July 2008, pp. 384-416.
IMF (2007), "Managing Large Capital Inflows," in World Economic Outlook, October, Chapter 3. https://www.imf.org/external/pubs/ft/weo/2007/02/pdf/c3.pdf
Koepke, Robin (2015), "What Drives Capital Flows to Emerging Markets? A Survey of the Empirical Litarature," IIF Working Paper, April 23, 2015.
Milesi-Ferretti, Gian-Maria, and Cedric Tille (2011), "The Great Retrenchment: International Capital Flows During the Global Financial Crisis," *Economic Policy*, Vol. 26(66), pp. 285-342.
Ogawa, Eiji and Junko Shimizu (2005), "A Deviation Measurement for Coordinated Exchange Rate Policies in East Asia," RIETI Discussion Paper Series, No. 05-E-017.
Subramanian, Arvind and Martin Kessler (2012), "The Renminbi Bloc Is Here: Asia Down, Rest of the World to Go?" Peterson Institute for International Economics Working Paper, No. 12-19.
Williamson, John (2000), ***Exchange Rate Regimes for East Asia: Reviving the Intermediate Option***, Washington, D. C.: Institute for International Economics.
神尾篤史（2012）「危機耐性高めるアジア金融セーフティネット――対外ショックに対する対応力を増す経済も危機耐性を高める一因」大和総研レポート，2012年10月12日．http://www.dir.co.jp/souken/research/report/capital-mkt/12101201capital-mkt.pdf

第7章

金融危機管理としてのFRBの役割

――量的緩和政策と通貨スワップ協定――

中村周史

1. はじめに

米国内の住宅バブル崩壊によって発生した米国の金融危機だったはずのサブプライム危機は，瞬く間に世界経済へと延焼し，世界金融危機へと発展した．世界の金融システムはカウンターパーティ・リスクと米ドル不足によって，その流動性が著しく低下することとなった．このことはEngel (2009)やBaba and Packer (2009a, 2009b) などでも指摘されている通り，危機の震源地であるはずの米国で通貨への需要を急拡大させた結果，危機後には図7-1のように通貨価値が上昇するという現象を引き起こした．これは，米国以外では世界のどの国家で危機が発生しても起こるはずのない現象である．この象徴的な出来事は，圧倒的シェアを誇る国際決済通貨の発行国として，また世界の経常収支赤字を一手に引き受ける国家として，米国が世界経済において果たす役割がどれほど大きいのか[1]を再認識させるものであった．それと同時に，現在の国際金融市場が非常に複雑で緻密な多重構造であり，その根幹を支える米ドルの流動性を確保することが，この市場に参加する全ての国にとってどれほど重要な問題であるのかを痛感させる出来事でもあった．

1) この米ドルを事実上の基軸通貨とする国際通貨体制に関しては，Dooley, Falkerts-Landau and Garber (2004a, 2004b), Caballero (2006) やCaballero *et al.* (2008) を参照．

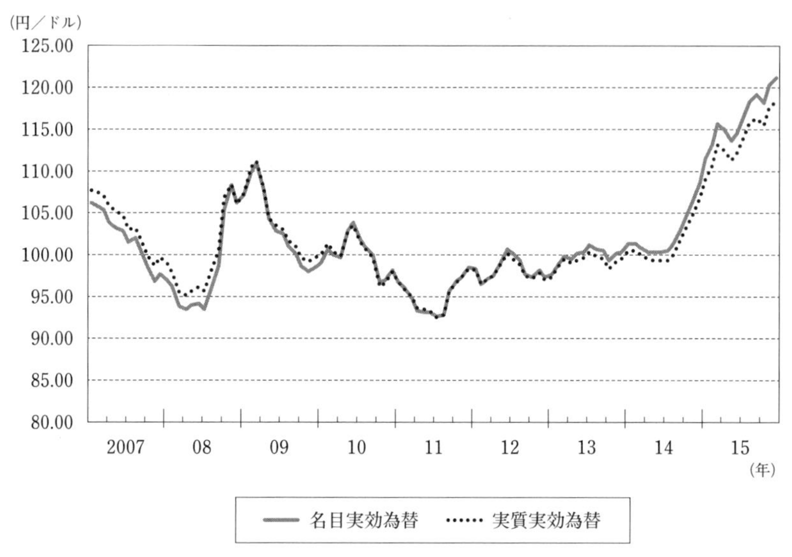

図7-1　米ドルの実効為替レートの推移

出所：International Financial Statistics より筆者作成.

米国はこの事態を収束させるべく，国内へは量的緩和（Quantitative Easing: QE）政策をはじめとする非伝統的金融政策を実施し，世界に向けては通貨スワップ協定による流動性の供与を図った．本章では，2008年より続いたこの米国のQE政策や通貨スワップ協定が，世界の金融システムに対する危機管理の観点からどのような役割を果たしたのか，に焦点を当てて考えていく．そのため次節では，まず米国の実施した3度のQEとその中身について整理を行い，続く第3節でそれが流動性供与という観点から対外的に果たした役割についてデータと共に考察する．第4節では，より直接的に流動性を供給する手段として機能した通貨スワップ協定に関して説明を行い，FRBの提供する通貨スワップ協定が金融危機管理の枠組みとして果たした役割について考える．第5節では，そうしたFRBの提供する危機管理体制の問題について指摘し，IMFとの役割の相違，今次の危機での関係について見ていく．最後に，これらを踏まえたうえでの結びを行う．

2. 米国の量的緩和政策

経済が名目利子率の非負制約に直面すると流動性の罠に陥るため，公開市場操作による金利を通じた伝統的金融政策は機能しなくなる．その状態に陥った金融政策当局が一層の緩和を行うために実施される金融政策が，「非伝統的金融政策」である．実際に，FRBにより段階的に引き下げられてきたFRBの政策金利であるFederal Funds（FF）レートがゼロ近傍に到達すると同時に，FRBはこの非伝統的金融政策を採用した．非伝統的金融政策は時間軸政策[2)]，量的緩和政策，信用緩和政策の３つを組み合わせて実施される．福田（2013）で整理されているように，量的緩和政策と信用緩和政策は実際には区別されるべき政策[3)]であるが，多くの文献や資料ではまとめてQEとして議論しており，ここではその広義のQEについての定義に従って話を進めていく．

2007年８月のパリバショックを機に高まった世界的金融不安を反映し，FRBは同月に，市場に流動性を供給するため公定歩合を6.25%から5.75%へと引き下げるとともに，連銀貸出を担保価値の範囲内で無制限に供給することを決定した．翌９月にはFFレートを5.25%から4.75%に引き下げた．その後，図7-2（a）が示す通り，世界金融危機に至るまで公定歩合およびFFレートの段階的引き下げが行われた．この取り組みによって一時的に金融市場は落ち着きを見せたが，2008年６月にS＆PがAMBACおよびMBIA[4)]を格下げしたことをきっかけに再び混乱し始め，同年９月15日にリーマン・ブラザーズの経営破綻が発生し，これを機に世界金融危機へと進行

2）本章では詳しく触れないが，フォワード・ガイダンスのように，現状の金融政策姿勢の時限や政策終了の条件を予めコミットして実施することで，将来のインフレ率や短期金利の期待を変更・誘導し，金利の期間構造を通じて現在のインフレ率や中長期金利に働きかける政策のことを意味する．インフレーション・ターゲティングは，時間軸政策の一つである．

3）信用緩和政策は危険資産（短期国債以外の金融資産）の持つリスク・プレミアムを引き下げる政策であり，後述のオペレーション・ツイストのように量的緩和を伴わずとも実行可能であるため，本来は区別されるべきである．しかし，多くの場合は量的緩和を伴うため，ここではまとめてQEとして扱う．

4）有価証券の支払保証を専門に行うモノライン（金融保証会社）．

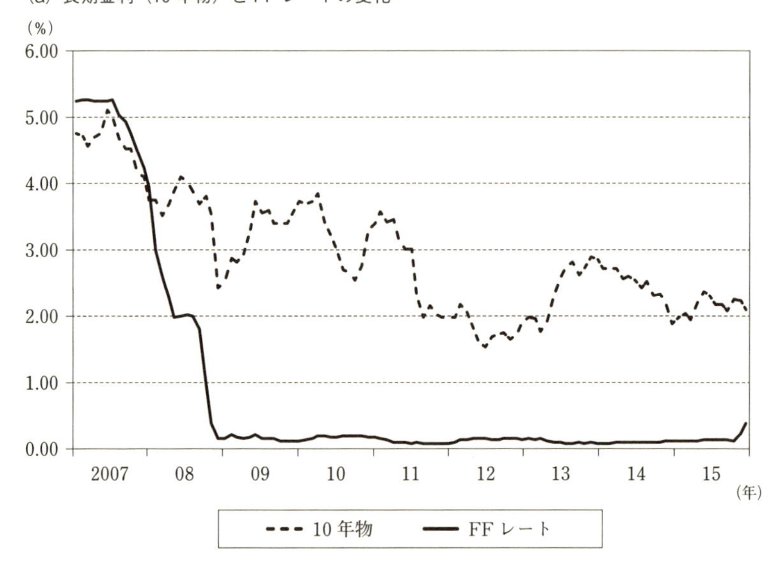

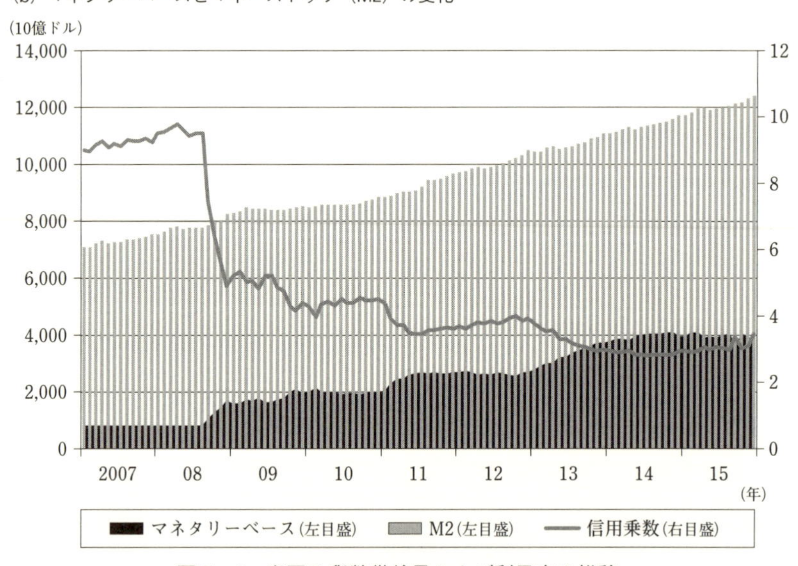

図 7－2　米国の貨幣供給量および利子率の推移

出所：International Financial Statistics より筆者作成.

表7－1　米国量的緩和政策の内訳

	QE1	QE2	QE3
	2008年11月 〜 2010年 6月	2010年11月 〜 2011年 6月	2012年 9月 〜 2013年12月
米国債 MBS その他	3000億ドル 1兆2500億ドル 1750億ドル	6000億ドル	5400億ドル 6400億ドル
合　計	1兆7250億ドル	6000億ドル	1兆1800億ドル

注：QE3は2014年以降の緩和逓減期（2014年1月〜2014年10月）を含まない数字.
出所：Federal Reserve Boardより筆者作成.

していった.

この危機を受けてFRBは，同年10月8日より再び公定歩合およびFFレートの引き下げを開始し，12月16日には，公定歩合を0.5%まで引き下げ，図7-2（a）の通りFFレートは0%から0.25%で推移するような金利政策を発表した．これにより金利の非負制約に直面したFRBは，同年11月25日にターム物資産担保証券貸出制度（Term Asset-Backed Securities Loan Facility：TALF）[5]導入のアナウンスを行い，政府系金融機関が発行する住宅ローン債券のエージェンシー債，不動産担保証券（Mortgage Backed Security：MBS）を買い入れることを発表し，いわゆるQE1に踏み切った．表7-1は各QEの内訳と規模について示しており，過去3度のQEによって供給されたマネタリーベースと貨幣供給量の変化を表わしたものが図7-2（b）である.

各QEの特徴をより詳細に見るため，図7-3の主な資金提供手段[6]の推移を見てみよう．QE1は2010年6月まで実施され，最終的には米国債で3000億ドル，MBSで1兆2500億ドル，その他の資産で1750億ドル，合計で1

5）学生ローン，自動車ローン，クレジットカードローン，政府保証付き中小企業向けローンの資産担保証券（Asset Backed Security：ABS）を担保として，FRBが貸出を行う制度.

6）T-Bills（米国財務省短期証券）は数日〜52週間の割引債，T-Notes（米国財務省中期証券）は2，3，5，7，10年物の利付債，T-Bonds（米国財務省長期証券）は30年物の利付債のことを示している.

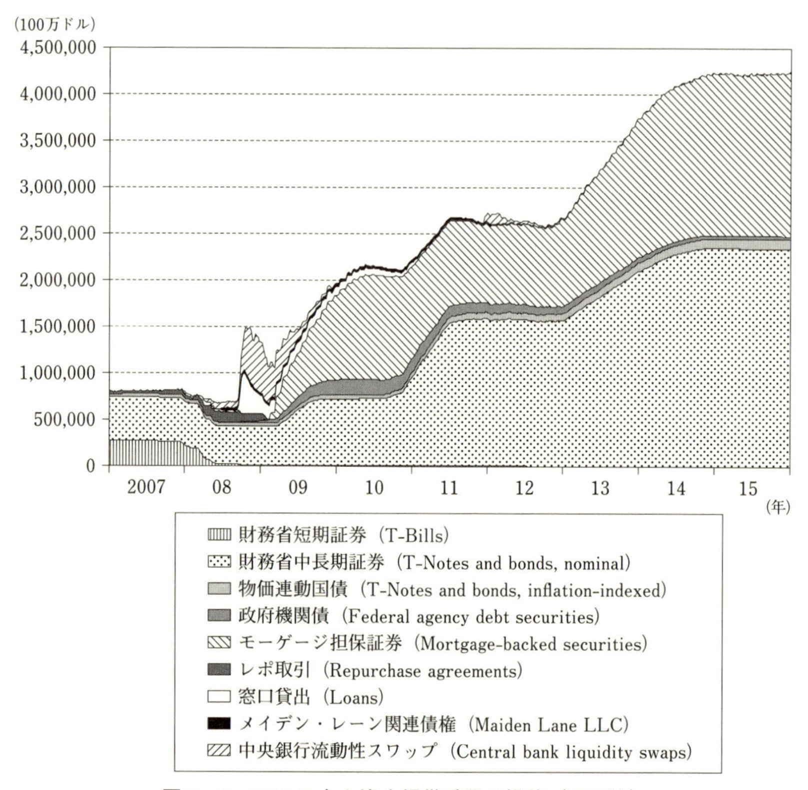

図7－3　FRBの主な資金提供手段の推移（週平均）

出所：Federal Reserve Board より筆者作成.

兆7250億ドルを市場に供給した．2008年後半から2009年にかけては，危機の発生により麻痺してしまった金融システムの回復が主たる目的であったため，破綻しかけた金融機関や債券ディーラー向けの融資，信用市場に対する流動性供与が主であった．図7-3の中で，同時期にFRBの貸出残高やレポ取引[7]が急増しているのは，この政策の内実が短期金融市場の安定化を目的とした資産規模の拡大であったことを示している．

例えば，2008年3月に導入した，窓口貸出を投資銀行にも適用するプライマリー・ディーラー向け連銀窓口貸出制度（Primary Dealer Credit Facil-

7）　証券貸借取引のことで，証券を媒体とした資金取引のことを表わす．

ity：PDCF）は，FRBの最後の貸し手としての機能強化であり，QE1期間中にその利用が急拡大している．また，上述のTALFは2009年3月に貸付業務が開始されたが，その導入の背景には当時の証券化市場を含む信用市場の完全な機能停止がある．この制度を利用すれば，一部のローンをFRBが最終的に引き受けることになるため，信用市場のリスクを軽減し，流動性を再び取り戻すことを目的としていた．一方，2010年以降の規模拡大はMBSや中長期国債の買入によるものであり，長期金利の低下による景気回復を目的としたものであった．このように，QE1では金融危機の発生に対して，FRBは金融機関の最後の貸し手としての役割を果たすだけでなく，信用市場に直接的に流動性を供給するという方法で危機の拡大を回避し，金融システムの安定を図ることに成功したといえる．

その後，景気回復の促進とインフレ率低下の阻止などを目的とし，長期金利を押し下げるため，2010年11月3日に連邦公開市場委員会（Federal Open Market Committee：FOMC）はエージェンシー債およびMBSといった保有証券の償還分を国債に再投資することを継続することに加え，2011年6月まで総額6000億ドルで長期国債を購入するという，QE2の実施を決定した．同期間において，急激に長期国債保有が拡大していることを図7-3より確認できる．また，このQE2自体は予定通り2011年6月で終了したが，ユーロ圏危機の深刻化による米国債換金売りやS＆Pによる米国債格付けの引き下げにより，金利およびリスク・プレミアムの上昇が引き起こされた．このことへの対応として，FRBは緩和効果を強化すべく，同年9月21日にFRBが保有する短期国債を市中に売却し，その相対で長期国債を購入する，というオペレーション・ツイストの実施を発表した．これは金利の期間構造のうち，流動性プレミアムを引き下げる効果を持つ[8)]と考えられる．これに

8）流動性プレミアム仮説に従えば，長期と短期の間で起きる金利裁定の結果，短期金利と長期金利の間には，以下のような関係が成立すると考えられる．

$$R_t^{(N)} = \frac{r_t + E_t(r_{t+1}) + \cdots + E_t(r_{t+N-1})}{N} + \rho^{(N)}$$

ここで，r_tは短期金利を，$R_t^{(N)}$はN年物の長期金利を，$\rho^{(N)}$はN年物の流動性に関するプレミアムを表わすものとする．したがって，長期金利は将来にわたる短期金利の期待値および流動性プレミアムから構成されていると考えられる．そのため，長期金融資産に対して流動性を供給する政策は，その資産の流動性プレミアムを引き下

より，長期金利は3.5%から2%まで低下した（図7-2（a））．

こうしたFRBのQE1およびQE2の取り組みにより，消費と生産については回復傾向が見られたが，労働市場に関しては失業率が8%から9%で推移し，思うような改善が見られなかった．そのため，2012年9月にFRBはMBSをさらに買い進め，2013年1月には財務省証券も対象に加えて，月450億ドルのペースで期限を定めず債券を買い入れるQE3を開始することで，ポートフォリオ・リバランス効果によるリスク資産投資を促した．これは最終的に2013年12月まで同規模で継続し，以降は緩和逓減をしつつ，2014年10月末まで実施された．これら一連のQE政策の結果，図7-2（b）が示す通り危機以前と比較してマネタリーベースは約4倍，M2は約2倍にまで拡大している．

3. 量的緩和政策とスピルオーバー効果

こうしたQE政策の影響は米国内に留まるものではなく，スピルオーバー効果として国際的な資本フローに対して強く影響したことがしばしば指摘されている．本節では，特に世界金融危機以降の米国からの資金の流れに焦点を当て，各QE前後でどのような変化があったかを順に見ていく．

まず，米国の部門別資金フローの推移を図7-4で確認しよう．米国からの対外投資に関していえば，その規模の中心は民間部門であることが見て取れる．この民間部門の資本の動きには特徴があり，世界金融危機やユーロ圏危機の深刻化の時期に流入に転じていて，QE期間中には米国の民間資本流出が発生していることが分かる．

次に，その民間部門が何に対して投資を行っているのかを見てみよう．図7-5は，米国の民間部門が行ったクロスボーダーでの投資の内訳を示している．直接投資に関しては一貫して流出しているが，それ以外の投資に関しては時期によって特徴的な動きを見せている．

ここでFRBによって直接大量の流動性を供給された金融機関の動きにつ

げ，長期金利を引き下げることにつながると考えられる．

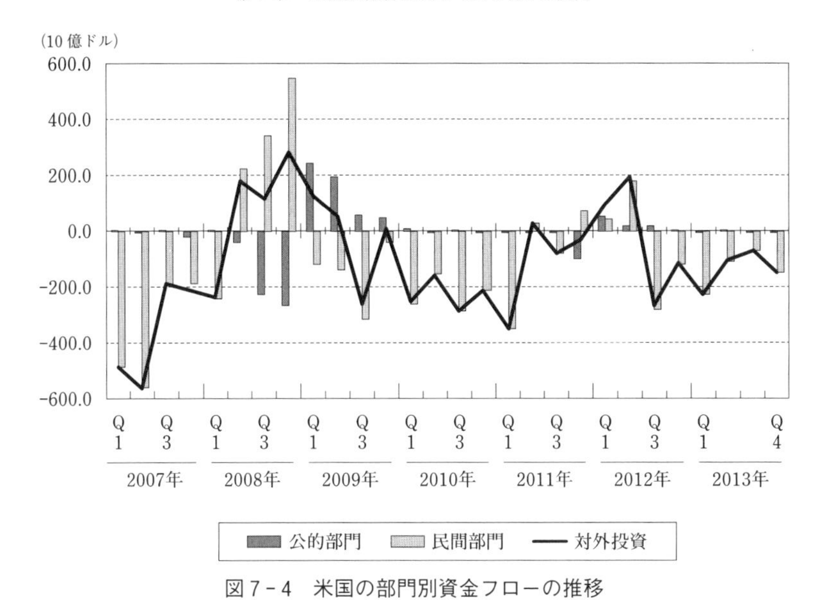

図7-4　米国の部門別資金フローの推移

出所：U. S. Bureau of Economic Analysisより筆者作成.

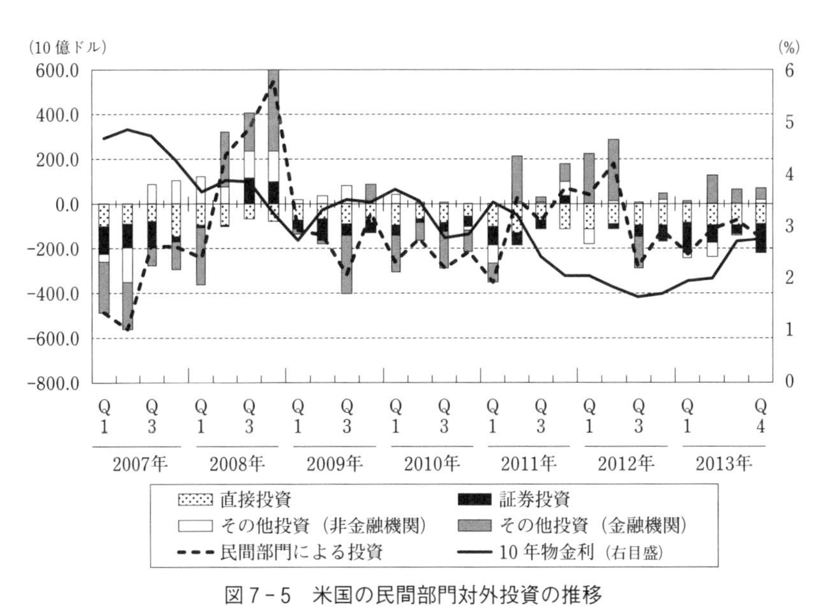

図7-5　米国の民間部門対外投資の推移

出所：U. S. Bureau of Economic Analysisより筆者作成.

いて見ると，世界金融危機の際には急激に対外与信が巻き戻っており，その後のQE1によって再び流出に転じたものの，ユーロ圏危機が再燃した2011年末頃からはほとんどの期間で流入に転じていることが分かる．また，米国財務省のTIC（Treasury International Capital）においても，米国の金融機関はQEの時期に証券投資に対して積極的ではなかったことが示されている．これらのことは，特にQE2のようにFRBが米国債を買い上げることで増えた当座預金を活用し，金融機関がリスク資産にポートフォリオを組み替えるポートフォリオ・リバランス効果についてはあまり有効に機能していなかったことを示唆している．これは図7-2（b）の信用乗数の急激な低下からも間接的に読み取ることができる．したがって，FRBが供給した貨幣が国外へ流出するという意味においてのスピルオーバー効果は，それほど生じていなかったと考えられる．

一方，証券投資について見てみると，各QEの期間中にはほとんどの時期で流出超過となっていることが分かる．この原因の一つとしては，QE政策による長期金利の低下で，リスク資産の収益率が相対的に高くなったことが挙げられる．これは米国内の株式市場に対しても同様であり，QE政策は投資家の投資行動に対しては影響を与え，そうした投資行動を通じて危機後の，特に新興市場国の証券市場に対して，流動性をもたらすスピルオーバー効果を発生させていたと考えられる．

ただし，一連の米国QE政策による為替相場に対する影響に関して，実証研究ではコンセンサスが得られていない．これはQE政策が米国からの資金フローのみならず，同時に米国への資金フローに対しても影響したと考えられるためであり，図7-6からも分かる通り，実際危機時に反転していた資金フローは，QE実施以降再び流入超過となっている．外国の公的部門に関しては，一貫して米国債を対象とした投資が行われている一方，民間部門については世界金融危機時やユーロ圏危機が深刻化した際に資本を引き上げており，その後の各QEの実施以降には以前ほどの規模ではないものの，再び流入が発生していることが分かる．

このように，米国からの資金流出と米国への資金流入がどちらも事後的に発生しているため，QE政策によって為替相場に対してどちらに強く圧力が

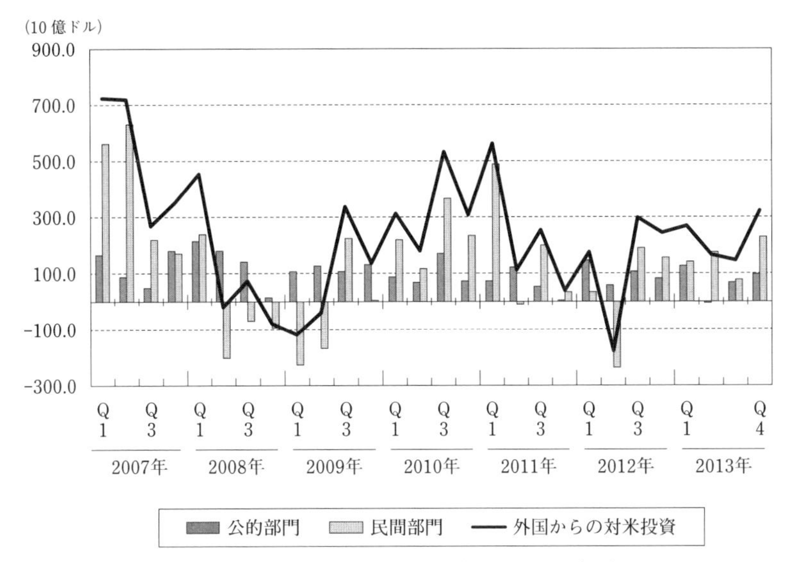

図7－6　米国への部門別国際資金フローの推移

出所：U.S. Bureau of Economic Analysisより筆者作成.

かかったのかは明らかでなく，いまだに議論が続いている．例えば，Glick and Leduc（2013）は，2008年から2013年のintradayデータを利用したイベント・スタディにより，QEアナウンスメントが米ドルを各国の為替相場に対して有意に減価させたとしている．一方，Chen *et. al*.（2015）は，1995年から2012年の月次データを用いて，米国非伝統的金融政策ショックが，米ドル・日本円に対しては増価圧力を発生させ，他の先進国や新興アジア諸国の一部通貨に対して減価圧力を発生させたことを示している．

4. FRBによる通貨スワップ協定と世界金融危機

ここまでの内容では，FRBが国内の金融市場に向けて行った緩和政策のスピルオーバー効果が，国外へ流動性を供与したかに焦点を当ててきた．前節までは議論を整理し，焦点を明確にするためにあえて触れてこなかったが，世界金融危機の前後からFRBはQE政策と同時に，世界の主要な中央銀行との通貨スワップ協定の拡充とそれに基づく流動性の供与も行っていた．通貨スワップ協定とは，通貨交換協定のことであり，例えば日米の中央銀行間である場合，日本銀行がFRB[9]に対し円を渡す代わりに，FRBから米ドルの調達を可能にする仕組みである．こうして調達した米ドルを，日本の金融市場において日本や外国の銀行，証券会社に供給する[10]ことで，その国の金融システムの安定化を図ることができる．これはスピルオーバー効果が国際金融市場における間接的な流動性供与であったのに対し，各国金融システムに直接的に米ドルの流動性を供与する政策であるといえる．

こうした政策をFRBが進めた背景には，米ドルが国際通貨であり，米国に限らず世界中の金融機関が決済のためにそれを必要とするという，米ドルの持つ特別な地位が存在する．Goldberg and Tille (2008) は国際貿易において，Chinn and Frankel (2007) は債券発行における通貨建てについて，米ドルが決済通貨として極めて重要な役割を果たしていることを示している．世界金融危機以前，米ドルの国際金融市場取引は極めて流動性が高く，その信用スプレッドは小さな水準に留まっていた．しかし，Bernanke (2009) でも言及されている通り，危機が進行するにつれ，急激な信用収縮とそれに伴う米ドルの国際的な流動性不足の発生により，図7-7が示す通り急激な信用スプレッドの上昇が発生し，ついには国際的な短期金融市場は機能停止に追い込まれる事態となった．

このFRBによる通貨スワップ協定は，2007年8月以降に信用スプレッドの急激な上昇が発生し続けたことを受け，同年12月12日にECB（欧州中央銀行）とSNB（スイス国民銀行）がFRBと通貨スワップ協定を結んで[11]，一定期間米ドルと自国通貨を一定額まで交換する取極を行ったことに端を発する．ただし，この枠組みは契約上FRB側にはスワップによる利払いが発生しないため，実質的には各国通貨を担保に米ドルを借り入れる制度である．

9）なお，実際に米ドル・スワップによる供給を行うのは窓口となっているニューヨーク連邦準備銀行（FRB of New York）である．

10）ただし，日本銀行が金融機関に対して米ドルを供給する際にも担保が必要であり，担保には為替相場の変動を見込んだ掛け目が適用される．なお，掛け目とは担保に対する割引率のことを意味する．

11）より詳しい発足の経緯や議論については Allen and Moessner (2010) や Moessner and Allen (2012) を参照．

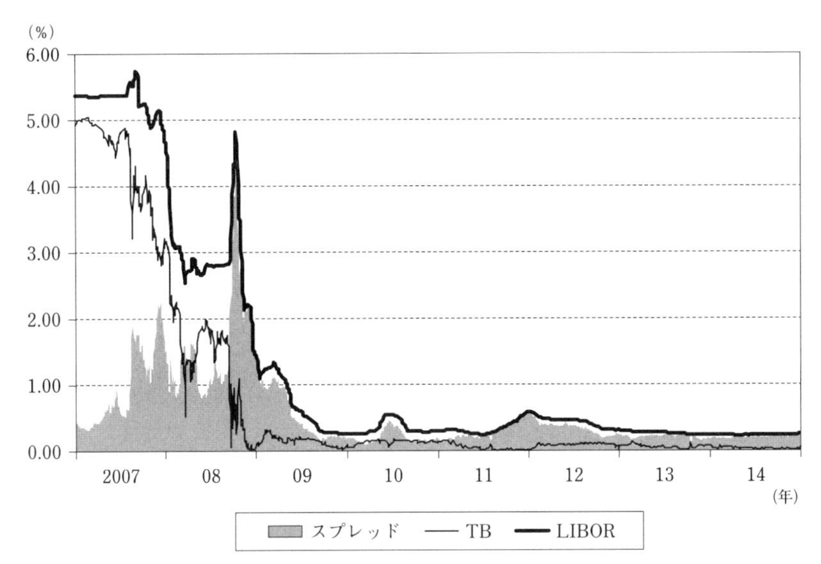

図7－7　米ドルの信用スプレッド（LIBOR-TB，3カ月物）の推移

出所：日経 NEEDS Financial QUEST より筆者作成.

つまり，FRBが他国の中央銀行に米ドルの流動性を供給し，各国金融機関にその中央銀行から米ドルの流動性を供給してもらうことで，国外の金融システムの流動性不足を解消する仕組みである．これにより，欧州の金融機関はECBやSNBから米ドルを調達することが可能となった．

しかし，この当初の契約では，ECBが200億ドル，SNBは40億ドルを上限としていたため，2008年9月に発生したリーマン・ショックによる危機の深刻化には十分な対処はできなかった．取引相手が破綻することにより損失が発生することを恐れたカウンターパーティ・リスクから，とりわけ欧米の金融機関の与信が急激に縮小したため，決済に必要な米ドルの流動性が確保できず，図7-7のように信用スプレッド[12)]が急拡大する現象が生じた．Fleming and Klagge（2010）では，この時期のECBの翌日物ドルオークション金利はFRBの翌日物と比べ800 bps高くなっていたことが示されてい

12）このスプレッドは安全資産であるTB（財務省短期証券）とLIBOR（ロンドン銀行間貸出金利）の差であるため，金融機関の信用リスク・プレミアムを反映していると考えられる．

る．したがって，あらゆるインターバンク市場でその流動性が欠如し，世界中の金融機関は米ドルの資金繰りに窮することとなった．

そこで，FRBは逐次的に通貨スワップ協定の規模や範囲を拡大していった．2008年9月18日には両中央銀行とのスワップ規模を拡大するとともに，日本銀行（BOJ）およびイングランド銀行（BOE），カナダ銀行（BOC）との間で新たにスワップを設定し，各国・地域の短期金融市場にドル資金を供給する方針を明らかにした．また，翌週の24日にはオーストラリア，デンマーク，ノルウェー，スウェーデンの中央銀行とのスワップ協定を発表し，29日には各国とのスワップ上限を倍増させ，ドル資金供給の規模を最大6200億ドルに大幅に増額した．最終的に10月13日には，ECB，SNB，BOE，BOJに関しては金利を固定し，金融機関が差し出した担保の範囲内で希望額を全額供給するという上限撤廃を発表した．加えて，同月29日，新興市場における国債利回りの上昇を抑え，米ドル流動性を向上させるため，ブラジル中央銀行，韓国銀行，メキシコ銀行，ニュージーランド準備銀行，シンガポール通貨庁を含む14の中央銀行との間で，2国間のスワップ契約にも合意した．

図7-8は，FRBがこうした通貨スワップ協定に基づき供給した米ドルの規模を表わしている．このうちのかなりの部分はECBが占めており，世界金融危機発生直後に最大で5800億ドルを超える規模となっていたことからも，いかに当時の国際金融市場で米ドルの流動性不足が発生していたかが窺える．また，ユーロ圏危機が深刻化した2010年5月9日のドル・スワップ再開決定や，2011年末から2012年にかけて通貨スワップの利用が加速していることからも，FRBの提供する通貨スワップ協定が単純に世界金融危機に対してのものではなく，国際的な危機管理制度として機能していることが分かる．事実，2011年11月30日に「国際短期金融市場の緊張への中央銀行の協調対応策」が発表された際には，各国の株式市場は大きく上昇する反応を見せており，こうした中央銀行間の国際協調は危機管理の仕組みとして市場から信認を得ているといえる．

実証研究においても，Baba and Parker（2009a, 2009b）は，世界金融危機の際のこうした中央銀行間のスワップ協定は国際的な流動性を改善する効

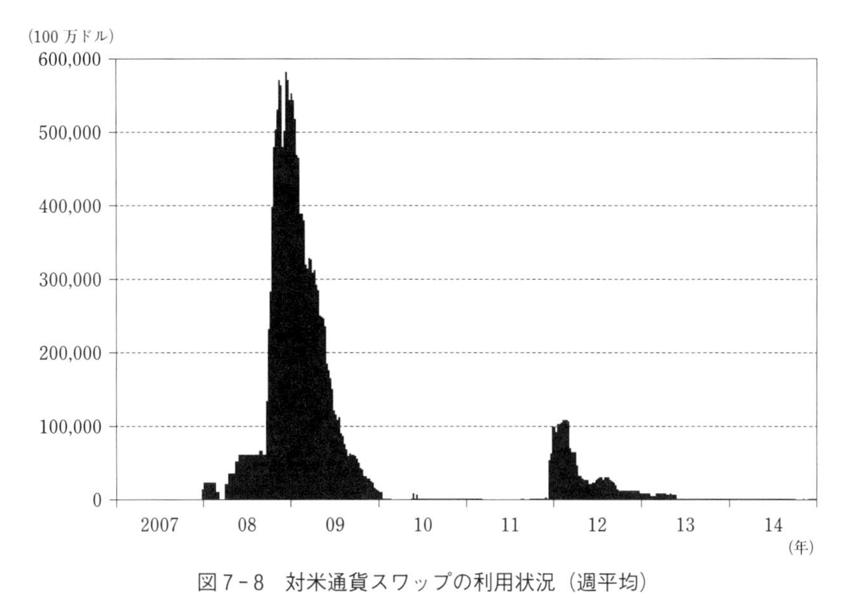

図7-8　対米通貨スワップの利用状況（週平均）

出所：U. S. Bureau of Economic Analysis より筆者作成.

果があったことを示している．とりわけ，Baba and Parker (2009b) では，危機により上昇した為替スワップ取引におけるカバー付き金利平価からの乖離が，これらの取極によって有意に改善されたことも示され，流動性の改善に貢献したとされている．Rose and Spiegel (2012) は，CDS スプレッドを市場の流動性を反映する変数[13)]として危機時のスワップ協定に関する検証を行い，これらのスワップ協定が流動性の改善に対して明確に寄与したことを示している．

この通貨スワップ協定は度重なる期限延長を行った後，2013年10月31日にはBOC，BOE，BOJ，ECB，FRB，SNBの間で流動性スワップ取極を常設化することが発表された．これにより米ドルの流動性供給は，市場の状況によって当該国中央銀行同士が必要と判断した場合に行うことが可能とな

13）Hibbert *et al.* (2009) では，流動性プレミアムに関する理論および実証研究の整理を行っており，そこではCDS スプレッドを用いた流動性プレミアムの推定について触れている．CDS スプレッドの大きさは倒産確率を反映するだけではなく，市場の流動性も反映していると考えられている．

った．これら一連のFRBによる働きかけは，国際通貨である米ドルの流動性を供与するという点において，世界の中央銀行にとってFRBがまさに「最後の貸し手」として機能していることを示しており，この通貨スワップ協定は世界の金融システムにとって危機管理の手段として有効に機能してきたといえる．

5. 国際金融システムの危機管理における問題とIMFとの関係

しかし，米国の厚生最大化を図るべきFRBがここまでして国際金融システムの安定化を図る理由は何だろうか．この理由を考えることは，今後の国際金融システムの危機管理を考えるうえで非常に重要である．

前節での通貨スワップ協定を通じた流動性供与の目的は，国内に向けたQE政策の目的とも一致したものである．国際金融市場において米ドルの流動性不足が発生した際に，通貨スワップによる米ドルの供与がなければ，各中央銀行が米ドル建ての外貨準備取り崩しを行うことが考えられる．これは米国債の金利上昇を発生させてしまうことになるため，国際通貨である米ドルの国際金融市場での流動性不足は，米国にとっても景気を後退させ，デフレ懸念を生み出す現象でもあるのだ．

こうした政策の背景は，一見素晴らしい仕組みのように見える「FRBによる国際的な最後の貸し手機能」に，大きな問題があることを示唆している．例えば，他国と米国の景気循環が非対称であるような場合，この通貨スワップ協定はFRBの行う金融政策と矛盾する恐れがある．そのような場合，中央銀行間で協調して実施してきたスワップは機能するのだろうか．世界の金融システムの流動性を一国の中央銀行に委ねることは，それ自体が不確実性を伴う問題であるといえる．

また，別の問題もある．Prasad（2014）は，世界金融危機の際，FRBが限られた国とだけ通貨スワップ協定を結んだことに触れ，FRBの提供するスワップ枠を利用可能か否かが政治的判断となることを懸念している．そうした政治的な問題を考慮しないとしても，こうした中央銀行間の協調行動が主に先進国間におけるものに留まっていることは事実であり，これは現在のFRBによって提供される危機管理が，世界にとって十分とはなりえないことを意味している．中村（2015）でも指摘しているように，現在の統合された国際金融市場においては危機の当該国だけでなく，その周辺国や地域への伝播が懸念される．とりわけ新興国や途上国に対するデレバレッジによる信用収縮は，こうした国々における危機発生の可能性を上昇させている．しかし，FRBによる通貨スワップ協定は主要な先進国中央銀行を対象としているため，危機に陥りやすいと考えられる多くの新興国・途上国の危機管理の枠組みとしては機能しない．したがって，この枠組みだけでは，新興国や途上国の中央銀行は，自ら外貨準備残高を大きくすることで新たな危機に備えるほかないのである．

事実，アジア通貨危機後，東アジアの新興諸国は通貨危機発生に備えた外貨準備残高の積み増しを積極的に行ってきた．この膨大な資金の一部は，欧州の金融機関により短期のドル預金として運用されており，世界金融危機の際に新興国の中央銀行が一斉にこの預金を引き上げたことは，その後の欧州金融機関のデレバレッジへとつながり，危機の拡大の原因の一つと考えられている．こうした新興国に対して十分な米ドルの流動性確保手段を提供しない状態は，世界金融危機以前と同様の構図に戻ることを意味しており，危機に陥りやすいが故にその備えを行い，それが世界で起こる危機の規模を深刻化させるという皮肉な結果につながっているのである．

こうした問題に対処するための枠組みは存在している．本来，国際通貨システムの安定の維持および危機を防止する国際通貨協力のための役割を担うのは国際通貨基金（International Monetary Fund：IMF）である．IMFは加盟国が国際収支上の問題に直面した際，金融支援を行う国際機関である．それゆえ国際的な最後の貸し手機能を果たすものとして認識されており，過去の通貨危機の際にも，今次の危機においても，IMFはその役割を果たしてきた．特に，世界金融危機から続く一連の危機に際しては，後述のような大きな改革を次々と行い，最後の貸し手としての機能拡充を図っている．

図7-9は加盟国のIMFからの借入残高の推移を表わしており，IMFが世界金融危機，そしてユーロ圏危機において深刻な事態に陥った国々への対応

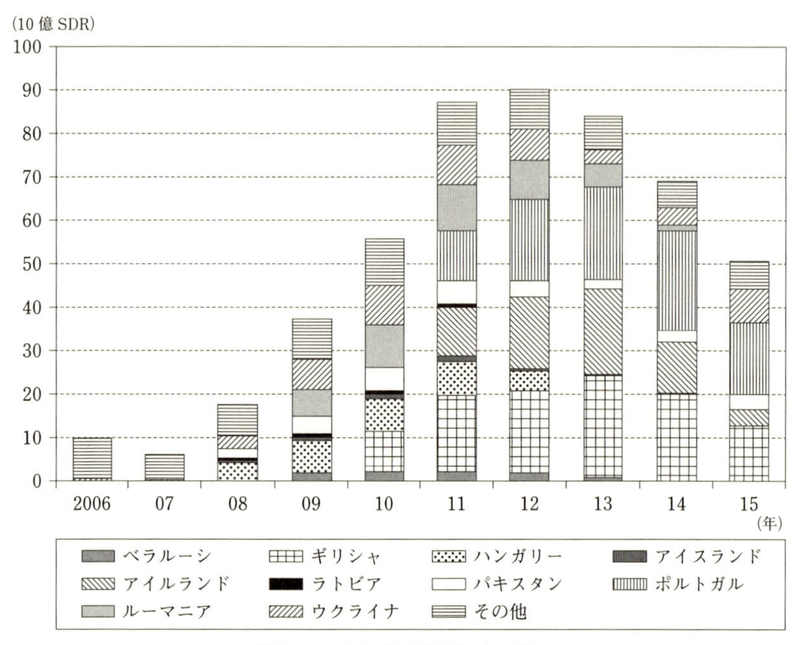

図7-9　IMF融資残高（年末）

出所：International Monetary FundのFinancial Dataより筆者作成.

を行っていたことを示している．2000年代前半までIMFの主な融資先は東アジアや南米であり，これらは危機の当該国であった．こうした国々がその後順調に回復を果たし返済を行った結果，2007年には融資残高は60億SDRあたりまで減少していた．しかし，世界金融危機発生後の2008年末には175億SDRまで増大し，2012年末には900億SDRを超えるまでに膨らんでいる．IMFの融資先として特徴的であるのは，ギリシャをはじめとするユーロ圏危機の当事国だけでなく，ルーマニア，ハンガリー，ベラルーシなど東欧諸国も含まれているということだ．これらは上述したデレバレッジによる信用収縮に直面した国々であり，今次の危機におけるこうした国々への流動性は，IMFが供給していたことが分かる．

実際，IMFはこうした事態を睨み，2009年以降立て続けに資金基盤を強化し，危機に対応できるように取り組んできた．2009年4月のG20で資金基盤を増大する合意がなされたことを皮切りに，2010年12月には出資割当額（クォータ）の倍増[14]などを行い，これらの結果，危機以前と比べてその資金基盤は約4倍へと成長することとなった．また，同時期にはその融資能力を強化するために金融支援メカニズムの大幅な見直しを行い，従前と比べてより柔軟で弾力的な融資制度を設立していった．危機への対処を主目的としたこれまでの融資制度であるスタンドバイ取極（Stand-By Arrangement：SBA）や，中長期的な国際収支上の構造的問題の解決に取り組むための拡大信用供与措置（Extended Fund Facility：EFF）に加え，健全な政策運営を行う加盟国に対して，危機予防を目的とした信用枠の設置を可能とする新たな融資制度を創設した．具体的には，2009年3月に，強固なファンダメンタルズと健全な政策運営・実績を持つ国を対象としたフレキシブル・クレジット・ライン（Flexible Credit Line：FCL）を設置し，迅速で大規模な融資が可能な保険的枠組みを提供している．また，2010年8月には，一定の脆弱性を抱える国を対象に，FCLより審査基準が緩やかな予防的クレジット・ライン（Precautionary Credit Line：PCL）を創設した．後者は，翌年11月に予防的に短期資金を融資する制度である予防的流動性枠（Precautionary and Liquidity Line：PLL）へ変更され，現在に至っている．これらは従前のような融資条件（コンディショナリティ）に縛られない制度であり，IMFがこれまで批判されてきた迅速性について克服しようとするものである．

このようにIMFは今次の危機を通じて大きく変貌を遂げ，より国際金融システムにおける最後の貸し手機能を強化してきた．では，現在の国際金融市場において，IMFは単独で最後の貸し手として万全となりうるのだろうか．実際のところ，IMFは不十分な機能しか果たすことができない．最後の貸し手としての大きな問題の根源は，上述の通り事実上の国際決済通貨が米ドルであり，その発行をFRBが担っていることによるものである．IMFは国際収支上の危機に瀕した国に対して融資を行う形をとってはいるが，通貨発行機関ではない．資金制約のない発券銀行としての中央銀行とは異なり，

14）2010年12月の第14次クォータ一般見直しで合意されたクォータ増額が，2016年に実施された結果，IMF加盟189カ国のクォータの合計は，2385億SDRから増え4770億SDRとなった．

IMFが提供可能な資金は加盟国からのクォータを中心とする資金に限定されてしまうのである．こうした問題点の指摘はこれまで繰り返し行われており，それゆえ今次の危機ではその資金基盤の強化を急激に行った．しかし，それでもなおその規模は先進国の累積債務額や東アジア諸国の外貨準備残高を考えれば大きな金額であるとはいえず，今回のように世界中で同時に流動性危機が生じ，その中に先進国が複数含まれた場合，IMFのみで全てに対応することは不可能である．実際，今回の危機でIMFが流動性を提供していたのはほとんどが途上国であり，現在の統合された国際金融市場における危機においては，それらの国々でさえかなりの規模の流動性が必要となっていた．

その意味において，今次の危機ではIMFとFRBはうまく補完的に機能していたと考えられる．先進国と規模の大きな新興国へはFRBが，一部新興国と途上国へはIMFが積極的に働きかけた結果，最後の貸し手機能が国際金融市場全体で有効に機能し，流動性危機の収束に貢献したのである．

6. おわりに

本章では，米国QE期間のデータを照会しながら，FRBのQE政策と通貨スワップ協定が世界の金融市場の流動性に与えた影響に焦点を当て，整理・考察を行った．それにより，QE政策で自国の金融システムに対して供給した貨幣そのものは，ポートフォリオ・リバランス効果を十分生むには至っておらず，QEによって間接的に世界の金融システムに働きかけた効果は，限定的であることを示した．一方，FRBが提供した通貨スワップ協定による直接的な流動性供与の仕組みは，米ドルが支配する世界の金融システムにおいて，FRBがまさに「国際金融市場における最後の貸し手」として機能していたことを示しており，IMFと補完関係にあるこの体制は，世界の金融システムにとって危機管理の手段として極めて有効であったといえる．今回の経験を踏まえれば，今後の危機管理を考える際にはIMF単独での最後の貸し手機能ではなく，それを補完する仕組みについての議論が必要となってくるだろう．

しかしながら，今回のFRBとの危機管理体制は今後も常に万能というものではなく，不確実性を伴うものであることも指摘した．FRBはあくまで米国の中央銀行であり，世界経済にとってのソーシャル・プランナーではありえない．したがって，これからの国際金融システムの危機管理にはFRBの協力も重要だが，グローバル・インバランスの結果生じた世界の膨大な外貨準備をつないで活用するような，特定国の枠組みによらないより中立的で新しい形での流動性確保手段を考えていくことが必要となる．

参考文献

Allen, William A. and Richhild Moessner (2010), "Central Bank Co-operation and International Liquidity in the Financial Crisis of 2008-9," BIS working papers, No. 310.

Baba, Naohiko and Frank Packer (2009a), "From Turmoil to Crisis: Dislocations in the FX Swap Market before and after the Failure of Lehman Brothers," *Journal of International Money and Finance*, Vol. 28(8), pp. 1350-1374.

Baba, Naohiko and Frank Packer (2009b), "Interpreting Deviations from Covered Interest Parity during the Financial Market Turmoil of 2007-08," *Journal of Banking and Finance*, Vol. 33(11), pp. 1953-1962.

Bernanke, Ben S. (2009), "Four Questions about the Financial Crisis," Speech from Board of Governors of the Federal Reserve System (U. S.), at the Morehouse College, Atlanta, Georgia, 14 April 2009.

Caballero, Ricardo J. (2006), "On the Macroeconomics of Asset Shortages," NBER Working Paper, No. 12753.

Caballero, Ricardo J., Emmanuel Farhi, and Pierre-Olivier Gourinchas (2008), "An Equilibrium Model of 'Global Imbalances' and Low Interest Rates," *American Economic Review*, Vol. 98(1), pp. 358-393.

Chen, Qianying, Andrew Filardo, Dong He, and Feng Zhu (2015), "Financial Crisis, US Unconventional Monetary Policy and International Spillovers," BIS working papers, No. 494.

Chinn, Menzie and Jeffrey A. Frankel (2007), "Will the Euro Eventually Surpass the Dollar as Leading International Reserve Currency?" in: Richard H. Clarida (ed.), *G7 Current Account Imbalances: Sustainability And Adjustment*, Chicago: University of Chicago Press, pp. 283-335.

Dooley, Michael P., David Folkerts-Landau, and Peter Garber (2004a), "An Essay on the Revived Bretton Woods System," *International Journal of Finance and Economics*, Vol. 9(4), pp. 307–313.

Dooley, Michael P., David Folkerts-Landau, and Peter Garber (2004b), "The Revived Bretton Woods System: The Effects of Periphery Intervention and Reserve Management on Interest Rates & Exchange Rates in Center Countries," NBER Working Paper, No. 10332.

Engel, Charles (2009), "Exchange Rate Policies," Federal Reserve Bank of Dallas Staff Papers, No. 8, November 2009.

Fleming, Michael J. and Nicholas J. Klagge (2010), "The Federal Reserve's Foreign Exchange Swap Lines," *Current Issues in Economics and Finance*, Vol. 16(4), pp. 1–7.

Glick, Reuven and Sylvain Leduc (2013), "The Effects of Unconventional and Conventional U. S. Monetary Policy on the Dollar," Federal Reserve Bank of San Francisco Working Paper, 2013–11.

Goldberg, Linda S. and Cédric Tille (2008), "Vehicle Currency Use in International Trade," *Journal of International Economics*, Vol. 76(2), pp. 177–192.

Hibbert, John, Axel Kirchner, Gavin Kretzschmar, Ruosha Li, and Alexander McNeil (2009), "Liquidity Premium: Literature Review of Theoretical and Empirical Evidence," Research Report Version. 1.1., September, available at www. barrhibb. com.

Moessner, Richhild and William A. Allen (2012), "International Liquidity Provision and Currency-specific Liquidity Shortages," *Journal of Financial Transformation*, Vol. 34, pp. 31–41.

Prasad, Eswar S. (2014), *The Dollar Trap: How the U.S. Dollar Tightened Its Grip on Global Finance*, Princeton: Princeton University Press.

Rose, Andrew K. and Mark M. Spiegel (2012), "Dollar Illiquidity and Central Bank Swap Arrangements during the Global Financial Crisis," *Journal of International Economics*, Vol. 88(2), pp. 326–340.

中村周史（2015），「ユーロ圏危機が世界のマクロ経済に及ぼす影響」小川英治［編］『ユーロ圏危機と世界経済——信認回復のための方策とアジアへの影響』東京大学出版会，131–154 頁.

福田慎一（2013），『金融論——市場と経済政策の有効性』有斐閣.

第8章

IMFの危機管理フレームワーク

——ILOLRの役割とIMFの課題——

小枝淳子

1. はじめに

通貨・金融危機に対応する国際金融システムにおいて，国際通貨基金（IMF）は，国際的な最後の貸し手（International Lender of Last Resort, 以下ILOLR）として，またグローバルな視点をもった危機管理者として重要な役割を担ってきた．その重要な役割ゆえ，危機が起こるたびに，国際社会からジャッジされ，その課題が浮き彫りになる．現在IMFの危機管理フレームワークは，どのような課題を抱えているのであろうか[1]．

ILOLRは，IMFに限らない．2008年の世界金融危機では，米国連邦準備制度理事会（FRB）の流動性供給の役割が高まり，欧州危機では欧州中央銀行（ECB）の流動性供給に加え，欧州金融安定化ファシリティ（EFSF）や欧州安定化プログラム（ESM）など，欧州地域金融アレンジメントの利用が増えた．また，アジアではチェンマイ・イニシアティブ（CMI）の設立，さらにそのマルチ化によりASEAN+3における流動性供給フレームワークが用意されている．IMFは他のILOLRとどのような点で異なり，またどのような関係にあるのだろうか．

1） 本章では新しい分析の提供は目的とせず，既存の研究や議論の紹介・解説に重点を置く．またIMFを中心に議論するが，より一般的な国際金融システムの制度設計については，例えば福田（2006）を参照されたい．

本書では，既にFRBの通貨スワップ協定（第5章，第7章）やアジアにおける地域金融協力（第6章）の役割についても論じられてきた．本章はこれら他のILOLRとの比較も行いながら，IMFの危機管理フレームワークの特徴と課題について議論する．

2. 国際的な最後の貸し手（ILOLR）の役割――理論的な背景[2)]

実は，理論的に，国際的な最後の貸し手（ILOLR）が必要かどうかということすら決着がついていない．モデルの仮定によっては，ILOLRに無制限な資金供給を用意すべきという結論になるし，逆に仮定が変わると，そもそもILOLRは廃止したほうがよいという結論にもなる．また，この両極端の結論の中間となるモデルもある．

「無制限な」（あるいは，生じうる流動性ギャップを十分にカバーできる潤沢な）資金提供が必要という結論は，流動性危機を組み込んだ古典的な理論モデル（例えばChang and Velasco (2000)）[3)]と整合的である．流動性危機の例として，例えば，1997年のアジア通貨危機における韓国が挙げられよう．当時韓国では，ファンダメンタルズが比較的健全であったにもかかわらず，ウォン建ての短期資産をドル建てに換えようとする投資家の投機的行動によって危機が引き起こされた[4)]．しかし，流動性ギャップを十分に提供できるILOLRが存在すれば，モデルではそもそもこういった投機的行動は起こらない．言い換えると，ILOLRが無制限な資金を迅速に提供できれば，流動性危機そのものを回避しうることになる．したがって，完全なベイルアウトが理想的であり，ILOLRを強化すべきという意見につながる．

---

2)　本節ではRoubini and Setser（2004）の第3章を参考に，既存の議論を紹介している．

3)　Chang and Velasco（2000）モデルは，国内の最後の貸し手機能についてのDiamond and Dybvig（1983）モデルを開放経済に応用したモデルである．自国通貨建ての短期負債を外貨建てに換えようとする投資家の行動が流動性危機を引き起こし，さらには通貨危機を引き起こす．このメカニズムは，短期で借りて流動性の低い長期で貸すという銀行の性質から流動性問題が生じるDiamond and Dybvig（1983）モデルと異なる点である．

4)　詳しい記述は，例えば荒巻（1999），小川（2000），Ito（2007）等を参照されたい．

一方,「廃止すべき」という結論は，貸し手・借り手のリスクに注目した理論が考えの基盤となっていることが多い．典型的な議論では，ILOLR が提供する保険機能により，貸し手・借り手両者にモラルハザード（ここでは過剰にリスクをとるインセンティブ）を与えてしまうと指摘する．このようなモラルハザード問題は，廃止すべきという極端な意見までいかなくとも，ILOLR の強化に慎重という立場につながる．

しかし，ILOLR を廃止してしまったら，危機にはどのように対処できるのだろうか．各国の準備資産を増やして危機に備えるという手段も考えられるが，準備資産をもつこと自体に機会費用がかかるというデメリットもある．また，民間の資金提供に頼ることも考えられるが，一般に危機の最中には世界規模でも流動性を供給できる民間機関が足りないことが多い．さらに，民間債権者に過度な負担が課された場合，民間金融機関のバランスシートが脆弱になり，さらなる危機を引き起こしてしまうリスクも懸念される．

「無制限な」と「廃止すべき」という両極端の結論の中間として，例えば，危機が流動性問題だけでなくファンダメンタルズの脆弱性によっても起こる場合は，部分的なベイルアウトでも一定の効果があるとする理論モデル（例えば Corsetti *et al*.（2006））もある．公的資金や政策努力次第で危機を防ぐこともできるので，ILOLR の危機管理者としての役割を重視する意見と整合的である．

3. IMF 融資の特徴

それでは，実際に IMF はどのように資金提供をし，また危機管理を行っているのだろうか．IMF では，クォータや SDR やコンディショナリティといった特有な用語が頻繁に用いられる．本節では，こういった用語の紹介も兼ねて，また次節で他の ILOLR との比較を行う前段階として，IMF 融資の特徴を挙げる．具体的には，融資形態，資金規模，融資条件について述べる[5]．

5）IMF の制度的側面についての包括的な説明は，例えば岡村（2009）を参照されたい．

融資形態――公的通貨スワップ

IMF の融資は，すべて Special Drawing Rights（SDR，特別引出権）という通貨請求権を通して行われる．SDR 自体は流動資産ではないので，貸出の際に特定の通貨に変換されなければならない．IMF から指定された特定の加盟国，あるいは自主的に資金提供する意思がある加盟国が，自由利用可能通貨（freely usable currencies）と呼ばれる通貨を提供することで SDR から通貨への変換が行われる仕組みになっている．SDR の保有は公的主体に限られているため，この変換は市場を通さない政府取引を通じて行われる．

このような IMF の融資形態は特殊であるが，一種の公的な通貨スワップ・フレームワークといえよう．そして，このフレームワークには，世界 188 カ国もが加盟している．したがって，危機時に影響を受けない国の層が厚いので，安定的な資金提供が実現できる．

SDR の価値を決める通貨バスケットの構成は，世界の貿易および金融システムにおける通貨の相対的重要性を反映するものとして，5 年に一度見直しされている．表 8-1 はその通貨バスケットの構成比の推移を示す．現在（2017 年 4 月時点）自由利用可能通貨に，米ドル，ユーロ，人民元，日本円，英ポンドの 5 つの通貨が含まれている．人民元については，2016 年秋より米ドル，ユーロに次ぐ 3 番目に大きい比重で追加された．中国の世界に占める GDP 比は今後拡大していくと予想され，例えば IMF の世界経済見通し（WEO）の予測では，今後（2016～2020）ユーロ圏より大きくなると予想されている（図 8-1）．

資金規模――増資と借入

IMF の資金規模は，資本金（クォータと呼ばれる）の増資あるいは，加盟国からの借入[6]によって左右される．クォータは過去に幾度も増資されたが，世界 GDP に占めるクォータの割合は，下がる一方であった．一方借入は，特に 2008 年の世界金融危機以降，一時的に資金基盤を強化する手段と

6）借入にあたっては，一般借入取極（GAB）と新規借入取極（NAB）と呼ばれる 2 タイプの取極がある．

表8-1　SDR評価のための通貨バスケットの構成比

（%）

	2001年〜2005年	2006年〜2010年	2011年〜2015年	2016年〜2020年
米ドル	45	44	42	42
ユーロ	29	34	37	31
円	15	11	9	8
ポンド	11	11	11	8
人民元	0	0	0	11

出所：IMFウェブサイトより岡村（2009）の資料8.5を拡張.

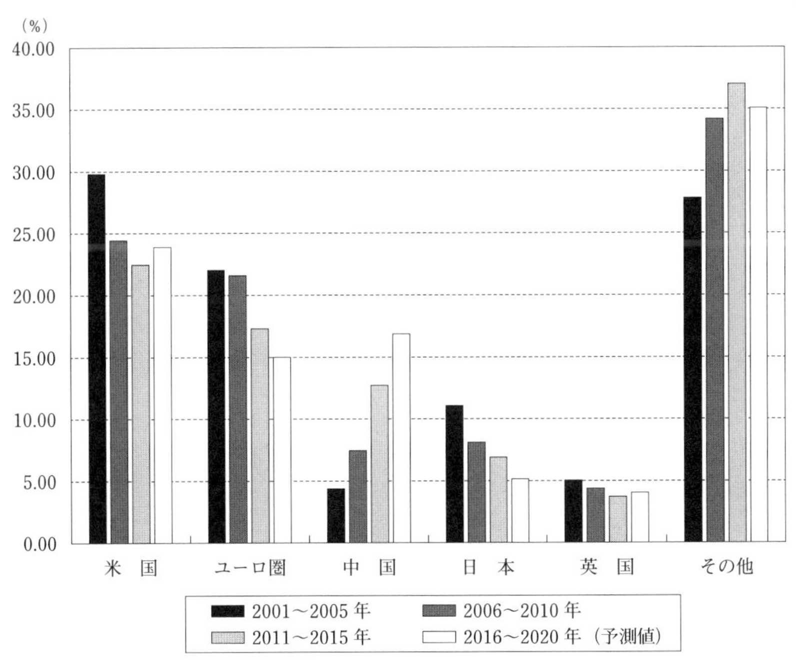

図8-1　SDR評価に含まれる通貨国の世界GDP比

出所：IMFの世界経済見通し（WEO）データより筆者が作成.

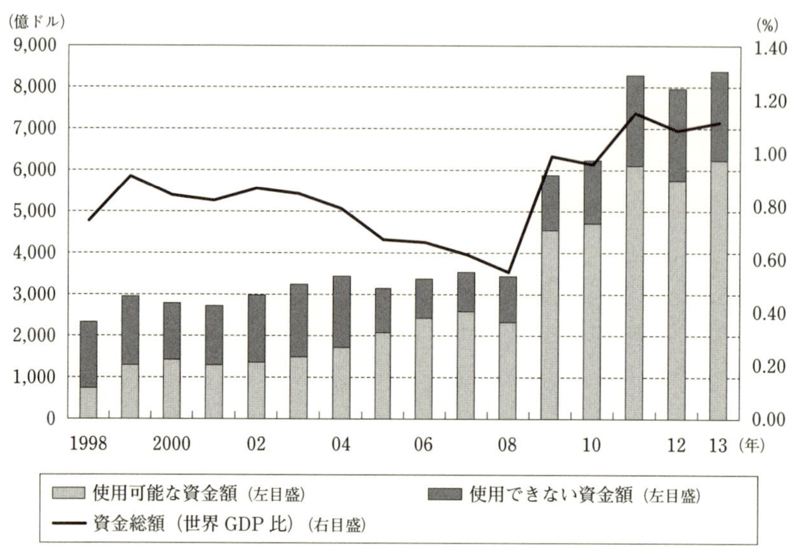

図 8－2　IMF における使用可能な資金の内訳（年末値）

出所：IMF ウェブサイトより筆者作成.

して重要な役目を果たしている.

IMF の使用可能な資金（usable resources）は，世界 GDP の 1% にも満たない（図 8-2）. IMF の資金基盤を強化するには，IMF が SDR を追加発行すればよいのではという意見（例えば，Zhou (2009)）もある．しかし，いずれにせよ SDR を流動資産へ変換する際に，資金提供国の財政的な制約から逃れることはできない（Eichengreen 2012）ので，「無制限な」資金提供は行えない.

融資条件――コンディショナリティ他

IMF はシニオリティ（支払いの優先順位）が最も高い債権者であるが，担保を取らない．そして貸付金利は，SDR 金利と呼ばれる自由利用可能通貨の短期金利の加重平均に基づいて決められる．一般に，変動相場制の下では短期金利は金融政策によって決まると考えられるので，SDR 金利の水準や推移（図 8-3）は，米国，EU，日本，英国の金融政策を反映しているといえよう．近年これらの国は非伝統的金融政策を実施してきたので，SDR

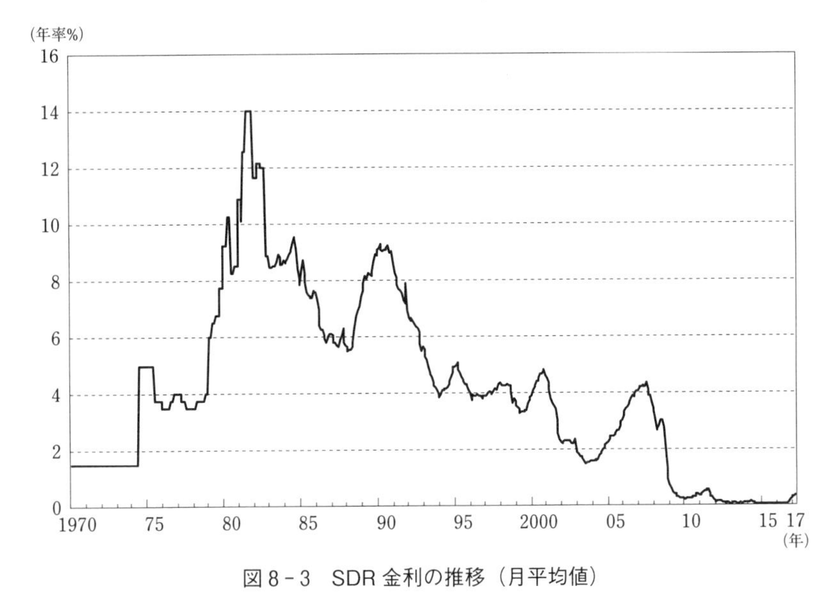

図8－3　SDR金利の推移（月平均値）

出所：データストリームより筆者作成．

金利は0.05％の下限制約に直面している．しかし，2016年秋に人民元が通貨バスケットに加わり，その3カ月物国債金利は2％以上で推移していることを考慮すると（図8-4），SDR金利は再びプラスの域で推移していくと考えられる．

IMFは融資資金の使い道を指定することができない代わりに，融資国のマクロ経済政策について，コンディショナリティという目標を設定する．IMFのコンディショナリティは，融資国に対して様々な強制力をもつ．まず，「事前行動（prior action）」と呼ばれる基準を満たさないと，そもそもIMFの融資が始まらない．また，「パフォーマンス基準（performance criteria)」と呼ばれる基準を満たさないと，融資が原則として打ち切られてしまう．特に，融資が数回に分けてなされる場合，この基準が満たされないと原則として次の融資が受けられない．適切なコンディショナリティを課して危機克服に有効な政策にコミットさせることは，信用回復につながり，その結果民間資金や他の公的資金の呼び水となる．これは危機管理者としての重要な役割である．

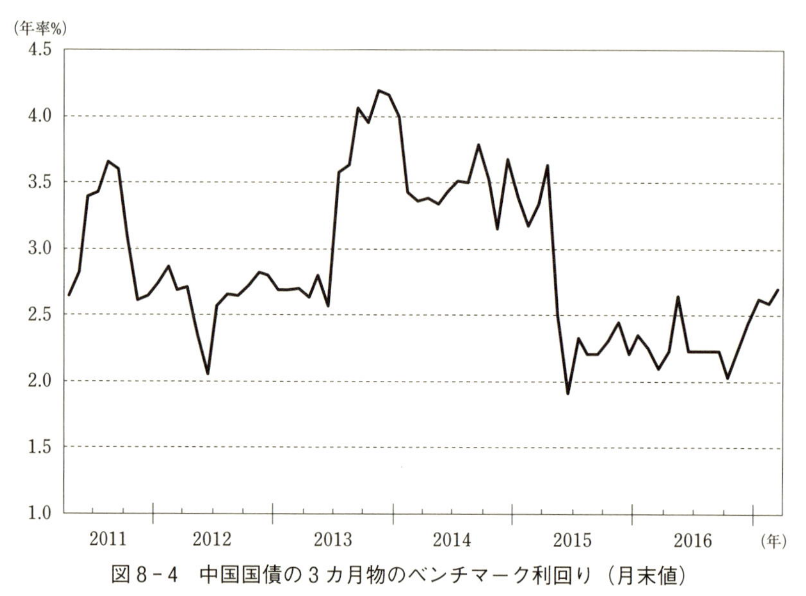

図8-4　中国国債の3カ月物のベンチマーク利回り（月末値）

出所：ブルームバーグのジェネリック金利（ビットオファー）より筆者作成.

だが，IMFのコンディショナリティに対する不信感は根強い．特にアジアでは，アジア通貨危機の際，財政収支が健全な国（韓国，タイ等）に厳しい財政緊縮政策が課されたこと，危機克服に必ずしも必要といえない構造コンディショナリティが（インドネシアなどに）過度に課されたことなどから，IMFへの不信感が高まった．そして危機後も，スティグマといわれるIMF支援を受けることへの拒否反応が根強く残った[7]．

このようなスティグマを軽減するため，IMFはコンディショナリティをスリム化した（IMF 2011a）．例えば，「パフォーマンス基準」の対象から構造的な基準を外し，マクロ変数など計測できる基準のみを対象とすることにした．さらに，ファンダメンタルズの強い国に対してコンディショナリティをつけない流動性供給ファシリティ（後掲のコラム2参照）も設立された．

コンディショナリティがスリム化される一方で，中期的な構造問題を抱えている国に対しては，「事前行動」を活発に使用してメリハリをつけた．例

7）アジアにおけるスティグマについての議論は，例えばIto（2012）を参照されたい．

えば，欧州危機におけるギリシャ支援では，拡大信用供与措置（Extended Fund Facility）の承認の条件として，4つの「事前行動」がつけられた．

4. 他のILOLRとの比較

IMFは，他のILOLRとどのような関係にあり，またどういう点で異なるのだろうか．本節では，他のILOLRとして，チェンマイ・イニシアティブ（CMI）と米国連邦準備制度理事会（FRB）と欧州安定化プログラム（ESM）を取り上げる[8]．

チェンマイ・イニシアティブ（CMI）

CMIもIMFと同じ公的通貨スワップ・フレームワークの一種であるが，ASEAN＋3域内を対象とする．2010年に域内における多国間の通貨スワップが可能（マルチ化）となり，現在引出可能総額が2400億ドルとなっている．そもそもCMIの設立の一因はIMFにあった．アジア通貨危機後，IMFに対するスティグマが強くなり（前節），アジアでは国際金融システムに対するリージョナリズムにつながったからである．とはいっても引出額が一定の割合（IMFデリンク割合と呼ばれる）を超える場合は，IMFのプログラムを必要としているという点で，IMFと明確な関係にある数少ないILOLRである．

CMIはまだ使用されていない．2008年の世界金融危機でも，流動性問題に直面した韓国は，IMFプログラムへのリンクがあるため，CMIの利用を避けたともいわれる（Kawai 2010）．IMFデリンク割合は，その後2014年に20%から30%に引き上げられた．

米国連邦準備制度理事会（FRB）

中央銀行通貨スワップ協定は，IMFとは独立した危機管理フレームワー

8）他の地域でも地域金融アレンジメントは存在するが（例えばArab Monetary Fund, Latin American Reserve Fund, North American Framework Arrangement），本章では取り上げない．

クを提供している．中央銀行間の通貨スワップは，その協定を結ぶにあたっては，政治的な要因も影響すると考えられるが，協定を結んでしまえば即応性の高い仕組みを提供できる．事前に貸出条件も決まっているので，ことが起きるとその日のうちに資金供給が可能であるといわれる．またその条件には，IMF のようなマクロ経済政策に対するコンディショナリティは含まない．

さらに，貨幣発行権をもつ中央銀行が資金提供をするので，無制限な供給が可能である．しかし，実際には中央銀行が無条件に無制限な流動性供給を行うとは考えにくい．特に，緩和によるインフレ懸念が米国にある場合や，政治的な制約がある場合は，供給を控えることになるだろう．ドル流動性不足が問題となった 2008 年の世界金融危機では，FRB のドル供給が大きな役割を果たしたが，当時はたまたま米国の金融政策としても緩和的措置をとるのが望ましい時期であった．

欧州安定化メカニズム（ESM）[9]

欧州安定化メカニズム（ESM）は，ユーロ圏レベルでの金融システムの安定をめざす地域金融アレンジメントである．ESM には CMI のような IMF プログラムへの正式なリンクはない．ただし，IMF と欧州委員会（EC）と欧州中央銀行（ECB）によるいわゆるトロイカ体制でみられたように，可能な場合（whenever possible）に IMF と協力するとされる．

公的通貨スワップ・フレームワークと異なり，ESM は，債券を市場で発行して資金調達を行う．ドイツをはじめとする，高い信用格付けをもつ EU 諸国による保証がつくので，低いコストで資金を調達して長期融資をすることが可能である．その結果，ベース・レートと呼ばれる調達コストがマイナスになることもある．一方，IMF 融資は，0.05% の下限がある SDR 金利によって調達コストが決まってくるのでマイナスとはならないし，比較的短期的な融資が中心となる[10]．

9）前身は欧州金融安定化ファシリティ（EFSF）である．2012 年 10 月から 2013 年 6 月までは 2 者が併存していた．

10）ただし，拡大信用供与措置（Extended Fund Facility）や低所得国向けの融資は返

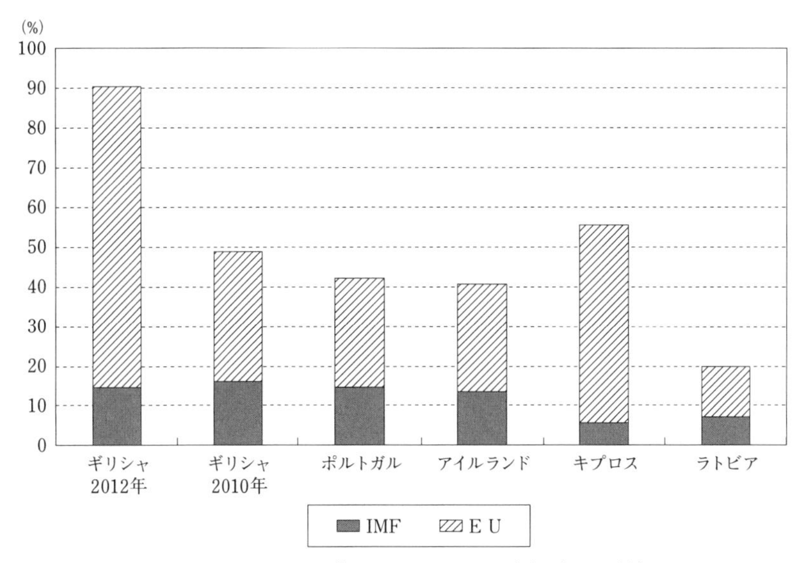

図8-5　ユーロ通貨圏におけるIMF融資（GDP比）

注：IMF融資要請時における予想融資額の危機国GDP比．ただし，「EU」融資とは，2012年のギリシャ・プログラムではユーロ圏加盟国（EAMS）によるものを指し，キプロス・プログラムではEMSによるものを指す．

出所：IMF（2009，2010a，2010b，2011b，2012，2013）より筆者作成．

2012年10月の設立後，ギリシャとキプロスとスペインがESMプログラム国となった．そのうちスペインはIMF融資を受けなかった．ギリシャとキプロスはIMF融資も受けたが，ESMなど欧州機関からの融資が融資全体の8，9割を占めた（図8-5）．

IMFの融資も受けている場合は，IMFと協力して借入国と覚書（MoU）の内容を詰めることになる．実際，IMFと欧州委員会（EC）と欧州中央銀行（ECB）によるトロイカ体制では，IMFのパフォーマンス基準とECの数値ターゲットは，整合的な値が設定された．また，IMFが短期的なマクロ経済政策に焦点を当てる一方で，ECは包括的で中期的な構造改革をカバーした（IMF 2012）．

IMF融資を受けない場合は，IMFの政策提言は強制力をもたないので，

済期間が10年と長めである．

ESMとの協力が必然的ではなくなる．スペインがIMFから支援を受けなかったのは，国レベルで行われるIMF融資を受けることにより，むしろソブリン・スプレッドが拡大し，銀行のバランスシート悪化へつながることを懸念したからともいわれる．スペインはIMF融資を受ける代わりに，資金の使用目的に制限をつけられるESMから支援をうけ，銀行セクターに資金投入した．ESMの融資がどの金融機関に充てられるかは，スペイン中央銀行と欧州委員会（EC）との合意で決められた．合意にあたってIMFとの連係も取られたとされるが，この場合IMFは正式には政策執行への強制力をもたない．

コラム1　ユーロ通貨圏におけるIMF融資

世界金融危機以降IMF融資額は拡大し，ユーロ通貨圏でも危機国GDP比で10%を超えるような公的融資プログラムが，アイルランド，ギリシャ，ポルトガルに対して組まれた（図8-5）．中でもギリシャ融資プログラムにおいては，経済状態が回復しない中，2回にわたって大規模な融資が行われた．

ユーロ通貨圏では，（離脱しない限り）各国に為替切り下げというオプションがなく，金融政策や金融安定化政策も独自で決められない．したがって，各国別々に行われるIMF融資では，ユーロ通貨圏レベルの政策・方針は与えられたものとして，各国の政策財政収支など財政関係の指標が「パフォーマンス基準」として重きを置かれた．同時に，競争力を促す構造政策も「ベンチマーク」として具体的に示された[11]．

融資にあたって有効なコンディショナリティを設定するには，危機国に対して中長期にわたるマクロの枠組みを提示することが前提となるが，的確な経済見通しを実際に提供するのは難しい．融資要請時におけるIMFの経済見通し（図8-6）を見てみると，どの国についても融資要請

11）通常「ベンチマーク」基準が守られなくても，融資スケジュールに変更はない．ただし，2012年の2回目のギリシャ融資プログラム申請時には，構造政策や金融安定化政策が「事前行動」として条件づけられることで，強いコンディショナリティが課された．

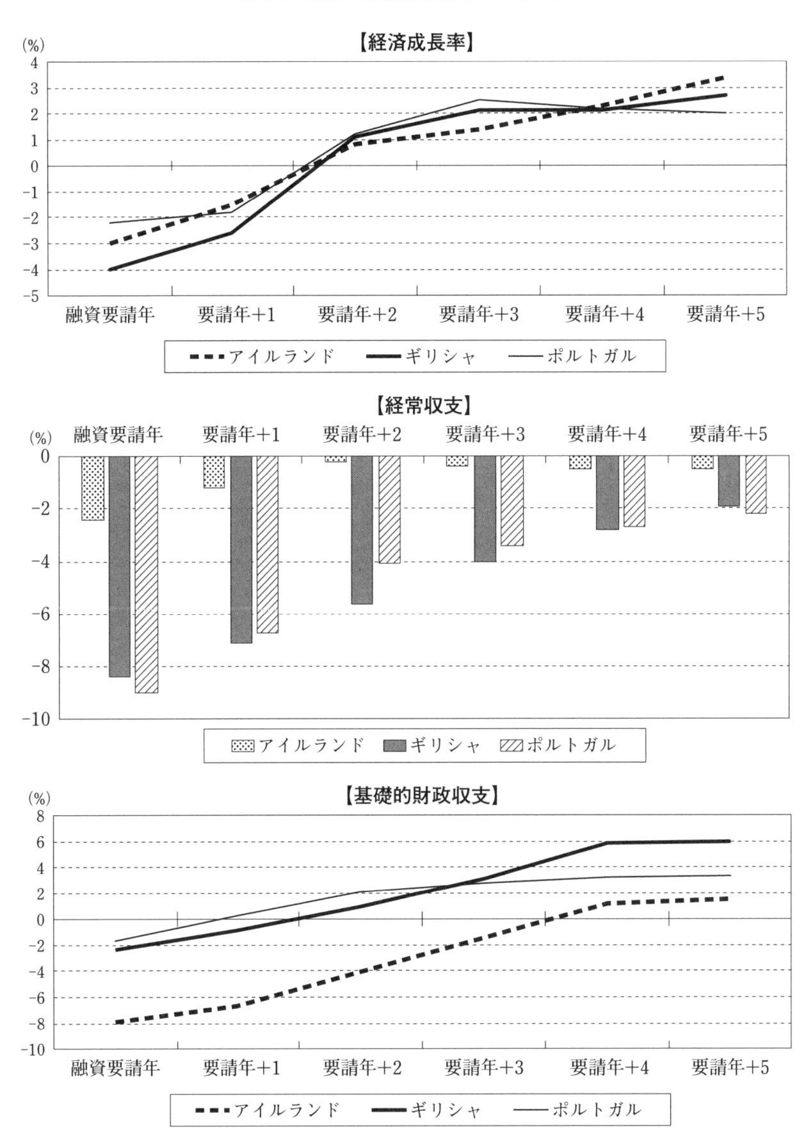

図8-6　融資要請時におけるIMFの経済見通し

注：ギリシャは2010年の1回目融資申請時の値．アイルランドの融資要請年（2010年）の基礎的財政収支は単発的項目を除いた値．
出所：IMF（2010a，2010b，2011b）より筆者作成．

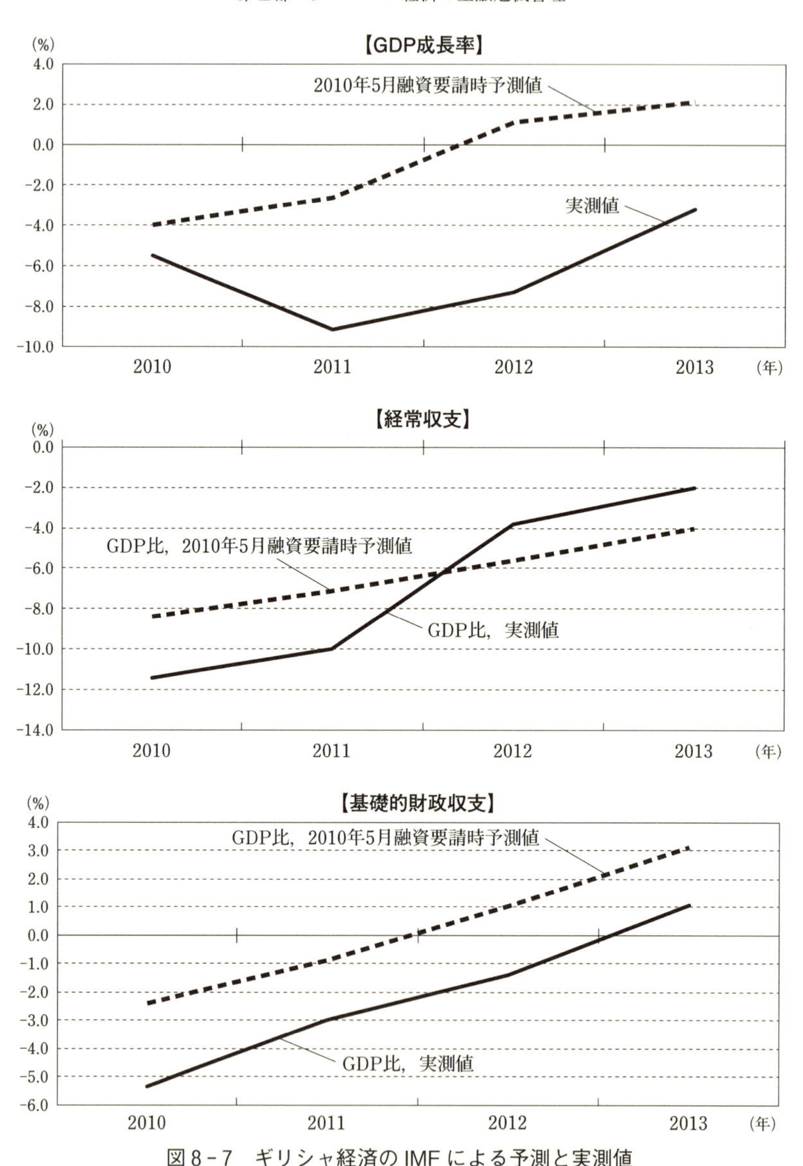

図8-7　ギリシャ経済のIMFによる予測と実測値

出所：IMF（2010a）とIMFの世界経済見通し（WEO）データより筆者作成.

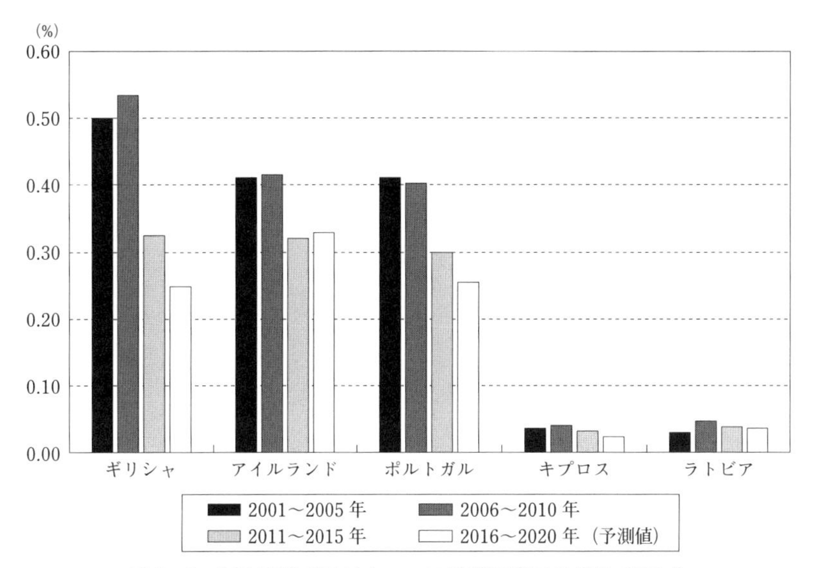

図8-8　IMF融資を受けたユーロ通貨圏諸国の世界GDP比

出所：IMFの世界経済見通し（WEO）データより筆者作成.

時には，経済成長，経常収支，財政収支等に安定的な回復を仮定しているという印象を受ける．しかし実際にはケースごとの差が大きく，例えばギリシャでは，1回目の融資が開始された時期に経常収支の調節が遅れ，財政収支も予想よりマイナスの水準で推移し，構造改革が予想通りに進まない中，経済成長の回復も当初の予想より悪化してしまった（図8-7）[12]．

さて，世界金融危機以前に，IMF融資がGDP比10%に達した例はほとんどない[13]．欧州危機ではGDP比10%水準の融資が同時期に複数取り扱われたが，たまたま危機国の対世界GDP比が小さかった．図8-8を見ると，アイルランド，ギリシャ，ポルトガルは世界GDP比0.5%にも満たない．さらに，同じくユーロ通貨圏でIMF融資を受けたキプロスやラトビア（後者は2014年よりユーロ導入）は，その10分の1

12）一方，アイルランドでは，予想を超えた経済成長を実現した．IMFのギリシャ，アイルランド，ポルトガル支援についての議論については，例えばIEO（2016）を参照されたい．

13）アジア通貨危機では各国GDP比の5%程度に満たなかった．詳しい記述は例えばIMF（2015）を参照されたい．

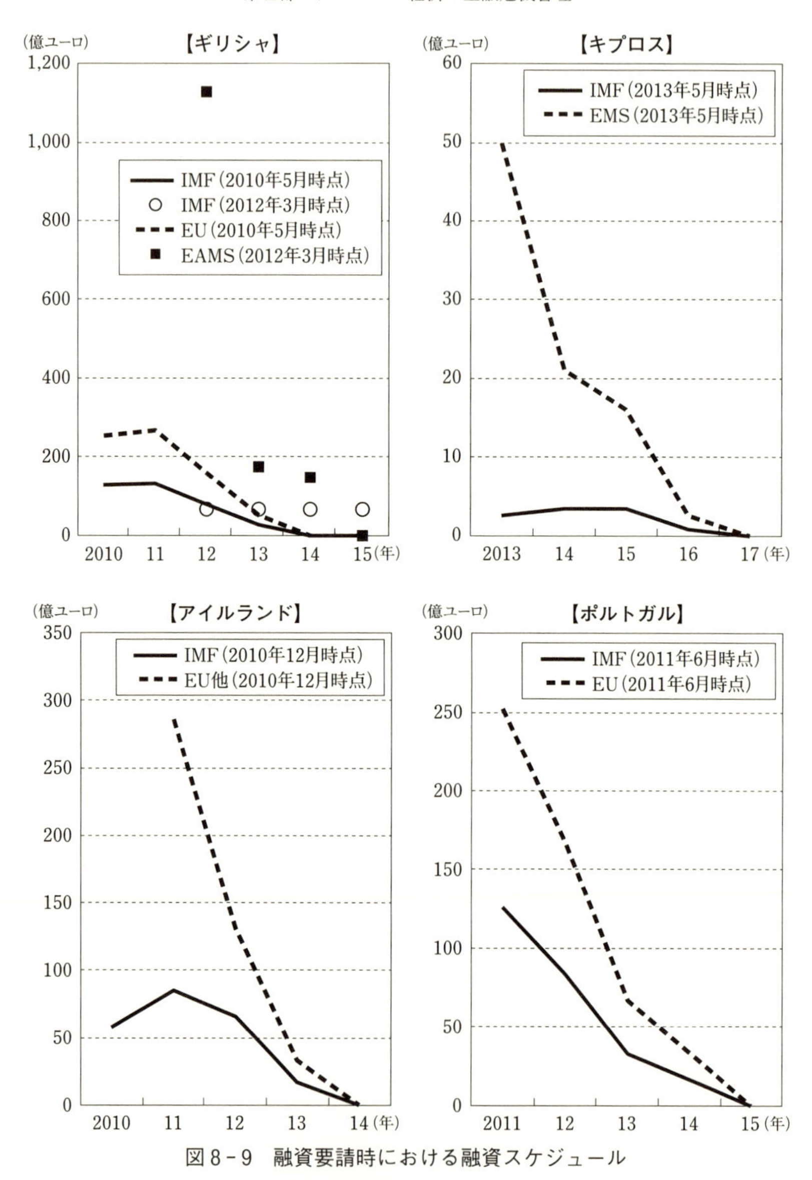

図8-9　融資要請時における融資スケジュール

出所：IMF（2010a，2010b，2011b，2013）より筆者作成.

の規模である．もし今後大国が危機に陥ったとしたら，同規模の融資を複数国にわたって行うのは，現在（2013年当時）の，資金規模（図8-2）では容易ではない．

もっとも過去に比べて拡大したIMF融資だが，その規模はEU融資と比べると小さい．例えば，アイルランド，ギリシャ（2010年），ポルトガルの融資要請時に，IMF融資額はEU融資の3分の1ほどの見積もりであった（図8-5）．さらにこの割合は，2回目のギリシャ融資やキプロス融資ではもっと低かった．また，融資スケジュール（図8-9）を見てみると，IMF融資の前倒し（アップフロント）度合いがEUに比べて低いことがわかる．これは，コンディショナリティ（「パフォーマンス基準」）がもつ強制力を保つためには，思い切った前倒しの融資がしにくいからであろう．このような大規模でアップフロントなEU融資は，IMF融資プログラムを組むうえでも無視できない要素である．その他欧州ではECBからの支援もプログラムを組むうえで重要な要素となった．今後ILOLR同士の補完的な関係を保つために，IMFと地域金融アレンジメントがいかに協力関係を結んでいくかが課題となっている[14]．

コラム2　IMFのクレジットライン

理論的には，ILOLRが流動性ギャップを十分にカバーできる潤沢な資金を迅速に提供できれば，流動性危機そのものを防ぎうる（第2節）．この理論と整合的に，実際にIMFでも，ファンダメンタルズやトラックレコードが強い国を対象に，クレジットラインが設定され，拡充されてきた．現在（2017年4月時点）IMFでは，フレキシブル・クレジット・ライン（FCL）と予防的流動性ライン（PLL）という2タイプのクレジットラインを提供している．

FCLは，ファンダメンタルズもトラックレコードも強い国を対象とした，更新可能なクレジットラインである．対象となれば，コンディシ

14）2011年の秋にG20が，IMFと地域金融アレンジメントのあるべき協力関係について原則を打ち出したが（IMF 2015），これはあくまでも非拘束的なものである．

ョナリティなしでクォータの割合で決まる融資限度額（アクセス・リミット）の上限もなく，しかもまとめて貸出を受けるアップフロント・アクセスが可能となる．一方，PLL は FCL の基準には達しないが，比較的ファンダメンタルズが健全な国が対象となる．アクセス・リミットは累積でクォータの 1000% までとなっている．

FCL が登場したのは 2009 年の 3 月のことである．2008 年の世界金融危機の時点では，IMF はアクセス・リミットが 500% の流動性供給ファシリティしか提供していなかった[15)]．当時，流動性の問題に直面した国々は，IMF を利用せず FRB の流動性供給に頼った．

しかし FCL／PLL 設定後も，IMF クレジットラインの申請状況はあまり活発ではない．今のところ（2017 年 4 月時点），FCL については，メキシコ，コロンビア，ポーランド，PLL についてはモロッコとマケドニアしか申請していない状況である．

5. おわりに

本章では，国際的な最後の貸し手（ILOLR）の役割を考えるうえで，理論的な背景を紹介し，また IMF の特徴を述べ，他の ILOLR と比較をした．これによりどのような課題が浮き彫りになったであろうか．

IMF は究極的には財政上の制約から逃れられないので「無制限な」資金提供が難しい．しかしこの点に対して，IMF はより柔軟な貸出フレームワークを用意してきた．特に 2009 年にフレキシブル・クレジット・ライン（FCL）を設定することで，ファンダメンタルズが強い国を対象に，アクセス・リミットやコンディショナリティをつけない資金提供が可能となった．しかし，その後 FCL の活発な利用は見られない．その理由として，そもそも加盟国の関心を引き寄せられていないことや，融資資格の基準が厳しすぎることが指摘されている（Reichmann and Resende 2014）．理論的には，流動性供給機能は存在するだけで流動性危機を回避しうる効果があるので，

15）2008 年の世界金融危機前の IMF のクレジットラインについては，例えば小川（2000）を参照されたい．

使われていないから有効でないとは必ずしもいえないが，今後も引き続き貸出フレームワークの見直しが必要であろう．例えばFCLの融資資格を完全に事前承認して即応性を高めることや，同時に複数の国に貸せるような新しい枠組みを用意することも有意義かもしれない．

無制限な資金提供ができなくても，IMFは「危機管理者」として重要な役割を果たしうる（Fischer 1999）．しかし，IMFに対するスティグマが根強く残る中，また他のILOLRのプレゼンスが増す中，いかに国益や地域的利益を超えたグローバルな視点を提供し，的確な政策実行に貢献できるかはIMFにとって課題であろう．多国間（multilateral）協議の一層の充実も有効となろうが，そもそも常に移り変わる世界経済を的確にとらえることすら容易なことではない．また，たとえ的確な助言ができたとしても，危機国がIMFに融資を求めない場合には，その国の政策執行に対する強制力をもたないので，いずれにせよIMF政策監視活動（サーベイランス）には大きな限界がある（Mussa 1997）ことは否めない．

参考文献

Chang, Roberto and Andrés Velasco (2000), "Liquidity Crises in Emerging Markets: Theory and Policy," ***NBER Macroeconomics Annual 1999***, National Bureau of Economic Research, Inc., Vol. 14, pp. 11-78.

Corsetti, Giancarlo, Bernardo Guimarães, and Nouriel Roubini (2006), "International Lending of Last Resort and Moral Hazard: A Model of IMF's Catalytic Finance," ***Journal of Monetary Economics***, Vol. 53(3), pp. 441-471.

Diamond, Douglas W. and Philip H. Dybvig (1983), "Bank Runs, Deposit Insurance, and Liquidity," ***Journal of Political Economy***, University of Chicago Press, Vol. 91(3), pp. 401-419.

Eichengreen, Barry (2012), "International Liquidity in a Multipolar World," ***American Economic Review***, Vol. 102(3), pp. 207-212.

Fischer, Stanley (1999), "On the Need for an International Lender of Last Resort," ***Journal of Economic Perspectives***, Vol. 13(4), pp. 85-104.

IMF (2009), "Republic of Latvia: Request for Stand-By Arrangement," IMF Country Report, No. 09/3.

IMF (2010a), "Greece: Staff Report," IMF Country Report, No. 10/110.

IMF (2010b), "Ireland: Request for an Extended Arrangement," IMF Country Report, No. 10/366.

IMF (2011a), "Review of Conditionality". https://www.imf.org/external/np/pp/eng/2012/061812.pdf

IMF (2011b), "Portugal: Request for a Three-Year Arrangement Under the Extended Fund Facility," IMF Country Report, No. 11/127.

IMF (2012), "Greece: Request for Extended Arrangement under the Extended Fund Facility," IMF Country Report, No. 12/57.

IMF (2013), "Cyprus: Request for Arrangement under the Extended Fund Facility," IMF Country Report, No. 13/125.

IMF (2015), "Crisis Program Review," November 9, 2015. https://www.imf.org/external/np/pp/eng/2015/110915.pdf

Independent Evaluation Office (IEO) of the IMF (2016), "The IMF and the Crises in Greece, Ireland, and Portugal: An Evaluation by the IEO," July 8, 2016.

Ito, Takatoshi (2007), "Asian Currency Crisis and the International Monetary Fund, 10 Years Later: Overview," *Asian Economic Policy Review*, Vol. 2 (1), pp. 16–49.

Ito, Takatoshi (2012), "Can Asia Overcome the IMF Stigma?" *American Economic Review*, Vol. 102(3), pp. 198–202.

Kawai, Masahiro (2010), "Reform of the International Financial Architecture: An Asian Perspective," *Singapore Economic Review* (SER), Vol. 55(1), pp. 207–242.

Mussa, Michael (1997), "IMF Surveillance," *American Economic Review*, Vol. 87 (2), pp. 28–31.

Reichmann, Thomas and Carlos de Resende (2014), "The IMF's Lending Toolkit and the Global Financial Crisis," Background paper, Independent Evaluation Office of the IMF, No. BP/14/11.

Roubini, Nouriel and Brad Setser (2004), *Bailouts or Bail-ins? Responding to Financial Crises in Emerging Economies*, Washington, D. C.: Institute for International Economics.

Truman, Edwin M. (2013), "Asian and European Financial Crises Compared," Peterson Institute for International Economics Working Paper, No. WP13-9.

Zhou, Xiaochuan (2009), "Reform of the International Monetary System," Essay by Governor of the People's Bank of China, March 23, 2009. http://www.bis.org/review/r090402c.pdf

荒巻健二（1999），『アジア通貨危機とIMF――グローバリゼーションの光と影』日本経済評論社.
岡村健司［編］(2009),『国際金融危機と IMF』大蔵財務協会.
小川英治 (2000),「アジア通貨危機と IMF の対応」宇沢弘文・花崎正晴［編］『金融システムの経済学——社会的共通資本の視点から』東京大学出版会, 1-19 頁.
福田慎一 (2006),「新しい国際金融システムの制度設計に向けて」福田慎一・小川英治［編］『国際金融システムの制度設計——通貨危機後の東アジアへの教訓』東京大学出版会, 1-19 頁.

終　章

総括および課題と今後のあり方

小川英治

1. はじめに

本書においては，「世界金融危機後の金融リスクと危機管理」というメインテーマの下に８人の研究者がそれぞれに論文を執筆した．その際に共有した問題意識は，世界金融危機およびユーロ圏危機に際して，金融機関や企業による金融リスク管理，および米国連邦準備制度理事会（FRB）などの中央銀行や国際通貨基金（IMF）による金融危機管理さらには金融規制が，どのような問題に直面し，その際にどのように対応して，その後どのような改善を行っているかということである．このような問題意識に対して，ミクロ的視点とマクロ的視点の両方から考察している．ミクロ的には金融機関や企業の金融リスク管理を念頭に置いて，世界金融危機時およびその後における金融市場の特性を考察した．一方，マクロ的には，世界金融危機およびユーロ圏危機の経験を踏まえて，IMF と FRB および欧州連合（EU）と東アジアの ASEAN（東南アジア諸国連合)+3（日本，中国，韓国）における，地域金融協力さらには金融規制が，金融危機管理に際して果たすべき役割と果たした役割を考察した．本章においては，これらの８本の論文に基づいて，上述した問題について総括するとともに，世界金融危機後の金融リスク管理と金融危機管理の課題と今後のあり方について論じる．

2.　金融危機後の金融リスク分析の新しい流れ
──モラルハザードの価値評価

第１章「金融危機後の金融リスク分析の新しい流れ──モラルハザードの価値評価」（中村恒）においては，まず，資産価格理論の理論的枠組みを整理して説明した．金融市場において著しく成長したデリバティブ商品開発や証券化を含む金融技術を駆使し，個々のビジネスリスクを裁断・細分化して，巨大な資本市場のなかにそのリスクを分散・吸収させることによって，2000年代半ばには金融市場や実物経済はリスクに対して強靭なシステムを構築することに成功したかのように考えられた．

しかし，2007年以降にサブプライム問題やリーマン・ショックが生じると，資本市場に分散化され吸収されたと考えられたリスクが顕現化し，未曽有の損失が金融市場や実物経済に引き起こされた．このような世界金融危機の経験を経て，これまでの金融リスク分析の主流であった無裁定価格アプローチのみでは，最近の金融市場動向を十分に分析することができないことが露呈した．情報問題（モラルハザード，逆選択，モニタリング），取引コスト，デフォルト，心理要因，ネットワーク効果など，様々な金融摩擦要因が市場を不完備にして，資産の価格付けの分析を困難にしていることが認識されてきた．世界金融危機を経験して，とりわけモラルハザードやネットワーク効果の問題が注視されるようになった．こうしたことから金融実務上でも学術上でも，世界金融危機後の金融リスクを適切に分析することができるような，新しい資産価値評価（資産価格）モデルの構築が喫緊の課題となっていることを指摘した．

そのうえで，中村恒論文は，世界金融危機後の資産価格理論および金融リスク分析の新しい流れを紹介して，今後の研究の方向性を示した．具体的には３つの方向性を提示した．第１に，投資行動に行動ファイナンス要因を導入した金融市場モデルを考え，ネットワーク効果による資産価格形成を数値解析することである．分析の結果によると，各投資家の投資判断にはランダムな要素がないにもかかわらず，決定論的な投資行動が市場で相互に連関しながら集積することを通じて，一見ランダムな値動きをカオス現象のように生み出すことが示された．この分析の結果は，従来モデルのように金融市場に関して確率モデルを仮定することが必ずしも唯一のモデル化の方法ではないことを示唆した．

第2に，イールドカーブに内在する情報を用いた金利ボラティリティの予測に関する実証研究を行うことである．その分析の主な結果は以下の3点である．第1に，金利ファクターは，イールドカーブの「傾き」のボラティリティをよく説明し，その説明力はGARCHモデルに匹敵する．第2に，金利ファクターは，ボラティリティ・ファクターと組み合わせた場合，イールドカーブの「曲率」のボラティリティを説明する．第3に，従来，無裁定条件を満たす金利モデルが，データのクロスセクション方向と時系列方向を同時に説明することは困難であるとされてきたが，ここでの発見は，時系列とクロスセクションの間の二律背反の問題を，ファクター数をいたずらに増やすことなく解決することができる可能性を示している．

第3に，モラルハザードが金融市場価格を歪める効果を理論的に検証することである．企業経営者がブラウン運動に基づく正規分布を変更するだけではなく，下方のジャンプ確率も含め確率測度全体を変更することができる状況において，成功確率が下方に長い裾野を持つ分布によって表わされるときのモラルハザードに注目している．この種のモラルハザードが金融市場でいかに資産価格を歪めるのかを定式化し，分析を行った．その分析の結果としては，第1に，モラルハザードはシャープ比を引き下げ，リスク資産への投資の魅力を低下させることを示した．第2に，リスクの市場価格を投資家の限界効用と逆方向に動かしリスクヘッジの役割を果たすことから，無リスク金利を引き上げることを示した．そして第3に，モラルハザードによって生じる実物資源の歪みは，投資家が金融市場にアクセスすることが可能である場合には緩和されうることが明らかとなった．

3.　世界金融危機時における資金調達行動
――日本企業における社債市場の環境変化

第2章「世界金融危機時における資金調達行動――日本企業における社債

市場の環境変化」（安田行宏）においては，世界金融危機時における日本企業の資金調達行動が考察された．世界金融危機は，日本の金融機関に対しては欧米に比較してそれほど大きな影響を及ぼさなかったと言われているが，日本企業が資金調達においてどのような影響を受け，そして，どのように対応をしてきたのかについて考察されている．具体的には，日本の上場企業に焦点を当てて社債市場における資金調達の観点から分析を行った．それは日本の金融面については，特に2008年9月のリーマン・ショック時に社債市場やコマーシャル・ペーパー（CP）市場が機能不全に陥り，これを受けて銀行貸出が急増したことが知られているからである．一方で，日本企業が世界金融危機に対して具体的にどのように対応したのかについては多角的な検証が今なお必要である．というのも，例えば社債市場について，集計データに基づく限りでは世界金融危機の影響を明確に読み取ることはできず，企業属性によってその影響は大きく異なる様相が見て取れるからである．

日本企業の資金調達環境の背景について，1990年代後半以降，日本の企業部門はいわゆる資金余剰部門となっていること，資金の代表的な貸し手としての銀行は不良債権問題を脱して健全であったこと，一方で，日本の金融危機以降トレンドとして貸出金の伸び悩みが持続していることなどを概観した．その上で，日本の社債市場に焦点を絞って，世界金融危機が日本の上場企業に対してどのように影響を与えてきたのかを考察した．世界金融危機の日本への影響としては，特にリーマン・ショック後において一時的な機能不全を生じさせている．2008年に資金調達額と発行件数が減少したが，リーマン・ショックの翌年の2009年には資金調達額が大幅に増加した．

企業の格付けについては，相対的に信用リスクの高い企業群に対しては，調達難の影響（“frozen effects”）が大きい一方で，相対的に信用リスクの低い企業群に対しては，調達コスト安を通じた調達増加の影響（“safe haven effects”）があった．このように，企業の格付けにおいて二極化の現象が生じていた．さらに，資金調達難の企業は銀行からの借入によってその資金をまかない，総じて設備投資などに対する影響は明確には見受けられないことを指摘した．以上の分析の結果は，社債市場と銀行の貸出市場とが補完的関係を果たしたことを示唆しており，直接金融か間接金融かといった対立軸ではなく，双方のルートがともに健全に機能することの有用性を含意していると結論付けている．

4. 世界金融危機の背景と金融規制の動向 ——規制厳格化とその問題点

第3章「世界金融危機の背景と金融規制の動向——規制厳格化とその問題点」（花崎正晴）においては，世界金融危機の背景と特徴を明らかにしたうえで，近年の金融規制改革の動向を整理するとともに，その問題点を明らかにした．世界金融危機をもたらした2000年代における金融的膨張期の主な特徴として，米国における金融規制緩和の進展を指摘した．伝統的には規制色が強かった米国の金融制度が，1980年代以降に規制緩和へとシフトしていった．とりわけ，銀行業務と証券業務との垣根が事実上撤廃されたことによって，金融機関主導による金融バブルが膨張していく要因の一つになった．

このような世界金融危機の背景を踏まえて，世界金融危機後の金融規制に関しては，自己資本比率規制の強化，流動性規制の導入そして大規模金融機関に対する自己資本比率規制の上乗せなど，金融規制強化の流れが支配的となった．具体的に，リーマン・ショック後の米国における金融規制動向は，緊急経済安定化法の成立，金融規制改革案の公表，ボルカー・ルールおよびそれに基づくドッド・フランク法の制定と続いた．一方，バーゼル銀行監督委員会においても，バーゼル規制の抜本的な改革案が検討され，自己資本比率規制の強化を第1の柱とするバーゼルⅢの下で，2019年1月の完全実施に向けて自己資本比率規制が段階的に強化されている．加えて，マクロプルーデンス政策という新たな視点も重要性を増している．マクロプルーデンス政策は，金融のシステミック・リスクを抑制することを目的としている．バーゼルⅢの第2の柱である流動性規制の導入は，マクロプルーデンス政策の考え方に立脚している．

このように，現在進行しつつある金融規制改革では，規制の対象範囲が広がるとともに，その強度も増す方向性にある．しかしながら，リーマン・ショックにつながる世界金融危機が顕在化，深刻化したのは，規制が緩かったあるいは規制が存在しなかったことのみによるものではない．換言すれば，金融規制を強化することによって金融危機の再発を防ぐことはできないと指摘している．むしろ，金融規制やそれに伴う制度が存在すること自体が，金融危機を誘発している側面も否定することができない．例えば，自己資本比率規制には，自己資本比率が景気循環と同調するというプロシクリカリティや，銀行に対してリスキーな行動を助長するという弊害がある．それに加えて，国際的に統一したグローバルな自己資本比率規制は，各国における金融システムの違いを無視しているという問題がある．

これらの考察を踏まえて，今後は国際標準を重視するグローバル規制から，各国事情を考慮に入れたローカルな規制へと重点をシフトさせる方向性が必要とされると指摘している．そして，米国発の世界金融危機をめぐる経験を通じて，金融規制のあり方について抜本的に再検討することが必要であると結論付けている．

5. EU における金融規制
――危機管理の統合と銀行同盟への進展

EU においては，世界金融危機やユーロ圏危機を経て明らかになってきた共通通貨導入の問題点を解決するために，これまで合意が難しく母国主義をベースにしてきた金融監督規制を，ユーロ圏内で統合することになり，銀行同盟が設立されることになった．**第 4 章「EU における金融規制――危機管理の統合と銀行同盟への進展」（佐々木百合）**においては，この銀行同盟について考察されている．銀行同盟に至るまでの EU の統合化の道筋，危機とその影響について振り返り，金融規制の統一化が遅れた理由を明らかにするとともに，統一化のコストについて考察している．

世界金融危機およびユーロ圏危機が発生するまで，ユーロ圏では金融規制については母国主義を基本としていた．そのため，バーゼル・アコードなどの国際的に統一された規制はあったものの，その他の規制やあるいはバーゼル・アコードを各国に適用する際も，それぞれの国が対応し，規制監督を行ってきた．これは各国の規制の起源や金融業の形態が異なっていたり，各国に固有の政治的問題などがあるためである．しかし，危機が勃発し，統一通貨を用いているが故に公的支援をせざるをえなかったり，ソブリン・リスクが伝播したりするなかで，金融規制もまた統一化する必要性が高まった．これらを背景として，単一監督メカニズムと単一破綻処理メカニズムと預金保険制度から構成される銀行同盟の設立に向かって計画が進められている．

世界金融危機の後，欧州は金融監督制度を大きく改革した．しかし，ミクロプルーデンス監督に関しては，危機に対応するための資金繰りなどの手当てがされただけで，主にマクロプルーデンス監督を新たに導入したものの，抜本的改革がなされたわけではなかった．しかし，ギリシャ危機に端を発したユーロ危機が伝播して大きくユーロ圏に影響を与えるにつれて，ソブリン危機が深刻になり，金融危機とソブリン危機を分離することが重要になった．さらに，2013年のキプロスでの危機では，ユーロという共通通貨を使っている国々のなかで，金融監督規制についてだけ母国監督主義をとるといったことの限界が見え始めた．

統一化にあたり，ユーロ圏とEUの範囲が異なることで，適用範囲をどこまでにするかという問題が生じた．さらに同じような監督水準を保つのが難しかったり，預金保険の資金を確保するのが難しい国が存在するなど，様々な障害が明らかになった．共通通貨ユーロ導入の際，あるいは，最適通貨圏の理論を考えるうえで，このような規制を統一化するコストや，あるいは規制を統一化していないことで発生するコストは明示的に考慮に入れられていなかった．しかし今回明らかになったように，規制が統合されていないことで発生するコストは大きく，結果的に規制もまた統一化せざるをえないのが実態である．したがって，今後，単一市場や通貨同盟のメリットとデメリットを考えるうえでこのような監督規制の問題は，もっと考慮されるべきだと指摘している．

6. 世界金融危機とユーロ圏危機
――金融危機管理における東アジアへの教訓

第5章「世界金融危機とユーロ圏危機――金融危機管理における東アジア

への教訓」（小川英治）においては，世界金融危機時における米ドル流動性不足の現象とその政策的対応を観察したのちに，米ドル流動性不足に対する金融危機管理のあり方について考察した．そして，ユーロ圏危機に対する政策的対応を観察したのちに，IMFと地域金融協力との関係における金融危機管理のあり方について考察した．

世界金融危機は，米国のサブプライム・ローン問題を震源として始まったものの，欧州金融機関が資金運用の対象としていたサブプライム・ローンを担保とした証券化商品が不良債権化したことにより，証券市場や貸出市場における信用リスクのみならず，銀行間短期金融市場におけるカウンターパーティ・リスクも金融機関の短期資金調達に大きな影響を及ぼした．また，グローバル・インバランス，すなわち世界的な経常収支不均衡のなか，欧州金融機関が石油輸出国などの経常収支黒字国から，経常収支赤字国である米国への国際的な金融仲介を果たしたことによって，米国のサブプライム・ローン問題は，その証券化商品に資金運用した欧州金融機関に波及した．それと同時に，世界同時不況が深刻化したことから世界各国が財政赤字を拡大させるなか，ギリシャが財政危機に陥り，ユーロ圏のいくつかの諸国に伝播した．このユーロ圏危機に対して，欧州委員会（EC）と欧州中央銀行（ECB）とIMFの三者が，トロイカ体制を構築して協調して金融支援を実施した．

世界金融危機およびユーロ圏危機への対応については，いくつかの教訓が得られた．まず，一般論として，事前に平穏時において危機管理スキームを設立しておく必要があるということである．危機に直面してから危機管理スキームの設立が動き出すと，その対応に時間を要し後れを取るばかりではなく，対応の遅れから当該国の危機が深刻化するとともに，他の国に伝播する可能性が高まる．リスボン条約の中の財政移転禁止条項が足枷になって，欧州安定化メカニズム（ESM）の設立がギリシャ危機から2年半を要してしまったことは，その典型的な例である．

第2に，米ドル流動性不足あるいは米ドル流動性危機への対応においては，FRBによって米ドル流動性が供給されることによって，少なくとも信用スプレッドが急速に縮小したというのが，世界金融危機の経験から得られた教訓であった．今回のこのようなFRBの対応は，たまたま世界金融危機の震源地である米国において，同時に流動性不足にも陥っていたということで，矛盾することなくFRBが行動することができたものである．もし米国経済がインフレ圧力を受けているためにFRBが引締め的金融政策を採ろうとしていたら，FRBが諸外国のために同じ対応を採ったかどうかは定かではない．そのような状況に備えて，IMFによる措置および地域金融協力が補完的に必要となろう．

第3に，ユーロ圏危機における危機管理に際しては，ECとECBとIMFの三者から構成されるトロイカ体制によって危機対応がなされた．これは，IMFと地域金融協力が協調して危機管理に対応したことの一つの前例となる．トロイカ体制による金融救済の効果については，今後検討する必要がある．通常，国際収支危機あるいは通貨危機に際しては，IMFが単独で危機管理に対応する．しかし，金融支援の資金総額が巨額であることとともに，近隣諸国への伝播が懸念される場合には，IMFと地域金融協力の協調が必要となる．アジア通貨危機に際しても危機管理の主導権はIMFにあったものの，金融支援の金額は東アジア諸国からのものが大半を占めていた．一方，東アジアにおいては，チェンマイ・イニシアティブ（CMI）下のマルチ化を経た通貨スワップ協定（CMIM）の下での金融支援の機動性を高めるために，IMFからの金融支援があって初めて通貨スワップ協定が実施されるという，IMFリンクの比重を引き下げる措置が取られている．このように，IMFとの補完性を謳いながらも，IMFから部分的にある程度の距離を置く動きも見られる．

7. アジアの資本フロー・通貨と金融危機管理
——域内地域金融協力の役割と課題

第6章「アジアの資本フロー・通貨と金融危機管理——域内地域金融協力の役割と課題」（清水順子）においては，世界金融危機後のアジア向け資本フローの変化を概観し，どのような要因がアジアの資本フローに影響してきたのかを分析した．そのうえで，アジアにおける通貨・金融危機管理のために今後必要とされる危機対応の強化と日本の役割について考察している．

資本フロー動向に大きな影響を与えているのは，プッシュ要因やプル要因に加えて，為替相場の先行きに依存した短期的な資本フローの動きである．例えば，2015年以降，人民元の先安感が支配的になってから，アジア通貨は減価傾向にあるが，2015年の1年間にわたる対米ドルでの為替相場減価率を比較してみると，人民元の減価率以上に通貨安が進んでいる通貨が多い．人民元の減価率以上に通貨の減価が進んでいる国については，中国向け輸出依存度が高いうえに，外貨準備残高が比較的少ないという傾向がある．

東アジアにおける地域金融協力として確立したCMIの枠組みは，集団的な金融支援体制として，為替相場・金融市場の安定を図るとともに，IMFによる支援を含む既存の国際的な資金支援制度の補完を目的としている．IMFの金融支援を条件とせずに発動することができる金融支援額であるIMFデリンクを拡大するためには，ASEAN+3の通貨当局が，IMFに頼ることなく，独自の判断の下で通貨スワップ協定の発動を意思決定する体制を構築する必要がある．その具体的な施策の一つが，各国の経済状況を互いにモニタリングしあう相互監視体制の確立（域内サーベイランス）である．現在は，毎年5月のASEAN+3財務大臣会合で各国の経済情勢について意見交換をする場が設けられており，これに加えて，中央銀行からの参加者を含めた政策対話も年に2回行われている．CMI下のCMIMへの合意と同時に設立された，独立モニタリング機関であるASEAN+3マクロ経済リサーチ・オフィス（AMRO）は，ASEAN+3諸国経済のサーベイランスを行うとともに，CMIMの通貨スワップ協定の実施を支援する機関としての役割を担っている．

東アジアにおける危機予防と危機管理のための制度が確立するなか，人民元相場の先行きがアジアの資本フローやアジア各国の通貨の動向に大きな影響を与える状況となっている．中国人民銀行が運営する中国外国為替取引システム（CFETS）が2015年12月から，13通貨のバスケットから構成されるCFETS人民元指数の公表を開始した．中国は，今後は為替市場での需給を基本とし，通貨バスケットを参考に調節する管理変動相場制を採りながら，人民元の柔軟性を増していくことになる．人民元が本格的に通貨バスケット制に移行することによって，アジア全体もBBC（Basket, Band, Crawling）

ルールにのっとった為替相場政策に移行すると予想される．人民元は，日本円とともに，リスクオン・オフ時にそれぞれ投資通貨として，あるいは安全資産として非対称な動きをしているが，それぞれの強みを発揮し，互いが協力することで，全体としてアジア通貨が安定するような域内為替協調政策を模索する時代となるであろうと結論している．

8. 金融危機管理としての FRB の役割
――量的緩和政策と通貨スワップ協定

世界金融危機に伴って発生した国内外における米ドル流動性不足に対して，米国の通貨当局は，国内へは量的緩和（QE）政策をはじめとする非伝統的金融政策を実施し，世界に向けては通貨スワップ協定による流動性の供与を図った．**第7章「金融危機管理としての FRB の役割――量的緩和政策と通貨スワップ協定」（中村周史）**は，2008 年より続いたこの米国の QE 政策や通貨スワップ協定が，世界の金融システムに対する危機管理の観点からどのような役割を果たしたかについて考察した．

FRB によって直接大量の流動性を供給された金融機関の動きについて見ると，世界金融危機の際には急激に対外与信が巻き戻っており，その後の QE1 によって再び流出に転じたものの，ユーロ圏危機が再燃した 2011 年末頃からはほとんどの期間で流入に転じている．また米国の金融機関は，QE の時期に証券投資に対して積極的ではなかった．これらのことは，特に QE 2 のように FRB が米国債を買い上げることで増えた当座預金を活用し，金融機関がリスク資産にポートフォリオを組み替えるポートフォリオ・リバランス効果については，あまり効果的に機能していなかったことを示唆している．QE 政策で自国の金融システムに対して供給した貨幣そのものは，ポートフォリオ・リバランス効果を十分生むには至っておらず，QE によって間接的に世界の金融システムに働きかけた効果は限定的であることが示された．

一方，FRB が提供した通貨スワップ協定による直接的な流動性供与の仕組みは，米ドルを基軸通貨とする国際金融システムにおいて，FRB が「国際的な最後の貸し手」として機能していることを示している．また，ユーロ圏危機時におけるFRBによる通貨スワップ協定の再開決定は，FRBの提供する通貨スワップ協定が，単に世界金融危機に対してのものではなく，国際的な危機管理制度として機能していたことの現われであると指摘している．米ドル流動性を供与するという点において，FRBが「国際的な最後の貸し手」として機能していることを示しており，この通貨スワップ協定は国際金融システムにとって危機管理の手段として有効に機能した．

FRBが国際金融システムの安定を図った理由は，QEの目的とも一致していたからである．このことは裏を返せば，FRBによる国際的な最後の貸し手機能には問題があることを意味している．他国と米国の景気循環が非対称であるような場合，この通貨スワップ協定はFRBの行う金融政策と矛盾する恐れがある．その場合に，FRBが他の中央銀行と締結した通貨スワップ協定を，実際には実施しない可能性がある．さらに，世界金融危機の際，FRBが限られた国とだけ通貨スワップ協定を結んだことについて，FRBの提供する通貨スワップ協定を実際に実行するか否かが政治的判断となることが指摘されている．国際金融システムの流動性を一国の中央銀行に委ねることは，それ自体が不確実性を伴う問題である．このように，FRBの通貨スワップ協定に依拠した危機管理体制は万能ではなく，不確実性を伴うものであることから，世界は次の危機への備えとして，より中立的で新しい形での流動性確保手段を考える必要があると結論付けている．

9. IMFの危機管理フレームワーク
――ILOLRの役割とIMFの課題

第8章「IMFの危機管理フレームワーク――ILOLRの役割とIMFの課題」（小枝淳子）においては，通貨・金融危機に対する国際金融管理システムにおいて，国際社会における「国際的な最後の貸し手」としてグローバルな視点を持った危機管理者として重要な役割を担ってきたIMFの危機管理フレームワークについて，理論的な背景に基づいてIMFの特徴を考察した．他の章において考察された，FRBの通貨スワップ協定やアジアにおける地域金融協力の役割と比較しながら，IMFの危機管理フレームワークの特徴と課題を考察した.

そこで明らかになったことは，IMF は究極的な財政上の制約から逃れられないことから，「無制限な」資金供給が難しいということである．その代わりに，IMF はより柔軟な貸出フレームワークを用意してきた．特に 2009 年にフレキシブル・クレジット・ライン（FCL）を設立することで，ファンダメンタルズが強い国を対象にアクセス・リミットや，コンディショナリティをつけない資金提供が可能となった．しかし，融資資格の基準が厳しすぎるために，FCL の活発な利用は見られていない．理論的には流動性供給機能は存在するだけで流動性危機を回避しうる効果があるので，利用されていないから有効でないとは必ずしも言えないが，今後も引き続き貸出フレームワークの見直しが必要であると指摘している．融資資格を事前承認して即応性を高めることや，同時に複数の国に貸せるような新しい枠組みを用意することが有意義であると示唆している.

無制限な資金供給を行うことができなくても，IMF は「危機管理者」として重要な役割を果たしうる．しかし，IMF に対するスティグマが根強く残るなか，また FRB などの他の「国際的な最後の貸し手」のプレゼンスが増すなか，いかに国益や地域的利益を超えたグローバルな視点を提供し，的確な政策実行に貢献することができるかが，IMF にとって課題であると指摘している．さらに，多国間協議の一層の充実も有効となろうが，そもそも常に移り変わる世界経済を的確にとらえることすら容易なことではない．また，たとえ的確な助言が行うことができたとしても，危機国が IMF に融資を求めない場合には，その国の政策執行に対する強制力を持たないので，いずれせよ IMF による政策監視活動（サーベイランス）には大きな限界があると指摘している.

10. 結　論

以上のように本書の各章をまとめることができる．繰り返しになるが，本書は，ミクロ的視点とマクロ的視点の両方から世界金融危機時における金融リスク管理と金融危機管理を考察した.

ミクロ的視点から金融リスク管理を見たときに，世界金融危機の経験から，従来の金融リスクの分析の限界が露呈したことは明らかである．その一方で，それに代替する普遍的な分析手法がいまだ構築されていない．中村恒論文では，投資家の投資行動やモラルハザードやイールドカーブに内在する情報に焦点を当てて，特定の問題について個別に新しい切り口で分析が行われた．しかし，それぞれの分析は依然として示唆を提示するにとどまっている．金融リスク管理への実際的な含意について，さらなる考察を深化させることが必要である．

安田論文は，ミクロ的視点から，企業金融に注目して，世界金融危機における企業の資金調達行動を考察した．その分析の結果から，社債市場と銀行の貸出市場とが補完的関係を果たしたことを示唆している．これまで直接金融と間接金融との間の対立軸で考察されてきたことに対して，直接金融と間接金融の双方の資金調達ルートが相互関連していることから，ともに健全に機能することの有用性を含意している．今後，世界金融危機を経験して，金融機関の行動およびそれに対する規制におけるリスク重視への変化が，どのように企業の資金調達行動に影響を及ぼしていくかを分析することは重要である．

ミクロ的視点で考察した金融機関や金融市場の動きや企業の資金調達は，今後の金融規制の変化を当然ながら受けることになる．したがって，金融規制に関する考察は，世界金融危機後の金融リスク管理を考える際には必須となる．花崎論文が結論で問題提起した，金融規制が金融危機を誘発している側面があることは重要な課題である．また現在は，もっぱらグローバルな金融規制に目が移っているが，グローバルな金融規制が各国における金融システムの多様性を無視していることが指摘される．さらに，佐々木論文で取り扱われたEUにおける銀行同盟の展開などを考慮に入れると，各国レベル，地域レベル，全世界レベルのなかでの地域といった意味でのローカルな金融規制への関心も高める必要があろう．

一方，佐々木論文では，EUにおける金融危機管理として銀行同盟への進展を考察したなかで，通貨統合の理論的フレームワークである最適通貨圏の理論において，金融規制が大きく取り上げられていないことの問題点を指摘している．最適通貨圏の理論においては，非対称的ショックに対して労働者の移動や経済の開放性や財政移転（財政同盟）の重要性を指摘するが，金融規制が異なることによるコストおよび金融規制を統一化するコストがともに大きいことを，通貨統一においては考慮すべきであろう．

小川論文と中村周史論文と清水論文と小枝論文は，共通してマクロ的視点から世界金融危機およびユーロ圏危機に直面した際の金融危機管理について考察した．小川論文は全体像を論じながら，中村周史論文はFRBに，清水論文は東アジアの地域金融協力であるCMIMに，小枝論文はIMFに焦点を当てて，論じた．

世界金融危機において明らかとなった問題は，金融機関のカウンターパーティ・リスクの高まりから流動性危機，とりわけ米ドル流動性危機となったことである．それに対する対応として，FRBが他の主要中央銀行と締結した通貨スワップ協定がその力を発揮した．換言すれば，それまで国際収支危機で重要な役割を果たしてきたIMFは，あまり目立った活躍を見せなかった．IMFが無制限にドル資金を供給することができないことから，「国際的な最後の貸し手」としての限界が露呈したのかもしれない．一方で，FRBが常に「国際的な最後の貸し手」として対応するのかどうかについては確信を持つことができない．世界金融危機時には，たまたま国内的にも量的金融緩和政策を実施するというような，流動性供給が必要である状況において内外の施策が整合的であったからFRBが対応したのであって，もし整合的でなかったならば国内経済の状況を重視する可能性はあったであろう．

さらにユーロ圏危機におけるECとECBとIMFの三者によるトロイカ体制による金融支援が，IMFに過半の意思決定のない協調体制の下で行われた．これまではIMFの金融支援体制は，IMFそれ自体のみが意思決定を行うという極めて単純なものであった．このような金融支援体制による危機管理の実効性は，今後検証されるべきであろう．一方で，東アジアの地域金融協力においては，1997年のアジア通貨危機の経験から，IMFと補完的役割を保ちながら，ASEAN+3によるCMIMおよびAMROによるサーベイランスが進展しつつある．その際に，IMFからの金融支援を条件として実行されるIMFリンクの縮小が，目指すところとなっている．「国際的な最後の貸し手」としてのIMFの役割および地域金融協力とIMFとの関係について，マクロ的視点から実効的な金融危機管理を構築していくことが喫緊の課題となっている．

索　引

ア　行

カ　行

サ　行

タ　行

ナ　行

ハ　行

マ　行

ヤ　行

ラ　行

アルファベット

編者・執筆者紹介

［編　者］

小川英治（おがわ　えいじ）　第５章，終章
一橋大学大学院商学研究科教授（国際金融論）

1957 年北海道生まれ．一橋大学商学部卒業．一橋大学大学院商学研究科博士後期課程単位取得退学．博士（商学）．一橋大学商学部専任講師，助教授を経て，1999 年 4 月より現職．1986～88 年ハーバード大学経済学部，1992 年カリフォルニア大学バークレー校経済学部，2000 年 9 月国際通貨基金調査局で客員研究員．

〈主要業績〉

『激流アジアマネー――新興金融市場の発展と課題』共編著，日本経済新聞出版社，2015 年．

『ユーロ圏危機と世界経済――信認回復のための方策とアジアへの影響』編著，東京大学出版会，2015 年．

『世界金融危機と金利・為替――通貨・金融への影響と評価手法の再構築』編著，東京大学出版会，2016 年．

Who Will Provide the Next Financial Model?: Asia's Financial Muscle and Europe's Financial Maturity, edited by, with Sahoko Kaji, Springer, 2013.

［執筆者］（掲載順）

中村　恒（なかむら　ひさし）　第１章
一橋大学大学院商学研究科准教授（資産価格論，リスク管理）

1971 年東京都生まれ．東京大学経済学部卒業．シカゴ大学大学院経済学研究科修了．博士（経済学）．東京大学大学院経済学研究科での専任講師を経て，2011 年 4 月より現職．1994 年～2001 年まで日本銀行で総合職．

〈主要業績〉

"A Continuous-Time Analysis of Optimal Restructuring of Contracts with Costly Information Disclosure," *Asia-Pacific Financial Markets*, Vol. 19(2), pp. 119–147, 2012.

"A Continuous-Time Optimal Insurance Design with Costly Monitoring," with Koichiro Takaoka, *Asia-Pacific Financial Markets*, Vol. 21(3), pp. 237–261, 2014.

"Optimal Risk Sharing in the Presence of Moral Hazard under Market Risk and Jump Risk," with Takashi Misumi and Koichiro Takaoka, *Japanese Journal of Monetary and Financial Economics*, Vol. 2(1), pp. 59–73, 2014.

安田行宏（やすだ　ゆきひろ）　第2章
一橋大学大学院商学研究科教授（金融論，企業金融論）
1972年神奈川県生まれ．一橋大学大学院商学研究科博士後期課程修了．博士（商学）．東京経済大学経営学部専任講師，助教授，准教授，教授を経て，2015年より現職．2006年から2008年までカリフォルニア大学バークレー校ハース・ビジネススクールにて客員研究員．
〈主要業績〉
『経済価値ベースのERM』共編著，中央経済社，2016年．
"Disclosures of Material Weaknesses by Japanese Firms after the Passage of the 2006 Financial Instruments and Exchange Law," with Anna Chernobai, *Journal of Banking & Finance,* Vol. 37(5), pp. 1524-1542, 2013.
"The Adoption of Stock Option Plans and Their Effects on Firm Performance during Japan's Period of Corporate Governance Reform," with Nobuhisa Hasegawa, Hyonok Kim, *Journal of the Japanese and International Economics,* Vol. 44, pp. 13-25, 2017.

花崎正晴（はなざき　まさはる）　第3章
一橋大学大学院商学研究科教授（コーポレート・ガバナンス，企業金融，金融システム）
1957年 東京生まれ．早稲田大学政治経済学部経済学科卒業．博士（経済学）．日本開発銀行設備投資研究所，OECD経済統計局，ブルッキングス研究所，一橋大学経済研究所，日本政策投資銀行設備投資研究所長を経て，2012年4月より現職．
〈主要業績〉
『企業金融とコーポレート・ガバナンス――情報と制度からのアプローチ』東京大学出版会，2008年．（第50回エコノミスト賞受賞）
『金融システムと金融規制の経済分析』共編著，勁草書房，2013年．
『日本経済　変革期の金融と企業行動』共編著，東京大学出版会，2014年．

佐々木百合（ささき　ゆり）　第4章
明治学院大学経済学部教授（金融論・国際金融論）
東京生まれ．一橋大学大学院商学研究科博士後期課程単位取得退学．博士（商学）．一橋大学助手，高千穂商科大学講師，助教授，明治学院大学経済学部助教授を経て，2007年4月より現職．2006年～2007年，2015年～2016年ワシントン大学客員研究員．
〈主要業績〉
『国際金融論入門』新世社，2017年．
"The Disclosure of Non-Performing Loan Prevented Banks' Evergreening Policy?:

Lessons from Japanese banks' experiences,"『経済研究』(明治学院大学), 第147号, 71-86頁, 2014年.

"Automobile Exports: Export price and retail price," with Yoshida Yushi, RIETI Discussion Paper Series, No. 15-E-024, 2015.

清水順子（しみず　じゅんこ）　第6章
学習院大学経済学部教授（国際金融論，外国為替）
東京生まれ．一橋大学経済学部卒業後，Chase Manhattan 銀行，日本興業銀行（London, 本店），Bank of America Int'l (London)，Morgan Stanley（東京）等に勤務した後，1999年4月一橋大学大学院商学研究科入学．2004年3月一橋大学大学院商学研究科博士課程修了．博士（商学）．専修大学商学部准教授等を経て，2012年4月より現職.

〈主要業績〉

「国際マクロから考える日本経済の課題」（共著）藤田昌久編『日本経済の持続的成長――エビデンスに基づく政策提言』東京大学出版会，2016年.

"Competitiveness, Productivity, and Industry-Specific Effective Exchange Rate of Asian Industries," with Keiko Ito, *Asian Economic Journal*, Vol. 29(2), pp. 181-214, 2015.

"Exchange Rate Exposure and Risk Management: The case of Japanese exporting firms," with Takatoshi Ito, Satoshi Koibuchi, and Kiyotaka Sato, *Journal of the Japanese and International Economies*, Vol. 41, pp. 17-29, 2016.

中村周史（なかむら　ちかふみ）　第7章
中央大学総合政策学部准教授（国際マクロ経済学，金融政策）
1983年山口県生まれ．2007年3月一橋大学商学部卒業．2011年3月一橋大学大学院商学研究科博士後期課程修了．博士（商学）．杏林大学総合政策学部助教，九州大学大学院経済学研究院講師を経て，2015年4月より現職.

〈主要業績〉

「ユーロ圏危機が世界のマクロ経済に及ぼす影響」小川英治編『ユーロ圏危機と世界経済――信頼回復のための方策とアジアへの影響』東京大学出版会，2015年.

"Asian Currencies in the Global Imbalance and Global Financial Crisis," with Eiji Ogawa, in: Inderjit N. Kaur and Nirvikar Singh eds., *The Oxford Handbook of the Economics of the Pacific Rim,* Oxford University Press, 2014.

"Exchange Rate Risks in a Small Open Economy," *Journal of Financial Economic Policy*, Vol. 8(3), pp. 348-363, 2016.

小枝淳子（こえだ　じゅんこ）　第8章
早稲田大学政治経済学術院准教授（マクロ経済学・金融論）
神奈川県生まれ．東京大学経済学部卒業．カリフォルニア大学ロサンゼルス校（UCLA）博士課程卒業．Ph. D. 国際通貨基金（IMF）ワシントン本部のエコノミスト，東京大学経済学部・大学院経済学研究科の特任講師を経て，2014年より現職．
〈主要業績〉
“A Debt Overhang Model for Low-Income Countries: Implications for debt relief,” *IMF Staff Papers*, Vol. 55(4), pp. 654–678, 2008.
“Endogenous Monetary Policy Shifts and the Term Structure: Evidence from Japanese government bond yields,” *Journal of the Japanese and International Economies*, Vol. 29(C), pp. 170–188, 2013.
“Bond Supply and Excess Bond Returns in Zero-Lower Bound and Normal Environments: Evidence from Japan,” *Japanese Economic Review*, Version of Record online: 3 Nov. 2016.

世界金融危機後の金融リスクと危機管理

2017年7月24日　初　版

［検印廃止］

編　者　小川英治

発行所　一般財団法人　東京大学出版会
代表者　吉見俊哉
153-0041 東京都目黒区駒場 4-5-29
http://www.utp.or.jp/
電話 03-6407-1069　Fax 03-6407-1991
振替 00160-6-59964

印刷所　大日本法令印刷株式会社
製本所　牧製本印刷株式会社

ISBN 978-4-13-040281-1　Printed in Japan